白熱・刑事事実認定

冤罪防止のハンドブック

門野 博［著］

青林書院

は　し　が　き

　刑事事実認定は難しいといわれますが，若手の弁護士をはじめ，刑事事件に意欲を持って取り組もうとされている法曹の皆様に，それを分かりやすく伝えたいと願い本書を著しました。刑事事実認定に関しては，いろいろなタイプの書物が出されています。しかし，専門分野の先生方の書かれた論文はかなりの知識を持った方々でも，読みこなすのは容易ではないように感じられます。具体的な事件のレポートも大いに有用なのですが基礎的な知識がないと十分な理解にはなかなかいたりません。また，あまりにも，まっとうすぎて，一から読み進めるには，かなりの忍耐力を要するものもあります。そこで，事実認定に興味を持ち，それを実践に役立てようとしている方々に，わくわくするような新鮮な気持ちで読み進んでいただき，読み終えたときには，オールラウンドの基礎知識が身につき，知らず知らずに，事実認定の何たるか，真髄みたいなものが伝わっているようなそんな本が書けないかと考えました。私の，力の限界もあり，とても看板どおりのものができているとはいえませんが，どこまで成功しているか，その最終結論はこの本を手に取ってくださった皆様のご判断にお任せするほかありません。

　本書の副題（サブタイトル）を，「冤罪防止のハンドブック」としました。言わずもがなですが，冤罪防止は刑事司法・刑事裁判の最重要の課題と言っても決して言い過ぎではありません。今日，冤罪防止のためにいろいろな方策が考えられてきています。しかし，私がこの本で，めざしたのは，本書を読んでくださった皆様に，冤罪防止のための法律知識をより豊富に，そしてより確実にしていただいて，それを，実際の実務でしっかりと活用していただきたいということに尽きます。冤罪発生の原因が分かり，それを防ぐための諸方策をいくら理解したとしても，その実践の場において，それに立ち向かうときに，法律知識が不十分であれば，それはとうていかけません。地道ではありますが，基礎知識の重要性を大いに強調したいと思います。本書は，事実認定に関するものであり，基礎知識といっても事実認定に関係する

はしがき

ものにとどまりますが，少しでも，冤罪防止という大目標に貢献できれば，それに勝る喜びはありません。

　以上のような本書の目的から，その構成には，多少の工夫を凝らしています。その点に関しては，次頁の「本書の構成と活用法」で説明していますので，これを最初にお目とおしいただければと思います。それでは，皆様のご奮闘をお祈りいたします。

　平成29年9月

　　　　　　　　　　　　　　　　　　　　　　門　野　　博

本書の構成と活用法

　事実認定に関する基礎知識をできるだけ生き生きとお伝えしたいという本書の目的から，可能な限り多面的にテーマを設定し，決まりきった結論だけを断定的に述べるということは避けて，その結論にいたる過程での悩みや試行錯誤を前面に押し出しています。そのため，皆様になじみの深い著名な事件を掲げ，それを素材に，「検討」のコーナーで，Ａ弁護士とＢ弁護士が，幅広い議論を繰り広げます。Ａ弁護士は，裁判官の経験もあるベテラン弁護士です。Ｂ弁護士は刑事弁護に意欲を燃やす新進気鋭の若手弁護士です。時に激しく対立したりもしますが，その対立の奥にあるものを読み取っていただければ幸いです。この部分は，本書の中心となっていますが，比較的退屈しないで興味を持って読み進んでいただけるのではないでしょうか。この「検討」のあとに，「研究ノート」という欄を配しました。「検討」では，十分深められなかった点につき，その延長線上に，主に私見を展開しています。私が，すでに発表した論文のエッセンスを伝えているものもありますし，新たに論文を書き下ろすつもりで取り組んだものもあります。それらの多くは，たくさんの研究者，実務家から学んだものが下地になっていますが，私の裁判官としての経験も踏まえて，できるだけかみ砕いて説明するように心がけました。「研究ノート」にあとには，「参考文献」を挙げています。私が文字どおり参考にさせていただいたものを中心としていますが，皆様が今後さらに理解を深められる際に実際に役に立つものという基準で選びました。中には，その分野の古典とされているものも含まれています。以上が，本講10講の構成ですが，本講に含めるには，少し大きすぎる問題などにつき，別建てで，「補講」を設けました。さらに，「クローズアップ」では，最近の興味深い事例を紹介しています。

　なお，テーマの順番は，自白などの直接証拠がない「情況証拠による事実認定」を最初に配し，最後に自白に関するテーマを置いています。将来を見据えたときの重要性の順序を多少意識しています。

iii

本書の構成と活用法

最後に活用法ですが，試みに，Ａ，Ｂ，Ｃ，３つのコースをお勧めします。

Ａコース

本講全 10 講について，「検討」までの部分を読み通す。

Ｂコース

順序にこだわらずに，気に入ったテーマから読んで行く。

Ｃコース

最初から，飛ばさずにじっくりと読んで行く。

Ｃコースは，私の事実認定に対する考え方を十分お伝えできるので，もちろん理想的な読み方なのですが，少し理屈っぽい「研究ノート」などが入りますので，途中でいやになってしまうことがあるかもしれません。そうだとすれば，Ａコースによって，事実認定の全体像を理解し，その上で，気に入ったテーマの「研究ノート」にチャレンジしてもらうというのも，お勧めです。ある程度，基礎知識を有しておられる方やすぐにでも実践に必要な課題をお持ちの方にとっては，それに関係するテーマから読み進めていただくＢコースも考えられます。

以上は，ほんの一例をお示ししただけですから，あまりこだわらないで，とにかく読み始めてください。

凡　例

凡　例

I　叙述方法

(1)　叙述にあたっては，常用漢字，現代仮名遣いによることを原則として
いますが，引用文などは原文どおりとしました。

(2)　見出し記号は，原文引用の場合を除き，原則として，1．2．3．…，
(1)(2)(3)…，(a)(b)(c)…，(i)(ii)(iii)…の順としました。なお，本文中の列記事
項については，①②③…などを用いました。

II　判例・裁判例の引用表記

(1)　主要な判例集や雑誌等の名称を含む判例・裁判例の表記には，原則と
して，後掲の「判例集・雑誌等略語例」による略語を用いました。

(2)　判例・裁判例は，上記略語を用いて，原則として，地の文では下記例
の①，カッコ内引用・判例索引では下記例の②のように表記しました。

［例］

①最高裁判所第三小法廷平成22年4月27日判決，最高裁判所刑事判例集64巻3号233頁

→　最〔3小〕判平成22年4月27日刑集64巻3号233頁

②最高裁判所第一小法廷昭和48年12月13日判決，判例時報725号104頁

→　最〔1小〕判昭48・12・13判時725号104頁

III　判例集・雑誌等略語例

最	最高裁判所	裁判集刑	最高裁判所裁判集刑事
〔1小〕	第一小法廷	判時	判例時報
〔2小〕	第二小法廷	判タ	判例タイムズ
〔3小〕	第三小法廷	刑裁月報	刑事裁判月報
高	高等裁判所	LEX/DB	LEX/DB インターネット（TKC法律情報データベース）
地	地方裁判所		
支	支部		
判	判決	LLI/DB	判例秘書インターネット（LIC法律情報サービス）
決	決定		
刑集	最高裁判所刑事判例集		

v

目　次

目　次

はしがき

本書の構成と活用法

凡例

■第1講　有罪認定の基準
──合理的な疑いとは ………………… ・1
事案　高松郵便爆弾事件 ……………………… ・3
研究ノート◆適正な事実認定 ………………… ・15
    (1)　あるべき事実認定とは──キーワードは何か　15
    (2)　自由心証主義の抑制　16
    (3)　自由心証主義の抑制の諸相　17
    (4)　自由心証主義と経験則との新たな関係　20

■第2講　情況証拠（その1）
──最高裁が示した有罪認定のルール ………… ・23
事案　大阪母子殺害事件 ……………………… ・25
研究ノート◆情況証拠による事実認定 ……… ・34
    (1)　最高裁はいかなる基準を設定したのか　34
    (2)　「情況証拠による事実認定」をめぐる諸問題　36

■第3講　情況証拠（その2）
──総合的事実認定の在り方を考える ………… ・41
事案　糸島放火事件 …………………………… ・43
研究ノート◆総合的事実認定の在り方について
──分析的評価の重要性 ………………… ・51
    (1)　2つの認定方式　51

目　　次

　　　　　(2)　チャート図のすすめ　52
　　　　　(3)　大阪母子殺害事件最高裁判決との関係　53

［補講1］控訴審における事実誤認の意義とその審査 ……………・56

■第4講　科学的証拠
　　　──DNA型鑑定を等身大に見る ……………………・63
　　　事案　東電女性社員殺害事件 ………………………・65
　　　研究ノート◆等身大に見るDNA型鑑定 ……………・78
　　　　　(1)　DNA型鑑定の証拠能力　78
　　　　　(2)　DNA型鑑定の証明力　82

［クローズアップ①］　DNA型鑑定の魔力は克服されたか
　　　　　──鹿児島・強姦事件逆転無罪判決 ………・87

■第5講　黙秘権の行使
　　　──黙秘権行使は被告人に不利か ……………………・93
　　　事案　札幌児童殺害事件 ………………………………・95
　　　研究ノート◆黙秘権の行使と事実認定──新しい展開とは ……・104
　　　　　(1)　問題点は何か　104
　　　　　(2)　黙秘権保障のための課題　106
　　　　　(3)　近時の裁判例と今後の展望　109

■第6講　類似事実による認定
　　　──「予断」と「偏見」を排除する ………………・115
　　　事案　カレー毒物混入事件 ……………………………・117
　　　研究ノート◆類似事実による犯罪立証はどこまで許されるか …・128
　　　　　(1)　悪性格の立証　128

　　　　　　　　　　　　　　　　　　　　　　　　　　vii

目　次

(2) 「24年判例」「25年判例」について　130
(3) その他の推認について　133
(4) 情状立証の問題（手続二分論）　135

■第7講　被害者の供述
——信用性吟味の困難性　139
事案　小田急線痴漢事件　141
研究ノート◆判決が問いかけるもの　151
(1) 上告審の審査方法　151
(2) 「那須裁判官補足意見」の意義と射程　154
(3) 被害者供述の信用性に関するもう1つの最高裁判決　156

[補講2] 経験則と事実認定　161

■第8講　自白の信用性（その1）
——信用性判断の注意則とは何か　169
事案　布川事件　171
研究ノート◆自白の信用性判断　188
(1) 木谷・石井論争の第二幕　188
(2) 「注意則研究」の有効性とその限界　190

[クローズアップ②] 相次ぐ再審開始　195

■第9講　自白の信用性（その2）
——信用性判断の新たな展開　201
事案　広島保険金目的3人殺害事件　203
研究ノート◆自白の信用性判断の将来　215
(1) 注意則の復権　215
(2) 供述心理学的分析　218

目　次

［補講3］可視化の実現と新たな問題——今市事件の波紋 ……・222

■第10講　共犯者の自白
　　——危険な証拠にいかに対処するか ………………・233
　　[事案]　ゴルフ場支配人襲撃事件 …………………・235
　　研究ノート◆補強証拠を必要とする範囲 …………・246
　　　　⑴　問題の所在　246
　　　　⑵　「犯人性に関する補強証拠の要否」についての学説・判
　　　　　　例の状況　247
　　　　⑶　検討　248
　　　　⑷　共犯者の自白　252

判例索引　257
事項索引　260
あとがき　264
著者紹介　266

ix

第1講
有罪認定の基準
——合理的な疑いとは

第1講

有罪認定の基準
― 合理的な疑いとは ―

■高松郵便爆弾事件
（最〔1小〕決平成19年10月16日刑集61巻7号677頁）

> **判旨** 刑事裁判における有罪の認定に当たっては，合理的な疑いを差し挟む余地のない程度の立証が必要である。ここに合理的な疑いを差し挟む余地がないというのは，反対事実が存在する疑いを全く残さない場合をいうものではなく，抽象的な可能性としては反対事実が存在するとの疑いをいれる余地があっても，健全な社会常識に照らして，その疑いに合理性がないと一般的に判断される場合には，有罪認定を可能とする趣旨である。そして，このことは，直接証拠によって事実認定をすべき場合と，情況証拠によって事実認定をすべき場合とで，何ら異なるところはないというべきである。

1．はじめに

　私たちは，何よりも「適正な事実認定」をめざしていますが，犯罪事実証明の基準を正しく設定し運用することは，その重要な柱となります。いうまでもないことですが，現行の刑事裁判手続においては，犯罪事実の証明につき，検察官が証明責任を負い，「疑わしきは被告人の利益に」の原則が妥当します。この原則は，刑事裁判における鉄則ともいわれるのですが，犯罪事実証明の基準すなわち有罪認定の基準の設定にあたって，この鉄則が正しく生かされなければなりません。冒頭の判例は，有罪の認定には，「合理的な疑いを差し挟む余地のない程度の立証」が必要であることを明示しました。

第1講　有罪認定の基準

これが今日では，有罪認定の基準として，広く受け入れられています。しかし，その内実については，必ずしも明確になっているとはいえません。第1回目は，この最高裁が示した基準をめぐる諸問題について，検討して行きたいと思います。

２．事案の概要

　本件は，妻と離婚訴訟中であった被告人が，「妻の実母らを殺害する目的で，爆発物を製造した上，定形郵便物として投函し，郵便配達員をして義母方に配達させ，事情を知らない義母をして封筒から引き出させて爆発させ，爆発物を使用するとともに，義母らを殺害しようとしたが，義母ら3名に，重軽傷を負わせたにとどまり，殺害するには至らなかった」という事案でした。1審は，被告人と犯行とのつながりを示す多くの間接事実を総合して，各犯罪事実を認定しました。2審も，1審の判断を支持したため，被告人は，いわゆる長坂町放火事件判決（最〔1小〕判昭48・12・13裁判集刑190号781頁，判時725号104頁）を引用して判例違反を主張したほか，憲法違反，事実誤認を主張して上告しました。最高裁は，適法な上告理由にあたらないとしましたが，職権で，冒頭掲記のように判示し，原判決が是認する1審判決が，情況証拠を総合して，被告人が犯行を行ったことにつき合理的疑いを差し挟む余地のない程度に証明されていると認めたのは正当であるとしました。

３．検　　討

> **Ａ弁護士**　裁判官の経験を有するベテラン弁護士
> **Ｂ弁護士**　刑事弁護に意欲を燃やす新進気鋭の若手弁護士

(1)　刑事事実認定の在り方

　Ａ弁護士　これから，2人で，刑事事実認定につき，各テーマごとに検討して行くことになりますが，最初に，私たちが刑事事実認定につきどのよう

4

■高松郵便爆弾事件

な考え方を持っているのか，それをまず知っておいていただいた方がよいと思います。そこで，それぞれが日ごろ至言と考えているものをご紹介することにします。まず私からですが，これは，東京高裁の裁判長をされた早川義郎氏が，平成7年12月の司法研修所における「10年目の判事補研修」において，研修員である判事任官直前の裁判官に対して「刑事裁判を考える」と題して講演されたものの一節です。非常に簡明に記されているのですが，含蓄ある言葉にあふれています。

アメリカの著名な実務家であり，法学者でもあるジェローム・フランクは，その著「裁かれる裁判所」の中で，R×F＝Dという図式で，裁判の判断過程を分析しております。いうまでもなく，Dとは，COURT'S DECISIONであり，Fとは，FACTS OF CASE，Rは，LEGAL RULEのことです。裁判というものが，事実に法律を当てはめて結論が導き出されるものである以上，事実認定が適正な裁判の前提にあり，いくら法律の解釈に優れていようとも，事実認定が間違っていては，正しい判断に到達することは期待すべくもありません。しかし，ジェローム・フランクがこの図式で言いたかったことは，単に事実認定の重要性を指摘するにとどまるだけではなく，このF，つまり，事実認定の中には，証人の証言及びそれを判断する陪審員なり裁判官の主観が色濃く入っており，R×F＝Dといっても，実は，R×SF＝Dなのだということです。SFなどというと，空想科学小説のように聞こえますが，Sとは，SUBJECTIVEの略です。裁判の基礎となる供述証拠の不確実性や判断の中に不可避的に入り込んでくる裁判官自身の主観性を自覚し，如何にその影響を少なくするかが，裁判に当たる者にとっての課題ともなってくるわけです。

ジェローム・フランクの手法を借りて，このFを更に分析しますと，この裁判，あるいは，事実認定における主観的要素の問題は，より一層明らかになるかと存じます。F，つまり，事実認定は，E×C＝Fという形で表すことができると思います。Eは，EVIDENCEであり，Cは，CONJECTURE，つまり推認です。要するに，事実認定は，証拠によ

第1講　有罪認定の基準

る推認の過程をとるわけですが，このEやCに主観性が入ってくることは，Eとして証人の供述を考え，Cとして，その証人の信用性を判断するという，ごく普通の場面を想定するだけでも，容易に理解できると思います。そういう意味では，E×C＝Fの図式も，まさに，SE×SC＝Fということになります。この点をジェローム・フランクは，「法廷においては，実際に起こった事実は2度屈折される。つまり，まず，証人によって，そして，次には事実を認定する責務のある人々によって。」と述べております。ジェローム・フランクが言うように，まさに「事実とは，推測である。」ということです。

　したがいまして，事実認定を正しく行うためには，証拠そのものに内在する限界なり，危険性を見極めるとともに，自分の判断の中に含まれている主観性というものを十分に自覚し，その主観的判断をより客観的なものに近づけるよう，努力することが必要になってくるわけです。具体的には，できる限り良質の証拠をなるべく多く法廷に顕出させ，それらに基づき経験則にかなった合理的な推認を行うことが重要かと存じます。証拠の量が少ないほど，推認に頼る部分が多くなり，判断を誤る危険性も増大してまいります。その意味では，難しい事件については，あまり証拠を制限することなく，なるべく幅広く証拠調べをしておくことが，推認を正しい方向に導くために有効であろうかと思います。

　A弁護士　以上ですが，これこそ，刑事事実認定の根底にある基本的なものの考え方だと思います。何かあったときには，この原点に立ち戻るようにしています。それでは，Bさんお願いします。

　B弁護士　私からは，長年刑事裁判官をされ，その後も弁護士として活躍されている木谷明氏の著書『刑事裁判の心―事実認定適正化の方策』（法律文化社）の「はしがき」の一節をご紹介させていただきます。

　真犯人とそうでない者を常に明確に区別できるという保証がないのであれば，(1)「真犯人を一部取り逃がすことになっても無実の者を処罰しない」ということで満足するか，(2)「真犯人は絶対に見逃さない。その

6

ためには，無実の者がときに犠牲になってもやむを得ない」と割り切るか，どちらかである。

ところが，刑事裁判においては，「疑わしきは被告人の利益に」という原則があり，これは，最高裁判所の判例によって「刑事裁判の鉄則」であるとされている。したがって，わが国の刑事裁判は，(1)の考えに基づいて行われている筈である。しかし，それにもかかわらず，現実の裁判で冤罪が絶対に発生していないかといえば，答えは「否」であろう。それはなぜか。

「疑わしきは被告人の利益に」の原則に従い，「合理的な疑い」があれば被告人に無罪を言い渡すということになってはいても，それでは，どの程度の疑いがあれば「合理的疑い」があるということになるのかが，必ずしも明確でないのである。そこで，社会秩序維持に軸足を置く裁判官は，真犯人を取り逃がさないようにするため，「合理的疑い」の範囲をできるだけ狭く解釈しようとするのに対し，無辜の不処罰を重視する裁判官は，「合理的疑い」の範囲をやや広めに取ろうとする。その立場の違いは，合理的疑いの有無に関する最終的判断においてだけでなく，個々の具体的事実（間接事実）の認定においても，いわゆる「強気の認定」と「弱気の認定」の差となって現れる。

刑事裁判官として長年職務を続ける中で私が最も頭を悩ませたのは，まさにこの問題であった。そして，私のたどり着いた結論は，①「刑事裁判における最大の不幸は何といっても冤罪の発生」であるから，②「被告人の提起する疑問には正面から取り組んで極力疑問点の解消に努める」べきであり，③「このような審理の結果証拠上の重要な疑問が解消できず，有罪であることについて説得力のある説明ができないときは，形式的な有罪証拠に引きずられることなく無罪判決に踏み切る」ことに躊躇すべきでなく，④「証拠上の不足を推測や想像で補うのは適当でない」ということであった。それと同時に，私は，⑤「刑事裁判において犯人を処罰する手続は，あくまでフェアーなものでなければならない。そうでなければ，たとえ有罪判決を受けた者が真犯人であったとしても，その判決は感銘力に乏しく，被告人を本心から更生させる力に欠ける」

第1講　有罪認定の基準

> と考えるに至った。私は，刑事裁判官として終始このような考えで仕事
> を続け，他方，在官中及びその後公にしたいくつかの論考においても同
> 様の指摘をしてきた。

　　B弁護士　　木谷氏は，刑事裁判官として，多くの無罪判決にも関わられた
方ですが，今も弁護士として冤罪の防止に心血を注いでおられます。この一
節は主として裁判官に向けられたものですが，これから検討していく各テー
マに関しても，重要な指標となっており，刑事司法に携わる者にとって，か
けがえのないメッセージではないかと考えています。

(2)　「合理的な疑いを差し挟む余地がない」の意義

　　A弁護士　　それでは，本題に入っていきます。刑事事実認定の在り方を考
えるとき，「有罪認定の基準をどこに設定すればよいのか」，「有罪認定を行
うのに，どの程度の立証を必要とするのか」という問題は，どうしても避け
られない大きな問題です。この大きな問題につき，本決定（以下，「平成19年
決定」ともいいます）は，「合理的な疑いを差し挟む余地のない程度の立証」が
必要であると判示しました。

　　B弁護士　　この基準は，もともと英米証拠法の「beyond reasonable
doubt」という基準に由来するといわれますが，本決定の判示はすこぶる難
解ですね。ここでいう「合理的な疑い」というのは一体何を指しているのか，
これを解き明かすのが最大の課題だと思います。

　　A弁護士　　決定は，「合理的な疑いを差し挟む余地のない程度の立証」が
必要であるとの判示に続けて，「ここに合理的な疑いを差し挟む余地がない
というのは，反対事実が存在する疑いを全く残さない場合をいうものではな
く，抽象的な可能性としては反対事実が存在するとの疑いをいれる余地があ
っても，健全な社会常識に照らして，その疑いに合理性がないと一般的に判
断される場合には，有罪認定を可能とする趣旨である。」と判示しています。
このような形で，「合理的な疑いとは何か」を一応説明しているように思わ
れるのですが。Bさんが言われるのは，これでは十分な説明になっていない
ということでしょうか。

8

■高松郵便爆弾事件

B弁護士 「健全な社会常識」という幅のある概念を媒介項にしていると
ころですね。ある疑いを突き付けられた判断者は，その疑いが「健全な社会
常識」に照らして合理性があるのか，そうではないのか，その判断を迫られ
ます。「健全な社会常識」が何かということは決して一義的に決まっている
ものではありませんから，この判断は非常に悩ましいものになるのではない
でしょうか。

A弁護士 おっしゃるとおりですね。順次検討していくことにしましょう。

B弁護士 被告人が引用した長坂町放火事件判決（前掲最〔1小〕判昭48・
12・13。以下，「昭和48年判決」ともいいます）は，有罪立証の程度につき，「刑事
裁判において『犯罪の証明がある』ということは『高度の蓋然性』が認めら
れる場合をいうものと解される。しかし，『蓋然性』は，反対事実の存在の
可能性を否定するものではないのであるから，思考上の単なる蓋然性に安住
するならば，思わぬ誤判におちいる危険のあることに戒心しなければならな
い。したがって，右にいう『高度の蓋然性』とは，反対事実の存在の可能性
を許さないほどの確実性を志向したうえでの『犯罪の証明は十分』であると
いう確信的な判断に基づくものでなければならない。この理は，本件の場合
のように，もっぱら情況証拠による間接事実から推論して，犯罪事実を認定
する場合においては，より一層強調されなければならない。」と判示してい
ました。

　ここでは，平成19年決定よりも高度のものを要求していたのではないで
しょうか。「反対事実の存在の可能性を許さないほどの確実性を志向したう
えでの『犯罪の証明は十分』であるという確信的な判断に基づくものでなけ
ればならない。」と明言していますから，これは，大変高いハードルになり
ます。

A弁護士 しかし，これに対しては，言葉としては，そのような確実性を
「志向したうえでの」判断としていますから，それを目標としているという
程度の判示として捉えることができ，反対事実の可能性の完全な否定までを
要求しているものではないとする見方があり，今ではそれが有力な解釈にな
っているのではないでしょうか。

B弁護士 確かに，そのような見方が有力ですね。その見解をとる論者は，

9

第1講　有罪認定の基準

平成19年決定は，昭和48年判決の表現がやや踏み込みすぎていることを意識してより正確な判示を行ったものであると解しているようです。そうはいっても，先ほど言いましたように，「健全な社会常識」が何かという点が明らかにならないと，この新しい判示がどれほどの基準になり得るのかは大いに疑問です。使いようによっては，昭和48年判決のハードルを相当下げてしまう働きもあります。

　Ａ弁護士　ここでいわれる「健全な社会常識」というのは，多分，私たちが普段「経験則」という言葉で言い表しているようなものではないでしょうか。改まって，「経験則」とまではいわない事柄も含んでいるかもしれませんが。

　Ｂ弁護士　しかし，「健全な社会常識」といっても，「経験則」といっても，五十歩百歩かもしれません。いずれも，判断者によって区々となるおそれが高いですよね。判断者がいかなるものを「経験則」と考えるか，それは判断者の人生経験といったものによって大きく影響されるのではないでしょうか。Ａさんから紹介のあった，早川氏の講演録の末尾にあった「事実認定を正しく行うためには，証拠そのものに内在する限界なり，危険性を見極めるとともに，自分の判断の中に含まれている主観性というものを十分に自覚し，その主観的判断をより客観的なものに近づけるよう，努力することが必要になってくる」というお話にもかかわってきますね。そこでは，主観的な判断を，より客観的なものに近付けるためには，十分な証拠と十分な検討が必要ということでした。結局は，個々具体的な事件における精一杯の努力ということになってしまうのでしょうか。だとすると，そもそも，有罪認定の基準を打ち立てるというのはどういう意味を持つのでしょうか。

　Ａ弁護士　日本の刑事訴訟法には，自由心証主義が規定されていますが，その判断は，判断者の全くの自由ということではなく，「適正」に行われなければならないということだと思います。最高裁が判示した有罪認定の基準も，その「適正」を担保するための有力な方策の一環だと考えられます。そのように捉えられるのではないでしょうか。しかし，その内実は，なかなか言葉では，言い表しにくいということでしょう。日本は，判例法の国ではありませんが，具体的な努力の結実である判例の集積が重要になってくると思

10

■高松郵便爆弾事件

いきます。

(3) 「合理的疑い」の範囲——いわゆる木谷・石井論争

B弁護士 ところで，この「合理的疑い」の範囲のとり方に関して，木谷・石井論争という一大論争がありましたね。これは，大変重要な問題を提起したと思うのですが。この論争は，先ほど私が紹介した木谷氏の著書（『刑事裁判の心—事実認定適正化の方策』）につき，木谷氏と同じく刑事裁判官として長年活躍された石井一正氏が書評を書かれ[7]，そこに批判的な内容があったことに端を発します。

A弁護士 私もこの論争は，重要な問題提起であったと思っています。「合理的疑い」の問題以外にも，刑事裁判上の重要なテーマについてのやりとりが含まれています。しかし，この「合理的疑い」の範囲のとり方という問題は，そのなかでも，最も激しい論戦の場となりました。木谷氏は，無辜の不処罰を重視する立場から，先ほどの一節にあるように「合理的疑いの範囲をやや広めにとるべきである」と主張されたのでしたが，石井氏は「それでは不合理な疑いを合理的な疑いに取り込むことになるのではないか」と批判されたのです。

B弁護士 そのとおりです。木谷氏は，これに対して，「合理的疑い」と「不合理な疑い」の間にはきれいに2つに区別することのできない帯状の中間地帯が残るとし，その中間地帯に属する「合理的疑い」に限っては，それを「合理的疑い」とみるかそうでないかはその判断者に委ねざるを得ない，したがって，この地帯に関する疑いに関しては，やや広めにとったとしても，不合理な疑いを合理的な疑いに取り込むことにはならない，と反論されました。

A弁護士 それに関しては，「裁判傾向としては，『合理的疑い』をせばめにとる人と，広めにとる人の違いはあるかもしれないが，理論的には，合理的か，不合理かのどちらかであって中間地帯はなく，それが合理的疑いであればそれまでのことであり，不合理な疑いを合理的な疑いに含ませるとすれば，それは不当であろう，しかし本来合理的か不合理かを理論的に分析するとしても，最高裁の示す基準はその根拠として不十分である」との原田國男氏の指摘[13]があります。私は，理論的にはこの考えが妥当ではないかと考

第1講　有罪認定の基準

えています。

B弁護士　木谷氏の提唱は，無辜の処罰を何としても避けたいとする心情から出たものであり，実感として非常に心に響くものがあります。疑わしきは被告人の利益にという刑事裁判の鉄則にも沿ったものです。私が，真っ先にこの一節を紹介したのも，そこに理由があるのです。そして，この論争は刑事裁判の目的をどのようなものとして捉えるかという観点，訴訟観といいますか，そのようなものとも大いに関係していると思っています。合理的疑いが払拭されているのかどうか非常に微妙な事案を想定したとき，そこに挙がってきていない隠された事実がないとは言い切れません。それは証拠開示が不十分なためかもしれませんし，あるいは捜査が不十分で証拠そのものが収集されなかったためかもしれません。事実は小説よりも奇なりといいます。それに，われわれ人間の認識能力には限界があります。Aさんがご紹介してくれた講演録のジェローム・フランクの言葉にもあるように，それを認識する者によって事実が変形することが裁判の世界では必ず起こり得ることなのです。木谷氏のいわれる中間地帯は必ず存在し，そこでは何があっても不思議ではないのです。

A弁護士　しかし，今言われたようなことにまで気を配る必要があるのでしょうか。それには賛成しかねます。判断者は，目の前にある事実，目の前にある証拠で勝負するほかないのです。目に見えないものの存在を挙げられても，どこまで目配りしたらよいのか判断のしようがありません。第一，証拠裁判主義に反します。確かに，同じ事件であっても，現実の問題として，1審，2審，そして，上告審，さらには再審において，各裁判官，裁判体により「合理的疑い」の判断が異なることはあります。しかし，それは，合理的疑いの存否に関して，同じ材料をもとにしての判断が異なったためであって，合理的判断の範囲を広くとったり，あるいは狭くとったりした結果ではありません。事実認定を行う者には，与えられた証拠に基づき「神のみぞ知る真実」を可能な限り追及していくことが求められているのです。そして，最終の決断は，先ほど言いました自由心証主義の下，各裁判官，各裁判体に委ねられているのです。

B弁護士　Aさんの見解は，目の前にある証拠資料によって「合理的」，「不

12

合理」の判断ができるということが前提になっています。しかし，それが明瞭にできないのが現実の姿です。できないにもかかわらず，「それは合理的な疑いとまではいえない」などとして，「合理的疑い」の主張を切り捨てている現実があると思うのです。木谷氏の考えは，そこに光を当てています。先ほど，Aさんは，「神のみぞ知る真実」ということを言われましたが，そこにたどり着くことは非常に困難なことです。そこに生じた疑いが「不合理なもの」であることが証明されたのでなければ，「合理的な疑いが存する」として扱うべきであり，それこそが，刑事裁判の鉄則にかなうものだと思います。

　A弁護士　村瀬均氏は，「合理的疑い」に関する論考[11]において，裁判官としての経験から，理論的には中間領域は存在しないとしながら，合理性判断で激しく迷う限界的場合があることを認め，そのような場面では，理性を支える意志的要素が介在することがあるといいます。これを「決断」と呼んでおられますが，このような「決断」は事実認定に不可避的に随伴するとされます。当然，その「決断」には，被告人に有利なこともまた逆に不利なこともあるはずです。これは私が先ほど述べたことと同じであり，裁判官としては，大変スタンダードな考え方ではないでしょうか。

　B弁護士　そこまで迷ったのであれば，そこを中間領域と呼ぶのがふさわしいかどうかわかりませんが，判断する者の中で決着がついていないのですから，「疑わしきは被告人の利益に」という，刑事裁判の鉄則に従って判断すべきだと思います。それは，いたってシンプルな問題ではないでしょうか。

　A弁護士　この問題は一応ここまでとして，有罪立証の基準に関して，もう一つ確認しておきたい点があります。従来，有罪の認定には，「確信」を要するとの見解が有力に示されてきました。ドイツの証明基準に由来するといわれます。ところが，平成19年決定の判示では，「確信」が要件として挙げられていません。ということは，「確信」までは要求されていないということなのでしょうか。

　B弁護士　平成19年決定は英米法の証明基準から来ていますので，ドイツ法に由来するとされる「確信」との間に整合性を求めることには少し無理があるかもしれません。しかし，昭和48年判決には，「確信」という言葉が

第1講 有罪認定の基準

出てきますし，それに，事実を確信していないのに有罪判決を言い渡すということはあり得ませんから，本判示がこれを不要とする趣旨までを含んでいるとはいえないのではないでしょうか。

　A弁護士　しかし，平成19年決定の趣旨から考えると，存在する証拠を総合して，「合理的な疑いを超える証明」が客観的に存在し，主観面において，そのような証明があるとの心的判断があればよいのですから，重ねて「確信」という主観的な判断が必要になるとは思われません。今言った「合理的な疑いを超える証明」があるとの主観での判断を，「確信」と言い換えてよいかもしれませんが，こと改めて，裁判官の「確信」まで要求することは必要ないように思います。「確信」という言葉を云々するよりは，むしろ「合理的疑い」の中身を深めるべきでしょう。

　B弁護士　その点こだわりませんが，昭和48年判決がいうように，自然科学の世界とは異なり，歴史的な事実を帰納的に探求する作業ですから，「高度の蓋然性」といいながら，「蓋然性」ということに安住してしまいますと，思わぬ誤判が待ち受けています。有罪判決は犯罪の証明は十分であるとの「確信」に基づかなければならないとの表現にはそうあってはならないとの強い意志が感じられます。これを，有罪立証の要件とすることには，うまく表現できませんが，何か特別の意味があるように思えてなりません。

⑷ 情況証拠による事実認定の場合

　A弁護士　平成19年決定の事案は，情況証拠によって事実認定を行うものでした。そのため，一般的な犯罪事実の認定に比べ，より厳格な立証が必要ではないかという点がもう1つの争点になっていますね。

　B弁護士　弁護人は，この点でも，昭和48年判決を取り上げ，原判決はこの最高裁判例に違反すると主張しました。昭和48年判決は，先ほどのように，犯罪の証明一般について，高度の蓋然性を要求していましたが，それに加えて，このことは，もっぱら情況証拠による間接事実から推論して犯罪事実を認定する場合においては，よりいっそう強調されなければならない，としていたのです。

　A弁護士　この点は，すでにお話ししたとおり，昭和48年判決は，事実

14

■高松郵便爆弾事件

認定一般の問題として，反対事実の可能性の完全な否定までも要求している
ものとはいえず，それを目標とすべきであるという趣旨の判示として捉える
ことができます。情況証拠による事実認定の場合についても，その趣旨に変
わりはなく，ただ，その場合には，より慎重な判断を要すべきことを念のた
めに強調したものであったと考えられます。いずれにせよ，情況証拠によっ
て事実認定する場合において，有罪立証の程度につき，あえて差異を設ける
理由は考えられず，平成19年決定が，「直接証拠によって事実認定すべき場
合と，情況証拠によって事実認定する場合とで，何ら変わるところはない」
と明言したのは，納得のできる判断ではなかったでしょうか。

B弁護士　平成19年決定が情況証拠によって事実認定する場合であって
も差異を設けないとの判断を行ったことについては，認めざるを得ません。
しかし，その後，次の第2講で取り上げる大阪母子殺害事件において，最高
裁は情況証拠によって事実認定する場合につき，重要な判断を行いました。
最高裁が一体いかなる判断をしたのかについて，多くの議論を呼び起こしま
した。昭和48年判決において提起されていた厳格な審査の必要性は，ここ
にいたって，新たな展開を見せているようです。

研究ノート

◆適正な事実認定

(1)　あるべき事実認定とは──キーワードは何か

　私たちがめざすのは，冤罪の防止であり，そのための事実認定です。
では，そのような事実認定にどうすればたどり着くことができるのか，
それこそが，最大の研究テーマということになります。「事実とは，推
測である。」「法廷においては，実際に起こった事実は2度屈折される。
つまり，まず，証人によって，そして，次には事実を認定する責務のあ
る人々によって。」というジェローム・フランクの言葉をもとに，事実
認定を正しく行うためには，証拠そのものに内在する限界や危険性を見
極めるとともに，自分の判断のなかに含まれている主観性というものを

15

十分に自覚し，その主観的判断をより客観的なものに近づけるよう努力することが必要である，というのが，早川氏の講演の眼目の１つでありました。まさにそのとおりであると考えます。

「言うは易く行うは難し」といいますが，このような事実認定をめざすときのキーワードは何でしょうか。それは，やはり，「適正」ということではないかと思います。日本の刑事訴訟法は，318条に「証拠の証明力は，裁判官の自由な判断に委ねる。」と規定し，事実認定の要である証拠の評価について自由心証主義をとっていることから，事実認定一般についても，自由心証主義を採用しているものと考えられています。この自由心証主義は，文字どおり，その判断は判断者である裁判官の自由な裁量に任されているのであり，手続的な制約はないものと思われてきました。逆にいうと，手続的な制約がないのが自由心証主義であると理解されてきたのです。しかし，自由心証主義の歴史的経過をたどった研究からは，「自由な評価」にも様々な制約を伴っていたことが示され，内容的に適正であるべきことは当然のこととして，手続的にも，「適正」であることが，事実認定の重要な課題として浮かび上がってきたのです。

(2)　自由心証主義の抑制

自由心証主義と対置されるのは，「法定証拠主義」ですが，これは，例えば，有罪とするには，自白を必要とするとか，２人以上の証人の証言を必要とするというような一定の証拠を手続的に要求する制度です。この法定証拠主義は，糾問主義の下において，裁判官の恣意を防止するという積極的意義を持っていました。しかし，それは自白の獲得に拷問を許す制度と結びついて，大変過酷な状況を導きました。そこから，自由心証主義への転換が図られることになったのです。しかし，だからといって，裁判官による恣意の可能性という自由心証主義の持つ弱点が直ちに克服されたわけではありませんでしたから，その転換の過程は，やや複雑な様相を呈しました。その過程で裁判官の恣意を抑制するための諸原理，諸法則が生まれました。このような歴史的経緯から，これらの諸原理，諸法則は，自由心証主義が内包する必然的な「抑制」として捉

■高松郵便爆弾事件

えられることになります。あるべき事実認定，適正な事実認定を論じる
とき，事実認定が事案の真相を明らかにしているかどうかを「内容の適
正」とし，憲法，刑事訴訟法上の諸法則に則って行われているかどうか
を「手続の適正」としてこの2つを切り分ける考え方[16]や，判断者の
自由な心証形成から出発する議論に疑問を投げかけ，「自由」「抑制」の
原理に代わる，証拠裁判主義の枠組みによる新たな理論構成を模索する
考え方[17]も有力ですが，とりあえずは，上記のような歴史的経緯にか
んがみ，「自由心証主義」とその「抑制」という観点から捉えていこう
と思います（これには，判断者の恣意的な判断を強調することによって，冤罪の
危険が現実に存在し，その防止こそが事実認定の課題であることを思い出させてく
れるのではないかという，実際上の理由もあります）。

(3) 自由心証主義の抑制の諸相

　今日，自由心証主義に対する「抑制」の観点から課題とされている代
表的な問題は，以下のとおりです（これから，各講において検討していくテー
マの多くは，いずれもがこの自由心証主義の「抑制」に関係したものであり，それ
を具体化したものと考えることができます）。

(a) 証拠法則

　現行刑事訴訟法は，318条において自由心証主義にかかる条文を掲げ
るとともに，それに続けて，自白法則，伝聞法則など，証拠能力に関す
る広範な制限規定を置いています。自由心証主義の抑制としては，典型
的なものです。後記の論理則・経験則が，いったん証拠として許容され
た証拠が実質的に証拠価値を有するのかという問題に対応するのに対し
て，そもそも，証拠として許容できるかという「入り口」の問題です。
これは，適正な事実認定を確保するについて，大きな「抑制」となりま
す。近時，DNA型鑑定など科学的証拠の証拠能力が話題となっていま
すが，これらの証拠は，判断者に対して過度の予断を与える可能性の高
い証拠であるだけに，証拠能力に厳格な制約を設け，裁判の俎上にのせ
る前に抑制することは特に重要な課題となります。なお，証拠能力の制
限といいますと，違法収集証拠排除法則も，重要な証拠制限として挙げ

17

第1講　有罪認定の基準

ることができますが，自由心証主義の「抑制」という観点よりは，デュープロセスという異なる観点からの抑制原理と考えることができます。

　もう1つ，忘れてならないのが，補強法則です。刑事訴訟法319条2項は，「被告人は，公判廷における自白であると否とを問わず，その自白が自己に不利益な唯一の証拠である場合には，有罪とされない」と規定していますが，これが補強法則であり，自由心証主義の例外として，理解されています。

　しかし，補強証拠が犯罪のどの範囲に必要とされるか，どの程度の実質的証拠価値を持つことが要求されるかなどという実際の場面では，その判断は大きく分かれています。この法則が自由心証主義の例外であることから，それを理由として，その役割をできるだけ小さくしようとする流れがありますが，自由心証主義の「抑制」という観点からは，逆転した議論のように思われます。

(b)　論理則・経験則

　裁判官（判断者）が行う判断は，論理則・経験則に従ったものでなければならない，とする考え方があります。これは，法定証拠主義の克服の過程で，大陸法系から，自由心証主義に内在する制約としてもたらされた原理といわれています。先述の証拠法則が，証拠として許容される「入り口」の問題であるのに対して，証拠として調べられたのちの具体的判断過程での問題となります。これは性質上具体的事件と切り離しにくく，また，後述のようにその内容には多種多様のものを含み得ることから，その多くは制度的な制約としては存在していません。しかし，実際の裁判において大きな役割を果たしていることは間違いありません。例えば，証拠の評価をめぐって，各人の知識経験に基づく経験則が火花を散らすことは容易に想像できますし，これは決して褒められたことではありませんが，証拠の少ない事案において，それを理屈で補うかのように，経験則が連発されることがあります（補講2参照）。また，控訴審，上告審において，事実誤認により原判決を破棄する際にそれを限定する基準として，持ち出されることもあります。このように，多くの場面で，この論理則・経験則が現れますが，基本形は，勝手気ままな自由心証を

■高松郵便爆弾事件

抑制するために構築された枠組みであると考えられます。

(c) 「合理的な疑いを超える」証明基準

犯罪事実を認定するためには，「合理的な疑いを超える証明」が必要であるとされます。まさに，本講のテーマでした。これは，(b)の「論理則・経験則による抑制」とは沿革を異にし，陪審を前提とする英米法系からもたらされた原理です。近時，第2講で取り上げる大阪母子殺害事件において，最高裁は情況証拠によって有罪認定を行う場合につき，より具体的な基準を示しましたが，これが新たな証明基準を設定したものか否かが議論の対象になっています。

(d) 当事者主義

現行刑事訴訟法は，当事者主義を採用しているといわれます。訴訟手続において，検察官，被告人といった当事者ではなく判断者である裁判所が自ら主導権をとる制度を職権主義といいますが，現行法は，職権主義であった旧法を大きく変え，訴因制度を採り入れ，起訴状一本主義により裁判官の予断を排除し，当事者の攻撃防御のなかから真実発見ができるようにしました。これが十全に機能すれば，恣意的な事実認定は避けられ，合理的な判断が確保できるシステムになっています。このように当事者主義そのもののなかに，自由心証主義の弱点を克服しようとの先人の英知が組み込まれています。

(e) 証拠構造論

もともと，「証拠構造論」というのは，再審請求事件について，その適正化を図るという観点から考えられた理論ですが，それが通常審の審理にも適用すべきものとして提唱されています[18]。証拠構造というのは，「事実認定を支える各証拠の有機的関連を分析したもの」とでもいうべきものですが，証拠構造論は，この証拠構造を当事者主義的に捉え直し，まず，検察官に訴因を支える証拠構造の提示義務を負わせます。これが，検察官がこれから行う立証の方向を定めることになり，裁判所もその主張に拘束されます。つまり，裁判所は訴因として提示されている事実が検察官の主張どおりの構造で証明されているかだけを判断し，それとは異なる論理構成で有罪認定を行うことはできません。したがっ

第1講　有罪認定の基準

て，法廷での攻撃防御は，この証拠構造をめぐって行われることになり，事実認定過程が可視化・客観化されます。この証拠構造論は近時有力に主張されるようになりましたが，これも，自由心証主義を抑制するものとして理解できます。

(f)　そのほか

そのほか，「裁判主体論による抑制」，「鑑定制度による抑制」，「有罪判決に理由を要求することによる抑制」，「上級審による抑制」などが，自由心証主義に対する抑制として挙げられています。

(4)　自由心証主義と経験則との新たな関係

裁判員制度が発足して，すでに，かなりの年月が経過しました。裁判員裁判による事実認定に関しては，多方面から議論が展開されていますが，その1つとして評議において裁判官が裁判員に教示する「経験則」の問題があります。これまで職業裁判官が「経験則」などとしてきたものをはたしてそのまま裁判員に教示してよいのだろうか，その点はむしろ裁判員の自由な心証に任せるべきではないのか，という問題提起がされているのです[20][21]。これは，職業裁判官が「経験則」としてきたものに対する不信感が下地になっていると考えられます。「経験則」なるものが旧来の職業裁判官の下で硬直したものとなり，それを裁判員に共有させることから，裁判員の自由な判断を縛り，さらにはそれが機械的に運用されて，結果として冤罪を生み出しているのではないかと考えられているのです。もしそういう事態が生まれているとすれば，由々しき問題です。もともと，経験則は，自由心証主義による恣意的な判断を許さないために構築されたはずのものです。それが柔軟性を欠き有罪方向に機能しているとすれば，これは，直ちに改善すべきでしょう。裁判員裁判の長所として考えられたのは，一般市民の常識的な判断，市民感覚を取り入れることができるというものでしたが，一つ一つの事件の個性を大切にするという刑事裁判の在り方とも共鳴するはずのものでした。一つ一つの事件の個性を没却した機械的な経験則の運用は，間違いなく冤罪を生み出します。経験則の多用は絶対に避けるべきですし，そ

れを，あたかも裁判所・裁判官が共有している秘伝みたいなものとして語るのは言語道断といってよいでしょう（なお，補講2参照）。

● 参考文献 ●

[1] 木谷明「有罪認定に必要とされる立証の程度としての『合理的疑いを差し挟む余地がない』の意義」『平成19年度重要判例解説』213頁（有斐閣）。

[2] 木谷明『刑事裁判の心―事実認定適正化の方策〔新版〕』（法律文化社）。

[3] 木谷明『事実認定の適正化―続・刑事裁判の心』（法律文化社）。

[4] 木谷明「刑事事実認定の基本的あり方」『刑事事実認定の基本問題〔第3版〕』1頁（成文堂）。

[5] 石井一正『刑事事実認定入門〔第3版〕』（判例タイムズ社）。

[6] 石井一正「刑事裁判における事実認定について」判タ1089号36頁。

[7] 石井一正「ブック・レビュー　木谷明『刑事裁判の心―事実認定適正化の方策』」判タ1144号44頁。

[8] 石井一正『刑事訴訟の諸問題』（第26章）・529頁（判例タイムズ社）。

[9] 内山安夫「事実認定論（その2）―証明の方法」『刑事司法改革と刑事訴訟法(下)』731頁（日本評論社）。

[10] 中川孝博『合理的疑いを超えた証明―刑事裁判における証明基準の機能』（現代人文社）。

[11] 村瀬均「合理的疑いを超える証明について」植村立郎判事退官記念論文集『現代刑事法の諸問題(1)』349頁（立花書房）。

[12] 岩瀬徹「情況証拠による立証と合理的疑い」『実例刑事訴訟法Ⅲ』185頁（青林書院）。

[13] 原田國男「裁判員制度における事実認定―木谷・石井論争を素材として」法律時報77巻11号36頁。

[14] 原田國男「合理的疑いを超える証明」『刑事訴訟法の争点〔新・法律学の争点シリーズ6〕』146頁（有斐閣）。

[15] 石塚章夫「裁判官と事実認定」法律時報77巻11号43頁。

[16] 石塚章夫「事実認定論（その1）―事実認定の適正」『刑事司法改革と刑事訴訟法(下)』699頁（日本評論社）。

[17] 白取祐司「自由心証主義の反省」『刑事訴訟法の理論と実務』199頁（日本評論社）。

[18] 川崎英明『刑事再審と証拠構造論の展開』（日本評論社）。

第 1 講　有罪認定の基準

［19］　五十嵐二葉「事実認定とは何かを改めて考えてみる」法律時報 83 巻 9・10 号 76 頁。

［20］　高野隆 = 中川孝博 = 水野智幸 = 久保有希子「座談会『経験則』の使われ方と問題点」季刊刑事弁護 90 号 10 頁。

［21］　高野隆「裁判官は裁判員に『経験則』を教えられるか」『憲法的刑事弁護　弁護士高野隆の実践』43 頁（日本評論社）。

第2講
情況証拠（その1）
——最高裁が示した有罪認定のルール

■大阪母子殺害事件

第2講

情況証拠（その1）

― 最高裁が示した有罪認定のルール ―

■大阪母子殺害事件
（最〔3小〕判平成22年4月27日刑集64巻3号233頁）

判旨　刑事裁判における有罪の認定に当たっては，合理的な疑いを差し挟む余地のない程度の立証が必要であるところ，情況証拠によって事実認定をすべき場合であっても，直接証拠によって事実認定をする場合と比べて立証の程度に差があるわけではないが（最高裁平成19年（あ）第398号同年10月16日第一小法廷決定・刑集61巻7号677頁参照），直接証拠がないのであるから，情況証拠によって認められる間接事実中に，被告人が犯人でないとしたならば合理的に説明することができない（あるいは，少なくとも説明が極めて困難である）事実関係が含まれていることを要するものというべきである。ところが，殺人，現住建造物等放火の公訴事実について，間接事実を総合して被告人が犯人であるとした第1審判決及びその事実認定を是認した原判決は，認定された間接事実中に被告人が犯人でないとしたならば合理的に説明することができない（あるいは，少なくとも説明が極めて困難である）事実関係が含まれているとは認められないなど，間接事実に関する審理不尽の違法，事実誤認の疑いがあり，刑訴法411条1号，3号により破棄を免れない。

※本判決には，藤田宙靖，田原睦夫，近藤崇晴各裁判官の補足意見，那須弘平裁判官の意見，堀籠幸男裁判官の反対意見があります。

1. はじめに

今回のテーマは，「情況証拠による事実認定」です。犯罪事実の認定は，

第2講　情況証拠（その1）

自白，目撃証言などその犯罪事実を直接証明する「直接証拠」によって行うことが多いのですが，そのような「直接証拠」がないこともあります。その場合には，「間接事実」によって犯罪事実を認定することになります。その「間接事実」の認定に用いられる証拠を「情況証拠」というのです。これは，「直接証拠」に対置して「間接証拠」と呼ばれることもあります。さて，「間接事実」によって事実認定を行うのですから，正確には，「間接事実による事実認定」というべきところかもしれません。しかし，実際には，「情況証拠による事実認定」という表現を用いることが多いようです。「間接事実」のもとになっているのが「情況証拠」ですから，この表現が間違っているというわけではありません。このあたりの言葉の使い方はやや複雑です。本書では，基本的に，「情況証拠による事実認定」という表現を使用しますが，必要に応じて，「間接事実による事実認定」という表現を使用することもあります。

　前置きが長くなりましたが，事実認定のなかでも，「情況証拠による事実認定」は，特に困難なものとされています。その「情況証拠による事実認定」に関して，最高裁は，近時，その判決のなかで注目すべき判断を示しました。これが標記の判示です。その判示の意義を探りながら，「情況証拠による事実認定」はどうあるべきかを検討して行きましょう。

２．事案の概要

　被告人は，息子夫婦らが居住するマンションの一室で，息子の妻（当時28歳）及びその夫婦の長男（当時1歳10ヵ月）を殺害し，その後同室内に放火して焼損させたとの事実により起訴されました。被告人は犯人性を争い，これらの事実を否認したのですが，被告人と犯人を結びつける直接証拠はなく，情況証拠から被告人が犯人と認定できるかが最大の争点となりました。1審は，情況証拠（間接事実）を総合して起訴事実を認定し，被告人を無期懲役に処しました（求刑は死刑）。双方が控訴したところ，2審（控訴審）は，1審の事実認定を肯認した上で，検察官の量刑不当の主張を容れて被告人に死刑を宣告しました。

■大阪母子殺害事件

　1審が，被告人の犯人性を推認できる根拠とした間接事実は，①被告人が事件当日に犯行現場であるマンションに赴いたこと，②被害女性とのやりとりや同女のささいな言動など，何らかの事情をきっかけとして，被害女性に対して怒りを爆発させておかしくない状況があったこと，③被告人が，本件当日の夕方に妻を迎えに行く約束をしていたのにその約束を守らず，被害者らが死亡した可能性が高い時刻頃に自らの携帯電話の電源を切っていたなど，被告人の行動に著しく不自然な点があること，④被告人の本件当日の自身の行動に関する供述があいまいで漠然としたものであり，不自然な点が散見される上，不合理な変遷もみられ，全体として信用性の乏しいものであることなどです。そして，この①の「被告人が事件当日に犯行現場であるマンションに赴いたこと」との間接事実を認定するための主要な間接事実となっていたのは，同マンション階段の1階から2階に至る踊り場の灰皿内から被告人が好んで吸っていたたばこの吸い殻があり，そこから採取された唾液中の細胞のDNA型が被告人のものと一致したこと（そこから，被告人が事件当日あるいはそれまでの間に同マンションに立ち入り，本件灰皿に本件吸い殻を投棄したことが推認されるとされました）でした。2審（控訴審）判決は，控訴趣意で争われた「被告人の警察官調書」の任意性を否定し，これを採用した訴訟手続には法令違反があるとしたのですが，その違法は判決に影響を及ぼすことが明らかとはいえず，1審の判断はおおむね正当であるとして，1審の事実認定を是認しました。これに対して，被告人が上告したところ，最高裁は，間接事実に関する審理不尽，事実誤認の疑いを理由に，1審及び控訴審（原審）の各判決を破棄し，事件を1審の大阪地方裁判所に差し戻しました。これが本判決です。

　最高裁は，職権判断をもって，冒頭の如く，情況証拠により事実認定を行う場合には，情況証拠によって認められる間接事実中に，「被告人が犯人でないとしたならば合理的に説明することができない（あるいは，少なくとも説明が極めて困難である）事実関係」が含まれていることが必要であるとした上，上記のたばこの吸い殻に関する被告人の弁解について審理が尽くされておらず，犯人性推認の最も大きな根拠であった，被告人が事件当日に本件マンションに赴いたとの事実を認定することができないとし，仮に，その事実が認

27

第2講　情況証拠（その1）

められたとしても，そのほかの間接事実を加えることによって，「被告人が
犯人でないとしたならば合理的に説明することができない（あるいは，少なく
とも説明が極めて困難である）事実関係」が存在するとまでいえるかどうかにも
疑問があるとしたのです。

3. 検　　討

(1)　情況証拠による事実認定

　A弁護士　本判決は，最高裁が，「情況証拠による事実認定」につき，新
たな基準を示したのではないかと，大きな反響を呼びました。最初に確認で
すが，「情況証拠による事実認定」といったり，「間接事実による事実認定」
といったりしますが，いずれも，「犯罪事実」を直接立証するいわゆる「直
接証拠」がない場合に，「情況証拠」（「間接証拠」ともいいます）によって「間
接事実」を認定し，その「間接事実」の総合によって「犯罪事実」を推認す
る事実認定の方式のことを指すということでよろしいですか。

　B弁護士　その点特に異論はありません。本件は，マンションの一室にお
ける殺人，放火事件ですが，1審判決は，「①被告人が事件当日に犯行現場
であるマンションに赴いたこと」など①から④までの4つの間接事実（「事案
の概要」参照）を認定し，これらの事実を全体として考察すれば，合理的な疑
いをいれない程度に，犯罪の証明がなされているとしています。そして，①
の間接事実を支える第2次的な間接事実として複数の事実を認定しています
が，なかでも，本件マンションの階段の1階から2階に至る踊り場の灰皿内
から被告人が好んで吸っていたたばこの吸い殻が発見され，そこから採取さ
れた唾液中の細胞のDNA型が被告人のものと一致したことは，最も重要な
間接事実とされました。

　A弁護士　そのとおりですね。そのタバコの吸い殻に関して，弁護側が「被
告人が被害女性ら夫婦に対し，以前，自らが使用していた携帯灰皿を渡した
ことがあり，被害女性がその携帯灰皿のなかに入っていた本件吸い殻をマン
ション踊り場の灰皿に捨てた可能性がある」と反論したのですが，本判決は，

28

この弁護側の反論に対する1，2審の審理が不十分であるとしたのです。そうだとすると，犯罪事実を推認する間接事実のなかでも最もかなめの「①被告人が犯行現場のあるマンションに赴いた」という事実があやしくなってきますから，1，2審判決の破棄はやむを得なかったのでしょう。

(2) 最高裁は何を示したのか

B弁護士　ここまでは，比較的理解しやすいのですが，問題はここから先ですね。「情況証拠により事実認定を行う場合には，情況証拠によって認められる間接事実中に，『被告人が犯人でないとしたならば合理的に説明することができない（あるいは，少なくとも説明が極めて困難である）事実関係』が含まれていることが必要である」と一般論を述べ，仮に，「①被告人が犯行現場のあるマンションに赴いた」との事実が認められたとしても，そのほかの間接事実を加えることによって，上記のような事実関係が存在するとまでいえるかどうかにも疑問があるとしたのです。これは，いままでになかった斬新な判示であり，正直驚きました。この判示のうち，一般論として述べられたものを，「本件ルール」と呼ぶことにしますが，この「本件ルール」は，これまで，情況証拠による事実認定において，実務上行われていた事実認定の在り方とは明らかに異なるように思います。

A弁護士　このルールに関しては，いろいろな見解・見方が研究者，実務家から出されました。「有罪認定の基準」まで変更したのかという点では，本判決自体が，平成19年10月16日の最高裁決定を引用し，直接証拠によって事実認定する場合と立証の程度に差がないと述べていますので，そこまで変更したものではないとされています。しかし，それでは，どうして，このような「有罪認定の基準」の変更とも見られかねない「本件ルール」を明言したのかという点が問われます。これについては，実務家などから，総合認定に際して，そのような観点から慎重に検討すべきであるとの「注意則」を明らかにしたものであるとの考え方が示されています。このような理解であれば，従前の在りように，手続的な面でも大きな変更をもたらすものではなく，実務的に受け入れられやすい説明ではなかったかと思います。

B弁護士　そうでしょうか。もう少し，根本的なところから，分析する必

第2講 情況証拠（その1）

要があると思います。本件1審判決は，各間接事実が被告人の犯人性を推認させるものであることを説示した上，「重要なことは，これらの各事実はそれ自体が被告人が本件の犯人であることを推認させるものであるが，これらは別個独立のものとしてではなく，全体として考察すべきものであり，そのように見た場合，各事実は相互に関連し合ってその信用性を補強し合い，推認力を高めているということである。」と判示しています。これまでの総合認定の在り方は，押しなべてこの1審判決が判示するようなものであったと思います。各間接事実そのものに関して，特別なものは要求していません。総合的に考察して一定の水準の推認力が認められればよしとしていたのです。今の見解は，そのような運用を変えるものではなく，総合的に考察する際の「心構え」のようなものにすぎないというのですね。しかし，「本件ルール」は，そこにメスを入れようとしているように見えます。

　A弁護士　そうですね。私は，先述のように，「本件ルール」は，総合認定にあたっての「注意則」を明示したものと考えていますから，手続的に見れば，総合認定の結果として，そのような「事実関係の存在」が認められればよいということになります。しかし，これを外在的ルールを設定したものとして捉え，総合認定に参加する各間接事実の資格として要求していると見る考え方も有力ですね。

　B弁護士　そのとおりです。私も，「本件ルール」を総合認定への参加資格として理解すべきだと考えています。そう理解することが，情況証拠による事実認定において，証明力の弱い証拠を量的に集めただけで有罪認定をしてしまう危険を防止するために，極めて有効だと考えるからです。しかし，これを厳格に適用するとなりますと，公判審理に先立って，その「入り口」で検討しなければならないことになります。これは，少しドラスティックすぎるかもしれません。もちろん，そのように厳格に適用すべきであるという考え方もありますが，私は，実際の運用に際しては，「入り口」でのチェックにこだわらずに，いったん証拠として受け入れた上，各間接事実の証明力（証拠価値）を分析する過程で検討するのが適切ではないかと考えています。要は，これまでのように，間接事実を全体として一気に判断するのではなく，個々の具体的証拠を分析する過程で，「本件ルール」を満たす事実関係があ

30

るか否かを判断して行くことが大切だと思うのです。

(3) 「被告人が犯人でないとしたならば合理的に説明することができない（あるいは，少なくとも説明が極めて困難である）事実関係」とは

A弁護士 少し焦点を変えますが，本判決は，仮に，「①被告人が犯行現場のあるマンションに赴いた」との事実が認められたとしても，そのほかの間接事実を加えることによって，上記のような事実関係が存在するとまでいえるかどうかにも疑問があるとしました。この具体的判断も衝撃的でした。1審判決が，挙げている4つの間接事実は，いずれも被告人が犯人だとすれば矛盾なく整合的に説明できる事実であり，①の事実，実際に，犯行のあったマンションにまで行っていることが認められるとすると，その他の間接事実と併せ考えることによって，被告人が犯人であることは間違いのないように思われました。

B弁護士 先述のように，1審判決は「全体として考察すべきものであり，そのように見た場合，各事実は相互に関連し合ってその信用性を補強し合い，推認力を高めている」と判示しているのですが，これは，まさに，今Aさんが言われたことを述べているのだと思います。しかし，これは直感的な判断というべきで，危険を伴います。被告人が犯人だとして矛盾しない証拠をいくら量的にたくさん集めてみても質的な転換は望めないのです。藤田裁判官が，補足意見において述べるように，「一定の原因事実を想定すれば様々な事実が矛盾なく説明できるという理由のみによりその原因事実が存在したと断定することは極めて危険である」のです。

A弁護士 確かに，最高裁が，本件ルールを判示したのは，従前の実務の事実認定の在り方に一種の危機感を持っていたことのあらわれかもしれません。しかし，しつこいようですが，本件の「①被告人が犯行現場のあるマンションに赴いた」との事実は，それが立証されたとしても，本件の犯罪事実認定に，それほど大きな証明力（証拠価値）を持たないのでしょうか。

B弁護士 その点に関して，近藤裁判官は，補足意見において，「本件犯行が被告人のものであることが証明されているというためには，(A)上記吸い殻が本件事件当日に被告人の投棄したものであることに加え，(B)被告人が本

第2講　情況証拠（その1）

件マンションの306号室を訪れたこと，(C)被告人が306号室の室内に入ったこと，(D)被告人が2人を殺害した上で放火したこと，以上の事実が証明されなければならない。そして，(B)(C)(D)の各事実を証明するに足りる直接証拠はなく，(A)→(B)→(C)→(D)が，順次推認されなければ，(D)の事実が証明されたとはいえないという関係にあるが，(A)→(B)→(C)の順次の推認は，その蓋然性が高いとまではいうことができても，推認する（認定する）ことができるとするには，なお疑問が残る。」と述べていますが，これは重要な指摘です。マンションの構造とか，被告人と被害者らとの交流関係など本件に特有の事情が絡みますが，マンションを訪れたからといって，306号室にまで行けたかどうか，そこまで行けても入室できたかどうかといった関門が次々と待ち構えているのです。マンションを訪れたことと，入室したことを同じに扱うことはできません。これは，各間接事実の推認力を正当に分析することの重要性を明らかにしています。

　　A弁護士　これは，かなり厳しい分析ですね。

　　B弁護士　近藤裁判官の指摘は，これまでの総合認定が個々の間接事実の推認力を十分に検討しないで全体としての印象に基づいて検討してきたことへの反省を迫っているように思います。改めて考えてみると，「①被告人が犯行現場のあるマンションに赴いた」という間接事実は，犯罪事実を直接推認するいわゆる第1次間接事実としてはふさわしくなかったのではないかという見方もできます。

　　A弁護士　1審判決の肩を持つというわけではありませんが，①以外の②から④の間接事実も，①の「被告人が犯行現場のあるマンションに赴いた」という間接事実の証明力に関わってくるはずです。特に，④の被告人の本件当日の自身の行動に関する供述があいまいで信用性に乏しいことなどは，被告人が犯行当日に本件マンションに赴いていたとの事実と合わさって，被告人の犯人性立証に大きく作用するのではないでしょうか。

　　B弁護士　今の点も，この判決を読み解く上で，重要なポイントだと思います。これまでの実務慣行は，被告人に実質上証明責任を負わせるような場面が生じたとき，被告人がそれに反駁しなかったり，反駁したもののその立証に成功しなかったりしたとき，これを事実認定上，被告人に不利に扱うも

32

のでした（アナザストーリー論）。本件では，当日の行動を明確にできるはずな
のになぜしないんだ，なぜできないんだということがそれにあたるでしょう。
1審が，④のような事実を認定しているということは，このようなアナザス
トーリー論の観点から，被告人が事実上負うことになった証明責任を的確に
果たせなかったとして，これを有罪認定の有力な根拠にしていることを示し
ています。ところが，本判決は，④の事実をそれほど大きなものとは見なか
ったようです。そうだとすると，本判決は，そのような実務の慣行にも，一
石を投じたものとみることができます。

(4)　「本件ルール」をどのように活用すべきか

　B弁護士　いずれにせよ，この「本件ルール」が，被告人の犯行であるこ
とと矛盾しないというレベルの証拠を寄せ集めたのでは不十分で，良質の，
高い証明力のある証拠を要求していることは間違いないと思われます。その
観点からは，裁判員裁判など「公判前整理手続」が行われる事件においては，
特に弁護人の立場としては，争点整理の段階で，検察官にいかなる間接事実
によって犯罪事実を立証しようとしているのか，どの事実が「本件ルール」
の事実関係に該当するのかなどを明示させ，各間接事実が有する証拠価値に
ついても，あらかじめ議論を尽くすなど，「本件ルール」を念頭に置いた弁
護活動を行っていくことが肝要となるでしょう。

　A弁護士　確かにそのとおりですね。最終的には，証拠を総合して判断す
ることになるとしても，公判審理の諸段階において，各間接事実の証明力が
どの程度のものとして立証されているかを常に意識しておくべきでしょう。
この点を意識することによって，よりメリハリの効いた訴訟活動が可能とな
るはずです。私は，「本件ルール」の意義につき，総合判断の結果として要
求されているとの意見を述べましたが，弁護側の実践としては，Bさんがい
われるように，最初からこのような問題点をぶつけて行く手法は大変有効だ
と思います。

　B弁護士　弁論は，結局その集大成ということになりますが，全体的な印
象を論じるのではなく，各間接事実が，最終的にどの程度立証されたのかあ
るいは立証されなかったのか，そして，どの程度の証拠価値（証明力）を有

第2講　情況証拠（その１）

するものとして立証されたのか，これらの諸点を具体的に論じることが重要
となるでしょう。

研究ノート

◆情況証拠による事実認定

(1)　最高裁はいかなる基準を設定したのか

(a)　A説とB説

　最高裁の示した基準（本件ルール）をどう捉えるべきなのか大きな議論
がありました。ここでもう一度，整理しておきます。これまで，多くの
評釈がなされ，様々な見解が示されてきました。そして，そのなかで，
いくつかの対抗軸が示されています。「基準（準則）」と考えるのか，そ
れとも「注意則」と考えるのか。「内在的ルール」と考えるのか，それ
とも「外在的ルール」と考えるのか等々です。しかし，最も重要な対抗
軸は，本判示のいうような事実関係の存在を，総合認定の結果として要
求するのか，それとも，総合認定に参加している具体的な間接事実中に
要求するのか，という点にあると考えます。便宜上，前者をA説，後者
をB説と呼ぶことにします（A説につき，[3] ないし [6]，B説につき，[7]
ないし [13]）。最高裁が示した基準は，どちらの説によって理解すべき
なのでしょうか。

(b)　これまでのルール

　これまで，有罪認定の立証の程度については，「合理的な疑いを差し
挟む余地のない程度の立証」がなされているか否かがその判断基準とさ
れてきました。第１講で検討しましたが，本判決でも引用されている平
成19年決定はこれを明言するものであり，この判断基準は，直接証拠
によって事実認定をすべき場合と，情況証拠によって事実認定をすべき
場合とで異なるところはないとされました。

　しかし，判例が示す有罪立証の程度に関する判断基準が，依然として
「合理的な疑いを差し挟む余地のない程度の立証がなされているか否か」

であるとしても，それによって，問題が解決したわけではありません。「合理的な疑いを差し挟む余地のない程度の立証」というのがいかなる程度の立証なのか，この難問は残されたままです（この点は，第1講を参照してください）。

(c) 新しいルールの必要性

　情況証拠により事実認定を行う過程は，演繹的な判断過程ではなく，間接事実を総合して行う帰納的な判断過程とならざるを得ません。そこには，常に誤判の危険が付きまといます。この誤判の危険に着目したとき，それを防止するためにはいかなるルールを設定するのがふさわしいのでしょうか。

　まず，間接事実による事実認定の過程を振り返ってみましょう。たいていの場合，情況証拠によって複数の間接事実が認定され，その間接事実を総合して，犯罪事実の有無を確定するという過程をたどります（これが，帰納的といわれる判断過程です）。しかし，このような過程は決して単純明快なものではありません。第1に，間接事実とされているものが正しく認定されているかが問題となります。ここでは，間接事実の証明にも，主要事実（犯罪事実）の証明と同様に「合理的な疑いを差し挟む余地がない程度の証明」を要求するのか，そこまでの要求はしないのかという問題があります。この点は深入りしませんが，これ自体おそろしく難問です。第2に，その上で，間接事実の総合が行われますが，そこで投入される間接事実が犯罪事実の認定に対して十分な証明力（証拠価値）を持っているかということが問われます。証拠能力が認められて証拠採用されたものであれば，すべての多様な証拠を総合認定の資料として投入するのか，それ以上に一定の証拠価値を要求するのかということが問題になります。それにしても，各間接事実の持つ証明力（証拠価値）は，千差万別です。事実認定の場面では，裁判官の自由心証主義が支配するといわれますが，それはやはり合理的なものでなければならず，主要事実への証明力がそれほど高くない雑多なものを数だけ揃え，それで証明があったとして有罪認定するのは極めて危険で許されないでしょう。間接事実として，どこまでの質と量を必要とするのか。そして，そのよう

第2講　情況証拠（その1）

なチェックをどの段階で行うのか。そこに，今回の判示のようなルール
を設定する意義が生じるのです（なお，個々の間接事実の証明の程度とその間
接事実の証明力が密接に連動していることについて，［13］の191頁参照）。

(d)　新しいルールの誕生

　当然のことですが，誤判は何としても避けなければなりません。それ
には，どうしたらよいでしょうか。繰り返しになりますが，証明力がそ
れほど高くない雑多な間接事実を数多く積み上げただけで，証明があっ
たとして有罪認定するのは極めて危険です。だとすると，一つの有力な
方策として，そのような雑多な間接事実のなかに，証明力の極めて高い
ものを（最低限1つは）要求するという考え方が想定できます。そのよう
な有力な間接事実は勿論複数あってもいいのですが，少なくとも1つは
必要とするのです。それによって最低限のセーフティネットを用意する
わけです（ある間接事実は，下位の間接事実から認定されることがありますから，
そのような間接事実群を1つは必要とする，というのが正確かもしれません）。こ
れまでも，難事件に立ち向かったいくつかの下級審裁判所において，そ
のような観点からの指摘がなされてきました（例えば，質のよい証拠を要求
するものとしてロス疑惑銃撃事件控訴審判決・東京高判平10・7・1判時1655号3
頁（「中核となる要証事実について，質の高い情況証拠による立証が不可欠とされる
ことは，刑事責任の帰属に関するという事柄の性質上当然である」とします））。最
高裁は，今回，上記のような観点からアプローチし，間接事実（群）中に，
信頼性の高いもの，いわば，直接証拠に匹敵するようなものを要求した
と考えられます。

　この高いレベルの事実関係を総合認定の結果として要求していると解
釈することもできますが，それでは，最高裁が，わざわざこのようなル
ールを設定した意義が半減してしまいます。少なくとも，総合評価の過
程で，各情況証拠を十分に分析し，具体的に本判示が要求する事実関係
が存在するか否かを検討すべきでしょう。

(2)　「情況証拠による事実認定」をめぐる諸問題

(a)　有力な間接事実は揃っているものの，本基準の要求する事実関係ま

では認められないときに有罪認定できるか

これは，実践的には，大いに悩む問題でしょう。しかし，このような場合に，有罪認定を許さないとするところに今回の最高裁判断の真骨頂があるのではないかと思います。有力そうにみえる証拠が集まっていれば，本判示の事実関係が認められないとしても有罪認定できるというのなら，それは，結局，直感に頼っただけの判断といわなければなりません。やはり判示のルールに沿って具体的な言葉で説明できるだけの実体的な事実関係が必要です。後から考えれば，有力そうにみえたものが実は有力でもなんでもなかったということはよくある話なのです。そこには，残念ながら証拠がすべて開示されていないという現実がありますし，また，そもそも捜査の過程で必要な証拠が収集されていないということもあります（捜査には自ずと限界があります）。人間の持つ欠点，弱さ，制度の欠陥を十分理解した上で，ルールは構築されなければなりません。

(b) **本基準を満たす事実関係が含まれていれば，それだけで，有罪認定できるか（つまり，十分条件か）**

一定の積極的な間接事実によって，最高裁のいう基準を満たすような決定的と思われる事実関係が認められたといっても，それがすべてではありません。その他の関係事実を加えての検証は，なお必要なのです。一見矛盾するようなのですが，一定範囲の間接事実群において，仮に，上記の基準を満たすような事実関係が認められたとしても，同時に，別ルートの間接事実（群）において，それとは反対方向の，犯人性を否定するような事実関係が認められることも結構あるものです。そのようなとき，前者の事実関係群だけに依拠して有罪としてよいとはいえないと思います。このようなとき，その別ルートからのマイナス方向の事実関係が現れたとき，それを決して無視しないで，その謎（早川義郎氏は「謎」という言葉を好んで使われました）の解明にとことん意を用いることが大切です。それは，結局は，本基準を満たす事実関係が当初より存在しなかったというだけのことではないかとの反論が予想されますが，しかし，そのように，一元的に考えようとするところに間違い（誤判）が生じるのです。矛盾に感じられる消極事実をあるがままに受け入れそれがいか

第2講　情況証拠（その1）

なる意味を持つのかを解明しようとすることこそが重要です。一元的に考えようとすると、どうしても矛盾に感じられる事実（謎）を無理やり有力そうにみえる積極証拠群のなかに押し込めようとしてしまうことになります。ここから誤判が生じるのです。裁判は、全知全能の神が取り仕切る世界の話ではなく、人間により限られた証拠資料によって行われる法律上の作業過程であり、すべてを一元的に説明するには限界があります。その多重性と限界を、率直に受け止めることが肝要でしょう。被告人を弁護する側においても同様で、有力そうにみえる証拠に目を奪われることなく、矛盾する事実の存在にも十分留意する必要があります。

(c)　実践的には何に留意すべきか

　裁判員裁判を念頭に置けば、まず、検察官において、「公判前整理手続」において、公訴事実（訴因）が、いかなる間接事実（群）から証明されるのかを明示する必要があります。それに基づいて争点整理が行われますが、弁護活動としては、各間接事実がどのように犯罪事実に関係するのか、その証明力等について、十分な議論を展開しておくことが肝要でしょう。その点は、公判の冒頭においても、明示しておくべきです。その上で、証拠調べが行われますが、それに沿った弁護活動を展開することによって、全体の方向性を失うことなく、のちのちの評議等において、各間接事実の検証が十全に行われることを担保できるものと思います。これは、総合認定という名の下に、評議がブラックボックス化しないための保障でもあります [15]。

《補注》大阪母子殺害事件その後

　本件大阪母子殺害事件は「2．事案の概要」に記載したとおり、大阪地裁に差し戻され、検察官からの新たな立証が追加されましたが、平成24年3月15日、大阪地裁は、「本件証拠関係から認められる間接事実は、いずれも被告人が犯人でなくても説明可能な事実であり、被告人と被害者らとの間に一定の関係があることからすると、そのような事実が複数認められたとしても不自然で

はない。そうすると，状況証拠によって認められる間接事実の中に，被告人が
犯人でないとすれば合理的に説明できない（あるいは，少なくとも説明が極めて困難
である）事実関係が存在するといえるかどうかには疑問が残るというほかない」
とし，「被告人に対する本件公訴事実については，結局，犯罪の証明がない」
として，被告人に対し無罪の言渡しをしました。なお，この審理の中で，マン
ション踊り場の灰皿内のたばこの吸い殻が捜査機関において紛失していたこと
が明らかとなり，その点に関するさらなる解明は不可能な状態になっていまし
た。検察官は控訴しましたが，平成29年3月2日，大阪高裁はこれを棄却し，
検察官からの上告はなく，被告人の無罪が確定しました。

● 参考文献 ●

[1] 原田國男「間接事実による犯人性推認のあり方」法学教室360号40頁。
[2] 白取祐司「殺人，現住建造物等放火の公訴事実について間接事実を総合して被
告人を有罪とした第1審判決及びその事実認定を是認した原判決に，審理不尽の
違法，事実誤認の疑いがあるとされた事例」刑事法ジャーナル26号97頁。
[3] 川上拓一「情況証拠による事実認定」研修749号3頁。
[4] 片山真人「判例批評」研修745号21頁。
[5] 中川武隆「情況証拠による犯罪事実の認定」『平成22年度重要判例解説』ジュ
リスト1420号239頁。
[6] 鹿野伸二「殺人，現住建造物等放火の公訴事実について間接事実を総合して被
告人を有罪とした第1審判決及びその事実認定を是認した原判決に，審理不尽の
違法，事実誤認の疑いがあるとされた事例」ジュリスト1426号174頁。
[7] 豊崎七絵「情況証拠と採証法則」法学セミナー667号124頁。
[8] 豊崎七絵「間接事実の証明・レベルと推認の規制—情況証拠による刑事事実認
定論(2)」『村井敏邦先生古稀記念論文集』697頁（日本評論社）。
[9] 豊崎七絵「最高裁判例に観る情況証拠論—情況証拠による刑事事実認定論(3)」
法政研究78巻3号709頁。
[10] 川崎英明「情況証拠による事実認定」法律時報83巻12号124頁。
[11] 中川孝博「間接事実の総合評価に関し，一定の外在的ルールを定めた事例」
速報判例解説8号209頁。
[12] 村岡啓一「情況証拠による事実認定論の現在」『村井敏邦先生古稀記念論文集』
674頁（日本評論社）。
[13] 岩瀬徹「情況証拠による立証と合理的疑い」『実例刑事訴訟法Ⅲ』185頁（青

第2講　情況証拠（その1）

林書院）。

［14］　福島至「情況証拠による事実認定」法律時報83巻9・10号118頁。

［15］　門野博「情況証拠による事実認定のあり方―最高裁はいかなるルールを設定したのか」論究ジュリスト7号227頁。

［16］　石塚章夫「情況証拠による主要事実の認定―放火事件を素材として―」石松竹雄＝守屋克彦編『刑事裁判の現代的課題』111頁（勁草書房）。

［17］　中里智美「情況証拠による事実認定―犯人と被告人との同一性をめぐって―」『刑事事実認定の基本問題〔第3版〕』335頁（成文堂）。

［18］　木口信之「情況証拠による事実認定―裁判の立場から」『新刑事手続Ⅲ』71頁（悠々社）。

第3講
情況証拠（その2）
──総合的事実認定の在り方を考える

■糸島放火事件

第3講

情況証拠（その２）
― 総合的事実認定の在り方を考える ―

■糸島放火事件
（福岡高判平成23年11月２日 LEX/DB25442956,LLI/DB06620534）

判　旨　１審判決が有罪認定の基礎とした間接事実は，いずれも被告人が犯人であるとすれば，それと矛盾しない事実であり，被告人が犯人であることについて濃厚な嫌疑があることは否定することはできないものの，その間接事実はいずれも単独では被告人の犯人性を断定することができるまでの証明力がないことから，これらの間接事実を総合し，その相乗効果により被告人が犯人であると認定するには，さらに慎重な検討が求められるといえる。

そこで，認定された間接事実中に被告人が犯人でないとしたならば合理的に説明することができない（あるいは，少なくとも説明が極めて困難である）事実関係が含まれているかどうか（最高裁平成22年４月27日第３小法廷判決，刑集64巻３号233頁参照）について検討する。

（中略）

そうすると，本件では，間接事実中に被告人が犯人でないとしたならば合理的に説明できない（あるいは，少なくとも説明が極めて困難である）事実関係は含まれていないといえる。

以上を踏まえると，上記間接事実から被告人が本件放火の犯人であると推認することには論理則，経験則等に照らして合理的な疑いが残るといえる。

１．はじめに

今回は，「情況証拠による事実認定」の２回目です。前回同様，直接証拠

第3講　情況証拠（その2）

がなく，情況証拠のみによって事実認定を行う場面ですが，「総合的事実認定の在り方」に焦点を当てて検討したいと思います。今回取り上げるのは，被告人がかねてから不倫関係にあった男性宅に灯油を散布し何らかの方法により点火して放火したとして起訴された現住建造物等放火の事案です。「糸島放火事件」といわれますが，被告人は一貫して犯行を否認し，情況証拠のみによって犯人性を認定できるかどうかが争われました。

2．事案の概要

平成21年11月28日午前4時40分頃，福岡県糸島市にある被害者男性の住居木造家屋（以下「本件建物」といいます）が焼損しました。①火災の目撃状況や本件建物の焼損状況から，火の手が同時に2ヵ所から上がったと認められること，②その2ヵ所にともに灯油が付着していたこと，③その2ヵ所に火の元となりそうなものがなかったこと，以上の点から，自然発火でなく人為的放火として捜査が始まり，当時被害者と不倫関係にあった被告人がその犯人として逮捕されました。被告人は容疑を否認しましたが，検察官は，被告人の犯行に間違いないとして起訴しました。

被告人と犯行とを結びつける直接証拠はなく，情況証拠によって事実認定ができるかどうかが裁判の焦点となりました。1審は，情況証拠を総合すると，被告人の犯行が認定できるとして有罪判決を宣告しました（福岡地判平23・3・18LEX/DB25443328，LLI/DB06650175）。

1審が有罪認定の基礎とした事実は以下のとおりです。

（i）　被害者宅付近のコンビニエンスストアの防犯ビデオに，被告人使用車両が出火前後の時間帯に同店前交差点を何度も走行する映像が映っており，そのなかにはライトを消したまま同店駐車場を突っ切り走行している不審な行動が見られること

（ii）　上記走行時刻と放火時刻（午前4時40分頃）の時間的近接性

（iii）　同店と被害者宅の場所的近接性（約300メートル）

（iv）　当夜被告人使用車両を運転する者は，被告人しかいなかったこと

（v）　高齢で介護を要する祖母と2人きりであったのに，被告人が当夜外出

していることから，何らかの目的をもって外出したと考えられること

(vi)　当夜は周辺に中傷ビラの貼り付けなどはなく，被害者宅の放火しか起きていないこと

　さらに，被告人が，不倫関係にあった被害者男性の自宅電話に何度も無言電話をかけ，被害者の妻に嫌がらせメールを送り，被害者やその家族を中傷するビラを送付，貼付するなどの行為に及んでいることは，被告人が本件放火に及ぶ動機があったと考えて矛盾しない事実であり，被告人の犯人性を補強するとしています（(vi)の事実は，被告人が当日外出したのは中傷ビラの貼り付けなどを目的にしたものではなかったことを推測させるものとして挙げられたのでしょう）。

　被告人が控訴したところ，控訴審は，冒頭の「判示」のように，犯人性につき合理的疑いが残るとして，被告人を無罪としました（福岡高判平23・11・2 LEX/DB25442956，LLI/DB06620534）。これが本判決です。検察官は上告しましたが，最高裁は特段の説明を加えることなく，2審の結論を維持しました（最〔3小〕決平25・9・3 LEX/DB25501723）。

3．検　　討

(1)　何が1，2審の判断を分けたのか

　A弁護士　何が1，2審の判断を分けたのでしょうか。まず，その点から，検討して行きたいと思います。

　B弁護士　2審は，1つ1つの間接事実の証明力を，非常に丹念に検討し分析しています。1審は，「被告人が本件建物の放火犯人であると認めることができる」としているのですが，その判断の根拠となったのは(i)から(vi)までの間接事実です。その各間接事実の分析が重要となりますが，2審判決は，例えば，被告人と被害現場の時間的・場所的近接性に関して，本件放火発生から約12分後に放火現場から約300メートルの距離の地点で被告人が自動車を運転していたことは，被告人が本件放火の犯人である可能性を示す事実ではあるものの，犯行の機会が被告人にしかないということまでを認めさせるものではないとしています。また，被害現場に門扉等がなく誰でも自由に

第3講　情況証拠（その2）

出入りができることや灯油を撒くという放火方法に特殊性がないことから，そこから犯人像を絞り込むことも困難であるとしています。

　　A弁護士　被告人が当日介護を要する祖母を置いてわざわざ被害者宅周辺に出向いたことについては，どのように分析していますか。

　　B弁護士　被告人が被害者と何の関係もなしに被害者宅周辺に現れることは想定しがたいから，被告人が被害者と関係する何らかの理由によって被害者宅付近に出向いたことは否定できないとしています。しかし，それに続けて，被害者やその家族の様子をうかがうだけのためであったとか，嫌がらせをする目的で行ったところ何らかの事情で実行を断念したとか様々な可能性が考えられるとしています。不自然な運転を行ったことについても，面前の信号が赤であったことや交通が閑散であったことを考慮すれば，不自然の度合いはそれほど高いものではないとしています。

　　A弁護士　なるほど。それぞれの事実を分析して，いずれも多様な解釈が可能であり，証拠価値がそれほど高くないといっているのですね。1審は，これとは対照的に，放火現場近くの防犯ビデオに写っていた不審車両が被告人の所有する車両であり，かつその車両を運転している人物が被告人以外には考えられなかったことや時間や距離の近接性などを捉えて，被告人が本件放火に関係していると推測し，それに，わざわざ介護を要する祖母を置いて外出していることから何らかの目的を持って外出したと考えられること，当夜，中傷ビラの貼り付けなどの嫌がらせ行為が行われず放火しか起きていないこと，さらには，被告人に放火を行う動機があったとしても矛盾しないことなどの事実を総合して，被告人が本件放火の犯人であると認定しています。しかし，このような総合認定といわれる認定手法は，実務において，むしろスタンダードなものであったと思います。多少のバラエティーはありますが，一般的に，(A)，(B)，(C)，(D)，(E)の各事実を合わせ検討すると，(P)の事実が認められるというようなスタイルですね。

　　B弁護士　1審判決は(ⅰ)から(ⅲ)までの事実によって，「被告人使用車両の運転者が，放火に関係していると推測される」との中間的判断を示していますが，それだけで，被告人が放火したことを認定できるとはいっていません。さらに，(ⅳ)から(ⅵ)までの事実を総合してはじめて認定できるとしています。

46

(i)から(iii)までの事実だけだと何が足りなくて，それに，残る間接事実を加えるとどうして，認定できることになるのかは明示されていません。結局は，これらの間接事実を全部合わせると，被告人の犯人性が認定できるといっているにすぎないのです。これが，今，Ａさんがスタンダードと言われた総合認定の手法ですね。これに対して２審は，この車両の運転者が被告人であることは認めつつ，各間接事実を詳しく分析し被告人が放火したとまでの立証はないと判断しています。

Ａ弁護士　２審のような分析的判断は，消極的に事実認定するときには，その説明として有用だと思うのですが，積極的に事実認定するときには，それはあくまで複数の事実の集積による相乗効果として推認して行く場面ですから，言葉で説明するのはなかなか難しいのではないでしょうか。ですから，判決に，分析的評価が書かれていないからといって分析的評価が行われていないということにはならないと思いますし，事実認定の根幹は，何より証拠の総合による推認であって，各証拠の分析ではないと思います。

(2)　分析的評価の必要性

Ｂ弁護士　私は，２審が行ったような分析的評価は，結論いかんにかかわらず常に必要だと考えています。十分な分析があってこそ適正な総合的評価が担保されるのです。分析抜きの総合的評価ということになれば，直感に頼ることになり，どうしても間違いが多くなります。そして，いったんそのような判断が形成されるとそれが固定化され，理論的な分析を経ていないだけに見直したり修正したりすることも難しくなります。

Ａ弁護士　しかし，いちいち分析的に捉えていると，総合認定は困難になってしまいます。もともと直接犯罪を立証できるような証拠はなく，それだけでは決定的とはいえない証拠を合わせて事実認定を行う場面ですから，当然のことながら，総合判断による相乗効果に期待しているのです。シンプルに言うと，(A)だけでは不十分であっても，(B)が加わることによって，満足できる証明力が得られることを期待しているのです。その際，(A)に(B)を加えれば(P)という事実が認定できると判断するのは，まさに直感ではないでしょうか。それを，言葉で説明することは難しいことなのです。

第3講　情況証拠（その2）

B弁護士　そのような推認の過程が存在し，それを言葉で説明することが易しいことでないことは分かります。しかし，その前に，(A)がどの程度の証明力を持っているのか，(B)がどの程度の証明力を持っているのか，その点をしっかりと把握しておかないと，(A)と(B)を合わせて，はたして(P)という事実が認定できるのかの判断を誤ってしまう可能性があるのです。事実は多様な面を持っており，本件の2審が分析しているように，ある事実を取り出してその証明力を検討するときには，たいてい，いろいろな見方が可能です。そして，多様な解釈が可能で，それほど証明力の高くない事実ばかりであれば，それをいくら集めてみたところで高い証明力は得るにはどうしても限界があります。プラス，マイナスでいえば，プラスだけでなく，マイナスの要素も多く含まれる事実を数多く集めてみても，全体としてプラスの値が高くなるわけがありません。分析的評価の重要性はここにあります。

A弁護士　私も，分析的評価を決して否定しているわけではありません。現在では，実務的にも総合判断の過程に分析的評価を組み込んで行くことは推奨されているのではないでしょうか。それに，外形的には直感的判断のようにみえるときでも，実際には頭のどこかで，論理的思考に基づくプラスマイナスの適切な取捨選択の判断が行われているのではないかと思うのです。ただ，それを明示していないだけだと思います。

B弁護士　大事なところなので，少しだけつけ加えておきたいと思います。人間の頭は優れていますが，多くの間接事実を一度に把握し，一定の結論を導くことがそれほどたやすくできるとは思えません。経験を積んだベテラン裁判官でも同じでしょう。そこでは，個々の間接事実を目に見える形に仕分けし，個々具体的に分析する作業が必要ではないでしょうか。例えば，証拠構造を分析するのに，チャートメソッドという手法（「研究ノート」参照）が知られていますが，そのような補助的手段を用いるなどして，人間の能力をより適切に引き出す工夫が必要だと思います。

(3)　大阪母子殺害事件の最高裁基準の威力

A弁護士　本講の冒頭において示されているところですが，2審判決は，各間接事実につき分析的に検討した上で，それを総合するにあたって，例の

■糸島放火事件

「間接事実中に被告人が犯人でないとしたならば合理的に説明できない（ある
いは，少なくとも説明が極めて困難である）事実関係があるのか」という最高裁判
決の基準を持ち出しています。これは，どうしても必要な判断だったのでし
ょうか。

[B弁護士]　実は，この２審判決を読んで，大阪母子殺害事件において最高
裁が示した基準の威力に改めて驚いています。実際に，間接事実を総合して，
どこまでのレベルで有罪認定ができるのか，これまでは，そのための誰もが
理解できるような指標がなかったと思うのです。「合理的な疑いを差し挟む
余地がない程度の立証」といってみても，本当のところはよく分からなかっ
たのではないでしょうか。そこで，２審判決は，この最高裁の要求する基準
を本件にアレンジして活用したわけです。

[A弁護士]　確かに，本件への当てはめとして，「本件においては，仮に被
告人が犯人でないとすれば，被害者やその家族に対して迷惑行為や中傷行為
を行っていた被告人が，介護を要する祖母を家に置いたまま，放火以外の何
らかの理由で早朝，自転車で被害者宅付近に出向き，放火発生直後の時間帯
に無灯火で被害者宅付近のコンビニエンスストア駐車場を横切るという行動
をとり，何らかの理由で被害者宅の周辺の家には放火されず，被害者宅だけ
が放火されたという事実関係が想定され，これらが（被告人が犯人でないとした
ならば）合理的に説明できない，あるいはそれが著しく困難といえるかどう
かを検討することとなると考えられる。」（前掲福岡高判平23・11・2）として
いますね。

[B弁護士]　難解な表現ですが，要は，被告人が犯人でないとしたら，その
ような偶然が重なって起こるだろうか，それを合理的に説明できるだろうか
ということを尋ねているのですね。その説明ができなければ，最高裁判決が
いう事実関係が存在するというわけです。先ほど言ったことですが，判決は，
被告人の上記のような行動に関して，被告人が放火目的ではなく別の目的で
被害者宅付近に赴いたと説明することが可能であり，無灯火で駐車場を横切
った点についてもそれなりの理由が考えられ，それに加えて，自分が放火犯
人と思われるのを避けるために逃げたと説明することも可能であるといって
います。また，被害者宅だけが放火されたことについても，放火は格別の動

49

第3講　情況証拠（その2）

機がなくても無差別に行われることがあるから，被告人が犯人でなくても，偶然誰かによって被害者宅が放火されることがないとはいえない，といっています。これは妥当な分析のように思いますが。

　A弁護士　結局本件の間接事実中には最高裁判決が基準として示した事実関係は含まれていないというのですが，私は，このような分析方法は事実（事実関係）をいささか分断しすぎているのではないかと感じます。被告人がこのような不審な行動をとっているまさにそのタイミングで，その被告人が当時最大の関心を抱いていた被害者の自宅が放火されたという複合的な事実関係が重要です。このように事実関係を一体のものとして捉えれば，「被告人が犯人でないとしたならば合理的に説明できない（あるいは，少なくとも説明が極めて困難である）事実関係」が存在するといえないか，この判断はかなり微妙になってくるのではないでしょうか。

　B弁護士　その意見には，ついつい引き込まれそうになるところがありますが，ここが踏ん張りどころだと思っています。具体的にその場面をイメージすると分かりやすいのです。被告人は，被害者の住居の近くまで行きました。被害者の様子をうかがったり，中傷ビラを貼りつけたりするつもりだったのですが，被害者の住居が突然燃え上がったのを目撃し，しばらくは茫然として見ていました。はっと我に返って，このままだと自分が放火犯として疑われると考えて，あわててその場から逃げだし，問題の交差点ではあわててコンビニの駐車場を突っ切ってしまいました。このように想像することはできませんか。つまり，たまたま被告人がその現場付近まで行ったところ，被告人とは関係のない人物が何かの気晴らしに被害者宅に放火した，そのような事態の重なりはまるっきりあり得ないこととして排斥できるでしょうか。ここには，直接放火に結びつくライターとか衣類の焼け焦げといったものは一切出てきません。「事実は小説より奇なり」といいます。それぞれの間接事実がいずれも決定的なものではないときに，それを多数集めてみても，また一体のものとしてみても，質的な転換にまで達するのはそう容易なことではありません。この点をしっかり押さえるべきでしょう。

50

■糸島放火事件

研究ノート

◆総合的事実認定の在り方について――分析的評価の重要性

(1)　2つの認定方式

　事実認定の在り方については，「総合的・直感的認定方式」（帰納形式）
と「分析的・論理的認定方式」（演繹形式）があるといわれ，そのいずれ
によるべきかという問題があります。この問題は，事実認定一般の問題
として議論されることもありますが，情況証拠による事実認定（正確に
いうと，「間接事実による事実認定」）において，特に重要な問題となります。
　ところで，間接事実による事実認定においては，いくつかの間接事実
を総合して判断することになりますから，最終的に推認による総合的評
価が必要になることは必然的といえます。そうだとすると，どこから上
記のような認定方式の違いが出てくるのでしょうか。それは，その総合
認定の実践の過程に大きな違いがあり，そこから，上記の違いが生じて
くるのだと考えられます。「総合的・直感的認定方式」は，存在する複
数個の間接事実を一括して捉え，全体的な印象に基づいて直感的に判断
します。これに対して，「分析的・論理的認定方式」は，個々の間接事
実ごとに「立証の程度」と「証明力（証拠価値）」を分析して，その事実
認定上の評価を明らかにし，その上で，総合評価に供して判断します。
最近では，この2つの認定方式は矛盾するものではなく，分析と総合の
バランスを図ることによって，双方とも適正な事実認定に資するものと
して理解しようとする考え方が有力ですが[5][6]，あとで述べますよう
に，ここには，大きな違いがみられます。「総合的・直感的認定方式」
においては，被告人が犯人であることと矛盾しない証明力の薄い証拠だ
けによって被告人を有罪としてしまうことが十分可能となるのです。し
かし，それは大変危険なことです。そのようなことをなくするには，個々
の間接事実の吟味をおろそかにしないことが肝要です。その観点からは，
「分析的・論理的認定方式」の重要性は，いくら強調してもしすぎるこ
とはありません。

第3講　情況証拠（その2）

(2)　チャート図のすすめ

　ここで，分析的評価の重要性を理解していただくために，その一環として，チャート図の活用についてお話しします。チャートというのは，もともと海図のことです。事実認定を行うにあたっては，検察官が提出した多数の情況証拠がどのような相互関係をもって一定の間接事実を証明し，また，その間接事実からどのような経験則及び論理則に従って主要事実（犯罪事実）を証明しようとしているのかを把握する必要がありますが，これを「証拠構造分析」といいます[15]。この「証拠構造分析」の方法として知られているのが，ウィグモアのチャートメソッドであり，そこで描かれる図表がチャート図と呼ばれるものです。間接事実を網羅し，それぞれの相互関係，推論，反論などの状況が一覧的に可視化され，全体状況を捉えることができます。事案に応じて，かなり詳細なものから簡略化されたものまで多様なものが紹介されています[8][9][15]。こうして出来上がったチャート図も有用ですが，その作成過程もまた重要です。その過程において，ある間接事実がどれくらい重要なのか，主要事実を直接証明する第1次間接事実なのか，それとも第2次，第3次のものなのかなどについて自ずと意識するようになります。さらに，チャート図を作成してみることによって，例えば，ここにこのような事実があれば，間違いなく認定できるのだがなどと感じることがあります。そのような作業を通じて，立証の不十分性を確認することもできます。このように，この段階で，事実関係の分析作業を同時に行うことが可能となるのです。

　もし，そのような過程を一切省略して，全体としての印象に基づいて直感的判断により，事実認定を行うとしたらどのようなことになるのでしょう。「総合的・直感的認定方式」を推奨された中野次雄氏は，「多くの証拠から結論を導き出して行く極めて複雑な論理過程がいちいち意識されるということなしに，意識の面では直接に結論が浮かんでくるという形をとる」と説明しておられます[4]が，たぶん，無意識のうちに，私たち人間の頭のなかを多くの間接事実が駆け巡り，例えば，チャート

■糸島放火事件

図で行っているような分析の作業を瞬時のうちに行うことになるのではないかと思われます。多くの場合，チャート図を活用した分析作業と一致すると思われます。しかし，いつもそうとは限りません。複雑な事案では，大なり小なりそこにズレが生じてしまうことは避けられないように思われます。直感は，時にすばらしい発想も生みますが，精密に時間をかけた熟慮に比べて，振幅の幅は大きく，思わぬ落とし穴につかまったり，その場の感情に流されたり，予断や偏見にとらわれたりすることがあります。1つの事実に注目しすぎて，他の重要な事実を見逃してしまったり，軽視してしまったりすることもあります。そして，いったん結論を出してしまうとそれが直感であるだけに見直しが難しくなり硬直したものになってしまう傾向があります。利点として，文章などに表し尽くせない微妙な事柄を組み込むことができるといったことがいわれますが，そのような文章などに表せないようなものの実態が一体何かということが問われなければならないでしょう。それこそ，予断や偏見なのかもしれません。これを表面化しないで，いわばブラックボックスのなかで処理してしまうというのは相当ではありません。人間の頭脳はコンピュータも及ばないすばらしい能力を持っていますが，その弱点も認識し，より正しくその能力を発揮させることが大切です。そのためにこそ，論理や分析が必要になるのだと思います。チャート図の作成は，直感的判断の持つ弱点を克服する手段として大いに役立つものといえるでしょう（本書の表紙は最もシンプルなチャート図の1例を示したものです）。

(3)　大阪母子殺害事件最高裁判決との関係

　最高裁は，平成22年，大阪母子殺害事件において，「情況証拠によって有罪の認定をするにあたっては，認定された間接事実中に被告人が犯人でないとしたならば合理的に説明できない（あるいは，少なくとも説明が極めて困難である）事実関係が含まれていることを要する」との判示を行いました（前掲最〔3小〕判平22・4・27）。この判示と2つの認定方式との関係を明確にしておく必要があります。この最高裁の判示は，それまで，総合的認定の名のもとに，被告人が犯人であることと矛盾しないよ

第3講　情況証拠（その2）

うな，証明力の弱い証拠の集積によって事実認定が行われてきたことに疑問を投げかけ，真に揺るぎのない証拠によって事実認定を行うべきであるとの積極的な意図に基づいて出されたものです。このことは，藤田宙靖裁判官が補足意見のなかで，有罪認定の基準（情況証拠による事実認定についても，直接証拠によって事実認定する場合と変わりがないとしたもの）を示した平成19年の最高裁決定の趣旨が，「個別に見れば，証明力の薄い幾つかの間接証拠の積み重ねの上に，『被告人が犯人であるとすればその全てが矛盾なく説明できるが故に被告人が犯人である』とする『総合判断』を広く是認する方向へ徒に拡大解釈されることは，厳に戒められなければならない」と明言していることによっても明らかです。そして，この判示を実践しようとすれば，各証拠の「立証の程度」と「証明力（証拠価値）」を検討して，間接事実中に，判示のいう事実関係が存在するか否かをしっかり検討しなければならないことになります。このように，最高裁は，間違いなく，総合的・直感的認定方式に頼った従前の事実認定の在り方から脱却し分析的・論理的認定方式をめざすべきことを明らかにしたのです。

　なお，この方向性は，裁判員裁判において，より強調されなければならないでしょう。9名もの裁判員，裁判官が評議する場面において，有罪だ，無罪だという結論の是非だけで議論することはできません。情況証拠によって事実認定を行う場合，その出発点として，そこに登場する，個々の情況証拠，間接事実1つ1つについて，その「立証の程度」と「証明力（証拠価値）」を分析しなければならないのです。総合判断は，その議論を前提に行われることになります。

●参考文献●

[1]　丸山和大「裁判員裁判有罪判決を事実誤認破棄・無罪とした控訴審判決を維持した事例」季刊刑事弁護79号153頁。

■糸島放火事件

[2] 法政大学法科大学院刑事事実認定研究会「『第九回刑事事実認定研究会』結果報告—糸島放火事件を素材として」法政法科大学院紀要11巻1号25頁。

[3] 伊藤睦「情況証拠による事実認定」法律時報85巻3号132頁。

[4] 中野次雄「刑事事件における事実認定について」『刑事法と裁判の諸問題』147頁（成文堂）。

[5] 石井一正『刑事事実認定入門〔第3版〕』（判例タイムズ社）。

[6] 池田修「事実認定における分析的検討と総合的評価について」『刑事裁判の理論と実務—中山善房判事退官記念』307頁（成文堂）。

[7] 原田國男「裁判員制度における事実認定—木谷・石井論争を素材として」法律時報77巻11号36頁。

[8] 石塚章夫「情況事実による主要事実の認定—放火事件を素材として」『刑事裁判の現代的展開—小野慶二判事退官記念論文集』111頁（勁草書房）。

[9] 石塚章夫「裁判官から見た情況証拠による事実認定」季刊刑事弁護27号29頁。

[10] 植村立郎『実践的刑事事実認定と情況証拠〔第3版〕』（立花書房）。

[11] 中川武隆＝植村立郎＝木口信之『情況証拠の観点から見た事実認定』（法曹会）。

[12] 木口信之「情況証拠による事実認定」『新刑事手続Ⅲ』71頁（悠々社）。

[13] 岩瀬徹「情況証拠による立証と合理的疑い」『実例刑事訴訟法Ⅲ』185頁（青林書院）。

[14] 中里智美「情況証拠による事実認定」『刑事事実認定の基本問題〔第3版〕』335頁（成文堂）。

[15] 村岡啓一「証拠構造の解析方法—チャートメソッドのすすめ」季刊刑事弁護27号25頁。

[16] 門野博「情況証拠による事実認定のあり方—最高裁はいかなるルールを設定したのか」論究ジュリスト7号227頁。

第3講　情況証拠（その2）

補講1

控訴審における事実誤認の意義とその審査

1．チョコレート缶密輸事件

　糸島放火事件において，控訴審は，1審判決に事実誤認があるとしてこれを破棄し，無罪を言い渡しました。控訴審において事実誤認があるというのはいかなる場合をいうのかについて，かねて議論がありました。この点に関しては，最高裁の重要な判例（最〔1小〕判平24・2・13刑集66巻4号482頁，判時2145号9頁，判タ1368号69頁）があります。チョコレート缶密輸事件とよばれている事件ですが，これを説明しておきましょう。

　事件は，日本人男性の被告人が，空路マレーシアから帰国したところ，空港の税関検査でバッグ内のチョコ缶から覚せい剤約1キログラムが発見され，覚せい剤取締法違反（営利目的輸入）と関税法違反の罪で起訴されたというものです。被告人は故意（覚せい剤の認識）を争いました。1審（裁判員裁判）は被告人の供述の信用性を否定できないとして，被告人を無罪としたのですが，検察官が控訴したところ，控訴審（原審）は，1審とは逆に，検察官が主張する各間接事実を総合すれば，被告人には故意（覚せい剤の認識）が認められるとして，事実誤認を理由に1審判決を破棄し，有罪判決（懲役10年及び罰金600万円）を言い渡しました。しかし，被告人が上告したところ，最高裁は，職権判断により，原判決には法382条の解釈適用に誤りがあるとして，原判決を破棄し，検察官の控訴を棄却したのです（これにより，被告人無罪の1審判決が確定しました）。この上告審判決において，最高裁は，「刑訴法は控訴審の性格を原則として事後審としており，控訴審は，第1審と同じ立場で事件そのものを審理するのではなく，当事者の訴訟活動を基礎として形成された第1審判決を対象とし，これに事後的な審査を加えるべきものである。第1審において，直接主義・口頭主義の原則が採られ，争点に関する証人を直

56

■補講1　控訴審における事実誤認の意義とその審査

接調べ，その際の証言態度等も踏まえて供述の信用性が判断され，それらを総合して事実認定が行われることが予定されていることに鑑みると，控訴審における事実認定の審査は，第1審判決が行った証拠の信用性評価や証拠の総合判断が論理則，経験則等に照らして不合理といえるかという観点から行うべきものであって，刑訴法382条の事実誤認とは，第1審判決の事実認定が論理則，経験則等に照らして不合理であることをいうものと解するのが相当である。したがって，控訴審が第1審判決に事実誤認があるというためには，第1審判決の事実認定が論理則，経験則等に照らして不合理であることを具体的に示すことが必要であるというべきである。このことは，裁判員制度の導入を契機として，第1審において直接主義・口頭主義が徹底された状況においては，より強く妥当する。」という注目すべき判断を示したのです。

2．事実誤認の意義

それまで，事実誤認の意義（本質）をいかに解するかについては多様な説が主張されていたのですが，基本的な対立は，論理則・経験則違反説と，心証優先説とにありました。論理則・経験則違反説は，事実誤認とは原判決の事実認定に論理則・経験則違反があることであるとし，それが指摘できない以上，原判決の判断を優先させたのだとします。これに対して，心証優先説は，事実誤認とは原判決の事実認定（心証）と控訴審裁判所の事実認定（心証）とが一致しないことであり，その場合に控訴審裁判所の事実認定（心証）を優先させたのだとします。このような事実誤認の意義（本質）に関する考え方の違いは，控訴審の審理のあり方に少なからぬ影響を与えます。本判決は，上記のとおり，論理則・経験則違反説に立つべきことを明言し，第1審判決に事実誤認があるというためには，論理則・経験則違反を具体的に示すことが必要である，としたのです。

ところで，これまで，控訴審の裁判官は，実際の審理にあたって，まずは，記録（証拠）を検討しそれによって心証を形成してきました（白木裁判官補足意見参照）。そのため，裁判実務は大方心証優先説に従って運用されてきたといわれています。しかし，論理則・経験則違反説によっても，証拠により心証

57

第3講　情況証拠（その2）

を形成しないままで，論理則・経験則違反が存するか否かを判断することは困難です。その意味では，この判例が，控訴審の在り方に影響を及ぼすとしても，その審理の実際の在りよう自体を大きく変えるとは思われません[1][2]。また，論理則・経験則違反説によっても，その違反に基づく事実誤認が判決に影響を及ぼすことが明らかでなければ原判決を破棄できませんから，その観点からも，事件の最終判断につながる心証形成は不可欠のように思われます。

3．チョコレート缶密輸事件最判の射程

ところで，原判決が有罪判決である場合にも，この判決の射程が及ぶかという問題があります。この点は，判示が，対象を無罪判決に限定していないことから，第1審有罪判決にも同様に適用があるとの見解が示されました（原田國男「事実誤認の意義—最高裁平成24年2月13日判決を契機として—」刑事法ジャーナル33号37頁）。

しかし，「疑わしきは被告人の利益に」との刑事裁判における鉄則は，第1審だけでなく，これを審査する上級審をも拘束する最上位の指導原理というべきものですから，事後審とはいえ，控訴審が審査の過程で無罪の心証を形成した場合には，（仮に，論理則違反・経験則違反が指摘できないとしても）その心証に従った判断をすべきであるとする考え方，つまりチョコレート缶密輸事件最判の射程はここまでは及ばないという見解も有力に展開されました（後藤明「裁判員裁判の無罪判決と検察官控訴」季刊刑事弁護68号16頁，中川孝博「最一小判平24・2・13の意義と射程」季刊刑事弁護71号129頁，正木祐史「控訴審における事実誤認の審査方法」法学セミナー687号162頁，法政大学法科大学院刑事事実認定研究会「第七回刑事事実認定研究会結果報告」法政法科大学院紀要9巻1号27頁）。そして，最高裁自身も，最〔3小〕判平成21年4月14日刑集63巻4号331頁（第7講の小田急線痴漢事件判決）など少なからぬ事例において，事実誤認についての上告審判断のあり方として，論理則違反・経験則違反があるか否かの観点から行うべきであるとしながら，具体的に事案の審査を行った上，「被告人を犯人とするのに合理的な疑いが残る」として，無罪判決を行うなどしていま

■補講 1　控訴審における事実誤認の意義とその審査

した。また，覚せい剤密輸事件に関する最〔3 小〕決平成 25 年 4 月 16 日刑集 67 巻 4 号 549 頁において，寺田逸郎裁判官は，その補足意見のなかで，論理則違反・経験則違反の説示の在り方一般を論じる前提として，「第 1 審判決が関係諸事実を総合的に評価して共謀を認めている場合に，その認定が誤っているとするには，控訴審としては，合理的な疑いがあることを明らかにすることで足りるはずである」との事例を挙げ，1 審判決の有罪認定を覆すための経験則をことさら定式化する必要のないことを説明しています（その上で，無罪認定を覆す場合も含めて，一般的に，事実誤認を判示する場合に常に経験則等を定式化する必要のないことを論じています。控訴審を変形したものとはいえ，なお事実認定審として捉えるとすれば，これは正鵠を得た考え方といえるでしょう[9]）。

　ところが，最高裁は，最〔1 小〕判平成 26 年 3 月 20 日刑集 68 巻 3 号 499 頁（以下，「26 年最判」といいます）において，1 審有罪判決には事実誤認があるとして破棄した控訴審判決につき，破棄するにあたって，論理則・経験則等に照らして不合理であることを十分に示したとはいえず，刑事訴訟法 382 条の解釈適用を誤った違法があり破棄を免れないとしました。これは，原田氏の論考などにみられる有力説からは，早晩予想されていた判断ということができます。しかし，私も含めて，このようなケースにまでチョコレート缶密輸事件判決の射程は及ばないとしていた論者においては，これをどう受けとめればよいのか，改めて考えてみる必要が生じました。

　この点は，とりあえず，2 つの方向からの説明が考えられますが，さらなる検討は，今後の課題にしたいと思います。

　1 つの方向は，「26 年最判」の事案の特殊性から，この判例を一般的な判断を示したものとはみない方向です。「26 年最判」の事案は，保護責任者遺棄致死事件でしたが，控訴審は，要するに，1 審が証人の供述（被害者とされた者が当時，医療措置が必要とする状況にあったとするもの）の信用性を認めたことに対して，その証言の信用性を認めたことに論理則・経験則違反があるとしました。これに対して，「26 年最判」は，前記のとおり，控訴審判決は，1 審判決を破棄するにあたり，その判断が論理則・経験則に照らして不合理であることを十分に示したものとはいえず，刑事訴訟法 382 条の解釈適用を誤った違法があるとしたのでした。したがって，この「26 年最判」は，控

59

第3講　情況証拠（その2）

訴審の論理則・経験則違反説に基づく判断枠組みのもとに判断したものであり，心証優先説に立脚した控訴審判断を否定したり正したりしたものではありません。ただ，原審である控訴審が，論理則・経験則等違反があるとして1審を破棄していたため，その点に関する判断を優先して，原審の判断は是認できないとしたに過ぎないとみることが可能です。もちろん，論理則・経験則違反説が正当であると考えたからこそ，それを前提に判断したものと理解することは当然あり得るでしょうし，そう理解するのが，普通かもしれません。しかし，わざわざ心証優先説に立ち返ってみても，重要証人の供述の信用性判断に論理則・経験則違反があるとすれば，事実認定そのものに疑問が生じていることは当然であり，結論が変わるとは考えられませんから，論者によって見解の分かれているこの問題に足を踏み入れる必要がないと判断したとみることも可能でしょう。

　もう1つの方向は，「26年最判」によって，チョコレート缶密輸事件最判の射程が1審有罪判決を覆す場合にも及ぶとの判断が示されたことをいったん受け入れますが，前記の寺田裁判官の補足意見にみられる実務の在りように依拠して，いかなる場合に有罪判決を見直すことになるのかを，被告人に不利とならないように実質的に追求して行こうという方向です。現行法が事実誤認を控訴理由としている以上，その審査を，論理則・経験則違反に徹底的に純化して行うことはできないはずです（控訴審がひたすら判決文中から定式化できる論理則・経験則違反だけを探し出す作業を行っている姿を想像することはできません）。上記補足意見がいうように，事実誤認を明示するには，事実認定に定式化された法令違反があることを適示するまでの必要はなく，その事実認定がとうてい維持できないほどに不合理であることを示すことで足りるというべきでしょう。多くの最高裁判断において，有罪判決を破棄する場合に，合理的な疑いを残さない程度の立証がないとの判示がみられますが，それはまさにそういうことをいっているのだと思われます（第7講の研究ノート「(1)上告審の審査方法」参照）。有罪認定の是非を判断するというときには，実質上，合理的な疑いを残さない程度に立証されているか否かを検討することに限りなく近づくはずです。ただ，言葉の持つ意味は微妙です。論理則・経験則違反説がベースになるとすると，事実誤認とされる範囲はある程度狭まると考

えざるを得ないという指摘もあります [9]。この点は，被告人の救済を控訴
審に求める弁護側からすると，大きな問題ですが，ことの実質を見失わず，
この場合の論理則・経験則違反の判断を合理的な疑いを残さない立証がなさ
れているか否かの問題に置き換えて論じ直して行くことが是非とも必要でし
ょう。

　なお，糸島放火事件控訴審判決は，（チョコレート缶密輸事件最判の出る前でし
たが）1審の有罪判決を控訴審において無罪に変更するケースでしたので，
まさに上記の問題にかかわる判決でした。判決文自体からは，この控訴審判
決が論理則・経験則違反説に立っていることは明らかです（個々の判断におい
て，不合理な認定を指摘する際，定式化した論理則・経験則違反があることを示すことに
腐心していることが見て取れます）。しかし，総合的判断を行った結果として「被
告人が本件放火犯人であると合理的な疑いを超えて立証されたとは認めがた
いことから，被告人を本件放火の犯人であると認定した1審判決の事実認定
は，論理則，経験則に照らして不合理であると判断した」と判示しているこ
とからは，上記の2つ目の方向を模索する裁判例とみることもできるでしょ
う。

●参考文献●

- [1]　原田國男「事実認定の意義—最高裁平成24年2月13日判決を契機として—」
刑事法ジャーナル33号37頁。
- [2]　宮城啓子「控訴審の役割」刑事法ジャーナル33号44頁。
- [3]　後藤昭「裁判員裁判の無罪判決と検察官控訴」季刊刑事弁護68号16頁。
- [4]　中川孝博「最一小判平24・2・13の意義と射程」季刊刑事弁護71号129頁。
- [5]　正木祐史「控訴審における事実誤認の審査方法」法学セミナー687号162頁。
- [6]　門野博「刑訴法382条の事実誤認の意義」判例セレクト2012Ⅱ42頁。
- [7]　植村立郎「最近の薬物事犯を中心とした最高裁判例に見る刑事控訴事件におけ
る事実誤認について」刑事法ジャーナル40号31頁。
- [8]　安廣文夫「控訴審における事実誤認の審査」『平成26年度重要判例解説』ジュ
リスト1479号196頁。
- [9]　岩瀬徹「裁判員制度の下における上訴審のあり方」『裁判所は何を判断するか』
208頁（岩波書店）。

第4講
科学的証拠
――DNA 型鑑定を等身大に見る

■東電女性社員殺害事件

第4講

科学的証拠
— DNA型鑑定を等身大に見る —

■東電女性社員殺害事件
（東京高判平成24年10月29日 LLI/DB06720566）

判　旨　原審記録及び本件再審公判において取り調べた証拠によれば，本件強盗殺人の犯行については，被告人以外の者が犯人である疑いが強く，被告人を犯人とするには合理的な疑いがあるというべきである。したがって，被告人に対し，本件公訴事実につき犯罪の証明がないとして無罪を言い渡した原判決に事実の誤認はない。

《本判決が要約した原判決（1審判決）の判示抜粋》

「（前略）犯人は性交時にコンドームを使用した可能性が高いと考えられる。そして，犯行現場である室内には本件コンドーム以外に使用されたコンドームは発見されず，被害者が携行していたコンドームの1つと本件コンドームが同種の製品であることも併せ考えると，本件コンドームが犯人の使用したコンドームであると考えるのが自然である。そして，本件精液の血液型及びDNA型が，被告人のそれと完全に一致している以上，後述のとおり，遺留の時期を除いて，被告人もこれが被害者との性交時に使用した後，同室のトイレの便器内に遺留したものであることを公判廷で認めていることを併せると，本件コンドームは被告人が使用した後，同室の便器内に放置してきたことになる。このような事実は，被告人が本件犯人であることをうかがわせる有力な情況証拠として作用することは否定できない。」

「精子の形状の経時変化に関する鑑定意見は，検察官主張の殺害時期との関係で矛盾がないという限度でしか証明力を有しない。鑑定意見だけを根拠として，本件精液が採取日から10日前後経過していると断定するのには大いに疑問が残る。この点の認定には，他の証拠との対比，検討が必要であると考えざ

第4講　科学的証拠

るを得ない。」

「検察官が主張する被告人と犯行との結び付きを推認させる各事実は，一見すると被告人の有罪方向に強く働くもののように見受けられるが，子細に検討すると，そのひとつひとつが直ちに被告人の有罪性を明らかに示しているというものではなく，また，これらの各事実を総合したとしても，一点の疑念も抱かせることなく被告人の有罪性を明らかにするものでもなく，各事実のいずれを取り上げても反対解釈の余地が依然残っており，被告人の有罪性を認定するには不十分なものであるといわざるを得ない。そして，その一方で，被告人以外の者が犯行時に○○号室室内に存在した可能性が払拭しきれない上，被害者と性交した後，被告人が犯人だとすると矛盾したり合理的に説明が付けられない事実も多数存在しており，いわば被告人の無罪方向に働く事実も存在しているのであるから，被告人を本件犯人と認めるには，なお，合理的な疑問を差し挟む余地が残されていると言わざるを得ない。」

1. はじめに

今回は，東電女性社員殺害事件をもとに，「DNA 型鑑定」と情況証拠による事実認定について検討して行きます。東電女性社員殺害事件といえば，多くの皆さんが，「あの事件か」と思い出されることでしょう。一流企業の高い地位にあった女性社員が渋谷の街中で売春を行ううち，近辺のアパートの一室で殺害され金員を奪われたという世間の耳目を引くものでした。事件の内容もさることながら，その裁判経過も特異なものでした。犯人とされたネパール人男性は，1審で無罪となりましたが，2審（控訴審）で逆転有罪（無期懲役）となり，その有罪判決が確定し服役しました。しかし，その後再審が開始され，標記の高裁判決により結局無罪となったのです。

ところで，再審前の逆転有罪判決の有力な証拠とされたのは，被害現場室内のトイレに遺留されていたコンドーム内の精液に関する DNA 型鑑定でしたが，皮肉なことに，この男性が無罪となる有力な証拠となったのも，被害者の身体内に残された物質の DNA 型鑑定であり，この事件は最初から最後まで DNA 型鑑定に振り回されたといっても過言ではありません。この事件

については，検察の証拠開示の在り方など多くの問題点が指摘できますが，ここでは，DNA型鑑定を中心とする情況証拠による事実認定の問題に焦点を合わせて，検討することにします。

2．事案の概要

　東京都渋谷区内のアパートの管理人が，平成9年（以下特に断らない限り月日は平成9年を指すものとします）3月19日にそのアパートの一室で女性が既に死亡しているのを発見しました。死体には，その頭部及び顔面部等に打撲傷，擦過傷があるほか，頸部に軟部組織出血・甲状腺出血を伴う圧迫痕が認められました。死因は頸部圧迫による窒息死と推定され，死亡してからの経過時間は，3月20日午前10時10分の解剖開始時において，死後1週間内外と推定されました。なお，膣内精液検査の結果は陽性で，精子の存在が確認されました。また，被害女性の血液型はO型でした。死体の頭部左側には，頭毛に接してショルダーバッグが置かれていて，そのなかには会社の勤務証，二つ折りの財布，未使用のコンドーム28個等が入っており，ショルダーバッグの取手の部分は千切れていました。また，アパートのトイレの便器内に溜まった青色の水にはコンドームが浮いており，その内部に精液の存在が確認されています（これが本件コンドームです）。

　遺留品の勤務証等により，被害者の身元が判明しました。会社に勤務する傍ら，勤務終了後に東京都渋谷区円山町界隈の街頭に立って客を誘ったり，なじみの常連客と待ち合わせたりして，渋谷付近のホテルで売春を行っていましたが，3月8日の土曜日，被害者は，午後7時頃，JR渋谷駅のハチ公口前で常連客と落ち合い，午後7時13分頃から午後10時16分頃まで，この常連客と共に円山町のホテルに滞在して売春行為に及び，道玄坂派出所前の交差点で同人と別れました。被害者は，その後，午後10時30分過ぎ頃に円山町の青果店前や道玄坂で，売春目的で客に声をかけているところを目撃されています。そして，その後午後11時25分頃から午後11時45分頃までの間に，浅黒い東南アジア系の顔立ちの男性と一緒に，本件アパートの1階通路に通ずる西階段を上がっていくのを目撃され，翌3月9日午前零時前頃，

アパートの居住者が同室の前を通りかかった際に男女の性交時のあえぎ声を聞いています。同居住者は同日午前零時30分過ぎ及び午前3時過ぎにも，同室前を通りましたが，これらの時には，そのような声は聞いていません。

　本件の被告人であるXは，死体発見現場である同室に隣接するビルに居住していたネパール人です。Xは，被害者女性の売春客となったことがあり，被害者との面識がありました。自ら警察にオーバーステイであることを告げたため起訴され，執行猶予の判決を受けました。そして，その直後に本件に関して強盗殺人の容疑で逮捕され，黙秘ないし否認の態度を貫きましたが，結局強盗殺人の犯人として起訴されるにいたりました。

　被告人は，公判廷においても終始犯行を否認しました。直接証拠はなく，情況証拠により被告人の犯人性が判断されることになりました。その裁判の経過は，先ほど述べたとおりです（1審—東京地判平12・4・14判タ1029号120頁，2審（控訴審）—東京高判平12・12・22判タ1050号83頁，上告審—最〔3小〕決平15・10・20裁判集刑284号451頁）。いったん無期懲役の判決が確定し受刑を余儀なくされますが，再審請求審及び再審の段階で真犯人らしき人物が浮上し，最終的には無罪となりました。

3. 検　　討

(1) 判断の分岐点

　A弁護士　今回は，「DNA型鑑定」[※1]を中心に検討したいと思います。その素材として，「東電女性社員殺害事件」を取り上げることにします。早速ですが，本件「東電女性社員殺害事件」では1審と2審で，はっきりと，結論が分かれました。どうしてこのような違いが生じたのか，この点を検討することは，冤罪防止の観点から大変重要だと考えます。

■東電女性社員殺害事件

（※1）DNA型鑑定

　　DNA型鑑定は，ヒトの遺伝子として細胞内（核やミトコンドリア）に存在するDNA（デオキシリボ核酸）の塩基配列に個体差のある部位が存在し，各人の塩基配列は終生変わらないことに着目し，それを読み取り比較対照することにより個人識別を行う鑑定のことです。1985年にイギリスのジェフリーズらが，DNAフィンガープリント法として発表したのが最初といわれます。我が国では，科学警察研究所（科警研）を中心に研究がはじめられ，平成元年科警研において，我が国初めてのDNA型鑑定が行われ，その後，MCT118型検査法（ヒトのDNAのMCT118領域に存在する塩基配列の反復回数に着目したもの）とHLADQa検査法が実用化されました。いずれも，PCR増幅法という，DNAの特定部位を大量に増幅させる方法を利用して異同識別を行うものです。これらの検査法は，平成4年度から全国の科学捜査研究所（科捜研）に導入することが決定され，その運用指針（「DNA型鑑定の運用に関する指針」）が制定されました。平成8年度からは，TH01型検査（短鎖DNA型（STR型）を検査する方法。DNAサイズが小さいため，陳旧微量な資料からでも検査が可能とされる），PM検査も加わり4種類の検査が標準的なものとして実施されました。その後，平成15年度からフラグメントアナライザーという機器を用いて行う，TH01型を含む9座位の短鎖DNA型検査法（STR型検査法）が主流となり，より古い資料や微量な資料からの鑑定が可能となり，鑑定時間も短縮されました。さらに平成18年度からは，新たな検査キットが導入されました。それによれば，さらに6座位を加えた合計15座位の検出が可能となりました。これによって，個人識別精度は格段に向上したのです。日本人で最も出現頻度の高い組み合わせの場合でも約4兆7000億人に1人とされています。

　　今日犯罪捜査において多く活用され，警察庁には被疑者資料のDNA型データベース（平成17年9月登録開始）と遺留資料のDNA型データベース（平成16年12月登録開始）が保管され，都道府県警察から送付されてくる遺留DNA型情報とこれらの型を比較対照することによって，犯罪捜査に役立てられています。被疑者資料については，犯罪捜査の必要があるときに，原則本人の承諾を得て，被疑者の口腔内細胞を採取しますが，承諾が得られないときは裁判官の令状を得て行われています。なお，データに登録する情報は，遺留資料，被疑者資料ともに，DNA型を示す数字と性別を表わすX，Yのみに限定し，これによって，プライバシーの保護が図られるとされています（詳細につき，押田茂實＝岡部保男編著『Q＆A見てわかるDNA型鑑定』（現代人文社），松下徹「警察における捜査手法の高度化」刑事法ジャーナル29号18頁など）。

69

第4講　科学的証拠

　B弁護士　Xは，一貫して犯行を否認しており，検察官は，間接事実の積み重ねによって立証することになりました。検察官が挙げた間接事実は，①現場に遺留されていたコンドーム内の精液のDNA型と血液型がXのそれと一致していること，被害者の右肩付近に遺留された陰毛の1本の血液型とミトコンドリアDNA型がXのそれと一致していること，そして，コンドーム内の精液の遺留時期が犯行日時と符合すること，②被害者のショルダーバッグの取っ手からXの血液型と一致するB型の血液型物質が検出されたこと，③Xが犯行前後にわたって現場アパートのカギを保管していた上，鍵の返還時期に関して同居人と口裏合わせを行っていたこと，④犯行前には用意できなかった自室の家賃を犯行後に支払っていること，⑤Xが犯行時刻頃現場アパートに到達することが可能であったこと，⑥当初，捜査官に対し，被害者と面識があったにもかかわらずそれを否定していたことなどです。これらの事実を総合すれば，Xが犯人であることが間違いなく認定できると主張したのです。

　A弁護士　そのとおりですね。確かに，これらの事実がすべて認められれば，有罪と認定できたように思います。しかし，その一部については，認定できなかったものがあり，1審と2審で判断が分かれたものもあります。例えば，③，④の，Xが犯行前後にわたって現場アパートのカギを保管しており，鍵の返還時期に関して同居人と口裏合わせを行っていたことや，犯行前には用意できなかった自室の家賃を犯行後に支払っていることなどについては，1審は疑問を呈していますが，2審はそのとおりの事実を認定しています。

　B弁護士　そのような違いもありますが，検察官が挙げたこれらの事実のなかでも，最も重要なのは，何といっても①のDNA型鑑定に関する事実だと思います。この事実が認められないのであれば，被告人を有罪にすることなどとても考えられません。この事実に関しては，1審，2審ともに「現場遺留物のDNA型」と「被告人のDNA型」が一致していることに異論を差し挟んでいません。しかし，この精液の遺留された時期が犯行日時と符合するのかどうか，この点についてはともに確定まではできないとしているのです。このように，ここまで，判断を同じくしながら，両判決はその結論を異

70

にしたのです。どうしてそうなったのか，この点を解明することは，極め
て重要です。

A弁護士 そうですね。確かに，仮に①以外の事実が全部認められたとし
ても，有罪と認定できるまでの事実関係があるとはいえないですね。そうす
ると，やはり，①の現場遺留物に関する事実関係が重要で，この事実に関す
る見方や判断の仕方が結論を左右したのだと考えざるを得ません。

(2) DNA型鑑定の存在

B弁護士 DNA型が一致しているという点では争いがないのですから，
問題は，本件精液の入ったコンドームの投棄日時の点ですね。被告人は，本
件コンドームを自分が投棄したことを認めながら，それは犯行推定日の３月
８日のことではなく，そこからさらに10日ほどさかのぼる２月25日から３
月１，２日頃に，売春の客となって被害女性と性交したことがあり，そのと
きのことであると主張していたのです。この点に関しては，専門家の大学講
師によって，精液内の精子の形態変化についての鑑定が行われ，１審，２審
それぞれその鑑定結果を分析しています。しかし，その鑑定結果は，微妙な
ものでした。というのは，まず，コンドームに残っていた精子の形状につい
て，頭部と尾部の乖離が相当に進んでいて，これは投棄されてから20日間
を経過した以後の様子であるとされています。日数的に見て，これはまさし
く被告人の弁解を裏付けるように思われます。しかし反面，精子頭部の崩壊
状況についてはさほどの損傷状況が見られなかったとされ，これは被告人の
弁解に反する事実のように思われます。そして，鑑定には，本件精液が放置
されていたような不潔な便器内においては，大腸菌の影響で，精子の分離現
象がより早く進む可能性があり，犯行推定日の３月８日に放置されたとして
も矛盾はないとの見解が付加されていました。

A弁護士 以上の鑑定結果から，１審は，本件精液が採取日から10日前
後しか経過していないと断定することに懐疑的な見解を示し，この鑑定結果
だけでは犯行推定日頃に投棄されたものと判定できず，その認定には他の証
拠とのさらなる対比，検討が必要であるとしたのです。そして，その対比，
検討の結果としても，犯行推定日頃に投棄されたものと断定することはでき

71

ないとしたのです。

　これに対して，控訴審は，鑑定に付加された見解の，投棄日時が3月8日
の犯行推定日であっても矛盾しないという点を重視しました。

　B弁護士　私は，犯行推定日に投棄されたとしても矛盾しないというこの
付加文言はなかなかの曲者だと思います。捜査官は多分被告人が犯人だと確
信していますから，先ほどの客観的な形態変化の記述だけでは，証拠として
不十分であり，下手をすれば公判で否定的な証拠となりかねないとの危惧感
を抱いたのではないかと推測されます。そこで，鑑定人にその点を確認する
などし，あえて，犯行推認日でも矛盾しないという文言を書き加えるように
導いたのではないでしょうか。それはともかく，事実認定に目を移せば，こ
の鑑定からは，「矛盾しない」というだけがせいぜいで，いくら頑張っても，
投棄日時が犯行日頃であったとするには無理があります。控訴審がその「矛
盾しない」という点を重視するといっても自ずと限界があるように思います
が。

(3)　手帳の存在

　A弁護士　投棄の日時に関して，控訴審は，犯行日の20日くらい以前の
ことであり，売春の客となったときのことであるという被告人の弁解の成否
につきさらなる解明を試みました。この弁解が否定できれば，逆にコンドー
ムの投棄が犯行日であることが強く推認されると考えたのだと推測できま
す。その検討の中心となったのは被害者が熱心につけていた手帳です。被害
者は売春の日時，相手方，金額等を手帳に克明に記載していたのです。控訴
審は，その手帳の記載を子細に検討して，被告人がその主張する日時頃に売
春の相手方となったことはなく，被告人の弁解は虚偽で信用できないと判断
しました。この検討は精緻を極め，当時刑事畑の裁判官の間では評判になっ
ていたようです。この手帳については，1審も一応の解明を試みていますが，
そこから特段の結論を出すにはいたっていません。この点でも，1，2審の
判断は大きく分かれました。この手帳についての評価が結論を左右したとも
いえそうです。

　B弁護士　この手帳の2月28日の欄には，これは被告人の被害女性と最

後に会って性交したという弁解の時期にあたるのですが，そこには，外国人を相手とした旨の，それらしき記載がありました。しかし，それが被告人であったとまでは確定できず，金額などの点で被告人の弁解と異なる記載も見られたのです。ところで，この証拠の手帳は，被告人が公にそのような弁解をした後になってから，弁護側に開示されたものであって，被告人がその手帳の記載を見てそれに合わせて弁解したというものでないことは明らかでした。これは，被告人にとって有利な事実であったと思います。そのような点も含めて，この手帳の記載が被告人と被害者の売春を意味するものでないと断定することは公平に見てもなかなか難しかったのではないでしょうか。しかし，控訴審は，この記載は，被告人と被害者の売春を意味するものではないと断じ，「被告人はうそを言っている」と判断します。さらに，このようにうそをついているということも，被告人の犯人性を推測する間接事実の1つに数えました。

A弁護士 控訴審のこのような判断過程をたどれば，もとより手帳に関する控訴審の認定が正当なものであったことを前提としますが，被告人の犯人性を肯定したことも，理解できなくはありません。投棄日時が犯行日頃といって矛盾しないとしていたものを，その日時に間違いないと格上げして解釈することも不可能ではなかったように思います。ただ，今だから言えることかもしれませんが，手帳の解釈にすべてを委ねてしまうような審理経過をたどったことには疑問を感じます。なぜそこまで，手帳の記載にこだわったのか，そこにこだわらずに，被告人の犯行に間違いないといえる証拠がほかにないか，もっと広く見て行くべきだったように感じています。

⑷ DNA型鑑定の魔力

B弁護士 それでは，なぜそのような方向に，つまり手帳の解明に強くこだわったのか，そこまで，検討してみる必要があると思います。手帳の記載は，いくら詳細な記載があるといっても，伝聞証拠の例からも明らかなとおり，慎重な吟味を要します。しかも本件手帳の記載には，意味の不明なところがあり，それを他の記載などから推測するといっても自ずと限界があったはずです。

第4講　科学的証拠

　A弁護士　私は，先ほど述べたように，被告人からの弁解があって，その弁解の成否を明らかにする必要があった，そして，たまたま，そこに被害者が丹念につけていた手帳が存在した，そこで，その解明に挑んだ，ということではないでしょうか。確かにそれは並々ならぬ力の入れ方であったと思いますが，だからといって，それ以上に，特別の事情があったとも思えないのですが。

　B弁護士　いや，私は，ここに，DNAの威力，いや魔力があったのではないかと考えています。現場遺留の精液のDNA型，血液型が被告人のそれと一致したとしても，その遺留時期について，鑑定によっても，犯行推定日頃であると認定できなかったのですから，ここではもう有罪認定をあきらめるほかなかったと思うのです。冷静に考えれば有罪認定は難しいでしょう。本件の証拠状況に照らして，この遺留時期という点は，DNA型鑑定の証明力という点ではセットとして考えるべきものなのです。つまり，遺留時期の点で50パーセントの有罪率しか見込めなければ，全体としても50パーセントの有罪率しか見込めないのではないでしょうか。しかし，DNA型が一致したという事実に目を奪われて，これだけを取り出せば，それは識別機能という点ではほぼ100パーセントのパワーを持ちますから，全体としても100パーセントに近い有罪率があると感じてしまうのではないでしょうか。視野狭窄に陥りそちらに引っ張られて実際以上の高い有罪の心証を形成してしまう。これが，DNAの魔力です。そこから，何としてでも，被告人の弁解のうそを見破らなければならない，きっと見破れるはずだという発想が生まれると思うのです。

　A弁護士　これは手厳しい指摘ですね。しかし，有罪率という言葉でいわれたことは，分かるような気がします。識別機能では，ほぼ100パーセントですから，確かに素晴らしい証拠があると感じますね。投棄日時の点に，難点があっても，全体として，相当高度の証明力があると実感してしまいます。これだけの証拠があるのに，どうして有罪とできないのかと考えてしまう心情も分からないではないですね。

　B弁護士　これは，犯行現場の室内から発見された陰毛のDNAについてもいえることです。被害者の右肩付近から発見された陰毛のうち2本は，い

74

■東電女性社員殺害事件

ずれも被告人及び被害者のものではなかったことが明白でした。この陰毛の持ち主は本事件の犯人の資格を十分に持っていたはずなのですが，控訴審ではこの疑問は，以前に居住していたネパール人のものである可能性があるとあっさりと切り捨てられます。しかし，そんなに簡単に切り捨てられるものであったとは思えません。本件犯行時に遺留された可能性もあったはずです。結局，被告人のDNA型と現場などで発見された物質のDNA型とが一致したことが非常に有力な証拠に見えて，その目で，すべての証拠を見てしまうのです。この点では，陰毛などの証拠価値は，第三者の物が存在している点を含めて考えれば，数字でいうと，有罪率はせいぜい50パーセントくらいのものでしょう。有罪の証拠としては，まだまだ不十分です。しかし，被告人のDNA型と一致しているという点で見ると，その証拠の示す有罪率は100パーセント近くに見えてしまうのではないでしょうか。そこで，これと矛盾するように見える証拠を何とか矛盾しないように説明できないか，その方向であれこれ思考を巡らしてみる。ここには，被告人は犯人に違いないという確信がすでに存在します。検討の方向が逆ですが，そのような心証の流れが見えてきます。

　A弁護士　この控訴審が実際に，DNAに関して，どのような感触を抱いたかは分かりませんが，今の指摘は，非常に重要なものだと感じました。私もコンドームのパッケージが発見されていないことに関して，それを犯人が持ち帰ったとすると，そのような周到な犯人が自分が犯人であることをわざわざ証明するような危険な使用済みコンドームをトイレに放置したままそこを立ち去ったことや被害者の定期入れが被告人の生活圏とは考え難い場所から発見されたことなどには，少なからぬ違和感をもっていました。今からみると，これらの点についての1審の問題提起には重いものがありました。しかし，私の正直な気持ちは，確かに少しの謎はあっても，有罪とすべき有力な証拠があれば，それとの相関関係で，それは合理的な疑いとまではいえないのではないかと考えていました。その有力な証拠というのがDNA型鑑定であったわけです。

　B弁護士　私は，合理的な疑いの存否は相関関係ではなくそれ自体の問題として検討しなければならないと考えますから，そのような相対論には乗れ

第4講　科学的証拠

ませんが，もしそのように相関関係で判断することが広く実情としてあるとすれば，DNA型鑑定の危険性はますます大きくなると思います。

⑸　総合認定の問題点

　B弁護士　ところで，私は，この事案でもう1つ考えておくべき問題があると思っています。それは，これまでも議論してきた「総合的事実認定の在り方」という問題です。1審は，個々の間接事実につき，犯罪事実を認定するための推認力（証明力）を検討し，その上でそれを総合したとしても，被告人を犯人と認定するにはなお合理的な疑いが残ると判断しています。これに対して，2審は，そのような分析的な作業を行わずに，被告人が犯人であっても矛盾しない数個の間接事実をただ並列的に挙げて，これらの各事実を総合すると，被告人を犯人と認定できるとしています。これは，直感的・印象的判断といわれるものですが，それでは，個々の証拠の持つ証拠価値が明らかにされず，その証拠の持つ問題点，弱点などがどのように検討されたのかなどはブラックボックス化されたままとなります。外部からは，全く見えてきません。しかし，個々の事実の証拠価値，位置づけを見なくても，被告人が犯人としても矛盾しないそれらしき事実を並べられると，それだけで，間違いなく立証されているような気になってしまいます。このような直感的・印象的判断は，事実認定の手法として大変危険です。改めて，その点を強調しておきたいのです。

　A弁護士　確かに，本件の控訴審判決では，7点にわたる間接事実を並列的に並べ，これらの事情を総合すると，被告人が強盗殺人の犯行を敢行したことが認められ，本件コンドームは，被害者との性交時に使用したもので，被告人か被害者が殺害の前後に投棄したものに間違いないと判示しています。しかし，従前はこのようなスタイルの判決はむしろスタンダードではなかったでしょうか。

　B弁護士　しかし，スタンダードといっても，この方式では，これを受けとった者にとっては，あとは皆さんの想像にお任せしますといわれているようで，その思考過程が全く伝わってきません。まさにブラックボックスです。そして，そのような，書き方が許されるとすれば，そのような方式に乗っか

76

■東電女性社員殺害事件

った評議しか行われなくなり，事実認定の質が低下してしまうのではないか
という危惧も持ちます。最高裁は，大阪母子殺害事件で，情況証拠による事
実認定において「情況証拠によって認められる間接事実中に，被告人が犯人
でないとしたならば合理的に説明することができない（あるいは，少なくとも
説明が極めて困難である）事実関係」の存在を要求するルールを示しましたが，
これは，このような間接事実を積み上げて事実認定を行う事案において，そ
の判断過程をブラックボックス化させないための問題提起でもあったと思い
ます。

Ａ弁護士　本事案では，DNA 型鑑定を中心に検討を行いましたが，DNA
型鑑定の証拠としての取り扱いにはなお多くの問題が残されています。本件
と同じく再審で無罪となった「足利事件」(※2)においても，DNA 型鑑定が
大きな問題となりました。これからの刑事裁判において，科学的鑑定，とり
わけ DNA 型鑑定の扱いには最大級の関心を払わなければならないと改めて
感じます。

（※2）「足利事件」

　平成2年5月12日，4歳の女児が栃木県足利市内のパチンコ店付近で行方
不明となり，翌日午前10時頃，同市渡良瀬川河川敷の草むらで全裸で遺棄さ
れた死体となって発見されたという事件です。付近の川底に投棄されていた同
児の半袖下着に精液が付着していることが判明し，これと警察が内偵捜査して
いた幼稚園バスの運転手Ｓが捨てたティッシュペーパーに付着した精液につい
て，血液型鑑定と MCT118 型検査法による DNA 型鑑定が行われました。その
結果，これらの型が一致しその出現頻度が1000分の1.2であるとの鑑定結果が
出されたことから，Ｓの取り調べが行われ，Ｓは犯行を自白します。そして，
Ｓは逮捕され，わいせつ目的誘拐，殺人，死体遺棄の罪で起訴されました。

　Ｓは，第1審公判でも自白を続けましたが，その途中から自白を撤回し，事
件への関与を否認します。しかし，平成5年7月7日，宇都宮地裁はＳを有罪
とし無期懲役の判決を宣告しました。Ｓは控訴しますが，平成8年5月9日，
東京高裁は控訴を棄却し，平成12年7月17日，最高裁も上告を棄却して無期
懲役の判決が確定しました。Ｓは，千葉刑務所において刑の執行を受けるに至
ります。

　Ｓは，平成14年12月25日，再審開始を申し立て，平成20年2月13日宇都

77

第4講　科学的証拠

宮地裁はこれを棄却しますが，抗告審である東京高裁は，弁護側の求めに応じて，DNA の再鑑定の実施に踏み切り，平成 21 年 4 月 20 日，弁護側，検察側それぞれが推薦する鑑定人から，いずれも「同一人物のものではない」との鑑定書が提出されました。S は身柄を釈放され，同年 6 月 23 日東京高裁は再審開始を決定します。そして，同年 10 月 21 日再審公判が始まり，平成 22 年 3 月 26 日宇都宮地裁は S に対して無罪を宣告しました。

　この事件については，当初の DNA 型鑑定に多くの問題があり，鑑定結果としても誤りであったこと，その後，機会があったにもかかわらず，その誤りが再審開始即時抗告審に至るまで見直されなかったこと，犯人でもないのに虚偽の自白がされそれが 1 審公判の途中まで維持されたこと，その自白には多くの不自然・不合理な点が存在したのに見過ごされたことなど重大な問題が数多く存在しました（詳細につき，小林篤『足利事件』（講談社），菅家利和＝佐藤博史『訊問の罠―足利事件の真実』（角川書店）参照）。

研究ノート

◆等身大に見る DNA 型鑑定

(1)　DNA 型鑑定の証拠能力

　DNA 型鑑定を証拠として事実認定に参加させてよいのか，この参加資格の問題は，とりもなおさず，DNA 型鑑定に証拠能力が認められるのかという問題です。この証拠能力の問題は足利事件において重要な争点となりました。そして，この足利事件において，最高裁としては初めて DNA 型鑑定の証拠能力を認めたのです。皆さんご存知のように，この事件に関しては，既に，再審が開始され，そこで無罪判決が確定しています。この事件で被告人が逮捕され，裁判が行われたのは，MCT118 型検査法による DNA 型鑑定が日本の警察において実用化されようとしていたまさにそのときでした。今から振り返れば，識別精度は低く，鑑定技法も未熟な時代であったと言わざるを得ません。しかし，この事件で行われた MCT118 型検査法による鑑定は，1 審から最高裁まですべ

■東電女性社員殺害事件

ての裁判所がその証拠能力を認めました。

足利事件の控訴審判決（東京高判平8・5・9判時1585号136頁，判タ922号296頁）は，「DNA型判定の手法として，MCT118法は，科学理論的，経験的な根拠を持っており，より優れたものが今後開発される余地があるにしても，その手段，方法は，確立された，一定の信頼性のある，妥当なものと認められるのであり，したがって，DNA資料の型判定につきMCT118法に依拠し，専門的知識と経験のある，練達の技官によって行われた本件DNA型鑑定の結果を本件の証拠に用いることは，許されるというべきである。」と判示しました。そして，最高裁決定（最〔2小〕決平12・7・17刑集54巻6号550頁）も，これを支持して，「本件で証拠の1つとして採用されたいわゆるMCT118DNA型鑑定は，その科学的原理が理論的正確性を有し，具体的な実施方法も，その技術を習得した者により，科学的に信頼される方法で行われたと認められる。したがって，右鑑定の証拠価値については，その後の科学技術の発展により新たに解明された事項等も加味して慎重に検討されるべきであるが，なお，これを証拠として用いることが許されるとした原判断は相当である。」と判示したのです。

足利事件の弁護側は，控訴審，上告審を通じて，アメリカにおけるフライ判決の「一般的承認」の基準（いわゆるフライルール。裁判所は，十分に認められた科学的な原理から導き出される専門家証言を許容することで大いに役立つが，その根拠となっている事柄は，それが属する特定の分野において，一般的承認を受けたものでなければならないというもの）や，ドーバート判決の示す「信頼性」の基準（いわゆるドーバート基準。フライルールを捨て，新たに許容性の基準として，「関連性」のほかにフライルールよりも柔軟な「信頼性」を要求するもの）に照らして，DNA鑑定の証拠能力に疑問があると主張しました（アメリカ法における証拠規律について，［7］ないし［10］）。控訴審判決，最高裁決定が，フライルールを採用していないことは明らかですが，ドーバート判決の示す「信頼性」の基準を意識していることは否定できないように思われます。しかし，最高裁の「科学的に信頼される方法で実施されたといえるか」，「その技術に習熟したものによって行われたといえるか」と

79

いう点への当てはめには疑問があり，実際の証拠能力判定において，この基準がルーズに適用されてしまったことは否めません。のちに，足利事件の再審（宇都宮地判平22・3・26判時2084号157頁）は，最高裁の基準に依拠しながら，当該鑑定につき，その後のDNA型鑑定の結果などを踏まえて，「本件DNA型鑑定は，その証拠価値がなくなったことはもとより，証拠能力に関わる具体的な実施方法についても疑問を抱かざるを得ない状況になったというべきである。（中略）本件DNA型鑑定が，前記最高裁判断決定にいう『具体的な実施の方法も，その技術を習得した者により，科学的に信頼される方法で行われた』と認めるにはなお疑いが残るといわざるを得ない。したがって，本件DNA型鑑定の結果を記載した鑑定書は，現段階においては証拠能力を認めることができない」と判示し，証拠から排除しました。しかし，この点は，当時においても，当該鑑定は証拠能力を認める水準に達していなかったというべきなのでしょう。

　改めて考えてみますと，ドーバート基準に依拠するとしても，その「信頼性の基準」というのはあいまいな要素を含みますので，その判定は，厳格に行う必要があります（[8]の(5)）。この点，アメリカのように陪審制をとらない日本において，科学的証拠一般について，証拠能力の判定をそれほど厳格に行う必要はないとの見解があります。例えば，平成22年度司法研究（[7]。以下，「司法研究」といいます）は，「職業裁判官といっても，高度に専門的な科学技術については門外漢であり，その内容を理解し，実質的に評価できるだけの能力や素養を必ずしも有していないという点では，非専門家である市民と本質的な違いはない」といいつつも，「職業裁判官は，法律家として科学的証拠の持つ特殊性，危険性について認識があり，個々の裁判において，科学的証拠の意義と限界の双方を審理で明らかにすることが重要であることを知っている」として，我が国では，科学的証拠として鑑定書が不同意にされたとき，鑑定内容について，公判で鑑定人の証人尋問を行い事実認定者がその内容を詳しく知る手続があることが前提となり，最終的に事実認定の資料に用いてよいかどうかの観点から証拠能力や関連性の有無が議論されてきたこと

■東電女性社員殺害事件

などを理由に，信頼性の基準について，「検査・判定の基礎となる科学的原理や実用化のための理論・技術を含め，当該検査・判定方法の信頼性に重大な欠陥や大きな疑問があるとは言えないこと」と緩やかに解釈しています（［7］の34頁以下）。そして，証拠能力は，この信頼性の基準を満たしていることに加えて，「証拠調べの必要性（証拠の価値に着目）」と「証拠調べの相当性（証拠調べに伴う弊害に着目）」を勘案して決めるとします。しかし，科学的鑑定の魔力から，裁判官が全く解放されているとはいえませんし，裁判員裁判が実施されている今日では，このような議論は正当とは思われません。

　以上のような議論は，科学的証拠の許容性の基準を緩やかにしようとするものですが，この議論は，証拠能力の判断（最終判断）を，どの段階で行うかの議論と深く関連しています。職業裁判官ではない裁判員が参加することになった裁判員裁判を念頭に置けば，その前提となっている制度的事情が全く変わりつつあるという事情を考慮すべきです（［8］の⑴）。不適切な科学的証拠とその予断を排除するには，そのような選別は裁判員が関与する公判段階ではなく，裁判官による厳格な審査が期待できる公判前整理手続段階に求めるべきでしょう。これによってこそ，不適切な科学的証拠の排除に貢献し，誤った判断を避けることができるように思われます。

　もう1つ，問題を提起しておきます。それは，今日，捜査側においてDNA型鑑定を実施する場合，そのほとんどが，警察組織に属する科学捜査研究所などで行われているということです。「クローズアップ①」で取り上げた鹿児島・強姦事件では，捜査段階の科学捜査研究所の鑑定に対し公正を欠くのではないかとの大きな疑問が投げかけられました。鑑定を実施する機関についての公正さが担保されるのでなければ，DNA型鑑定の精度がいくら上がっても，冤罪の危険は克服されません。かえってその精度ゆえに，冤罪を生み出しかねません。この点は，制度的な問題としても検討しなければなりませんが，現状においても，公正さを担保するための努力を惜しむことは許されません。例えば，鑑定経過の記録の保管，鑑定資料の保管，証拠開示等々の適切な取り扱いなど

81

第4講　科学的証拠

は徹底して行わなければなりませんし，それに反する取り扱いが行われた時には，証拠能力をはっきりと否定するなど，厳しいペナルティーを科すべきでしょう。

(2)　DNA型鑑定の証明力

　次に，DNA型鑑定が犯罪立証（立証構造）の上で，どのような意味を持つかについては，証拠能力の問題とは別途慎重な検討が必要となります。ざっくりした言い方になりますが，例えば，犯行の凶器に付着していた物質から，被告人のDNA型と同じDNA型が発見されたとすれば，被告人がその凶器に触れたとして，被告人の犯人性は強く推認されます。性的被害者の体内から，被告人のDNA型と同じDNA型の体液が検出された場合も同様です。しかし，ドアのノブに被告人のDNA型と同じ型の物質が発見されたとしても，それだけで，被告人がその室内で放火したとまでは直ちに推認することはできません。そのほかの情況事実との総合の上にそのようなこともいえるようになります。しかし，被告人が室内に侵入したという点では，有力な証拠となります。先ほどの司法研究は，このような点につき薬毒物鑑定を例に引きながら，詳細に説明しています（[7] の19頁以下）。

　「被告人は，Xという毒物をVに飲ませて殺害した。」という公訴事実に対して，V方から発見された紙コップ付着の白色結晶(A)と被告人方から発見された缶内の白色粉末(B)から，いずれもXの成分が検出されたという鑑定の位置付けについて，それで直ちに被告人の犯人性が立証されるというものではなく，それが検察官が証明しようとしている諸事実のなかの一体どの事実に関係しているのか（あるいは関係しないのか）を明確にすることの重要性を論じます（さらに，その「関係する事実」に関しても，その科学的証拠（鑑定）から「直接認められる事実」と「推認される事実」とを峻別するという観点の重要性についても論究しています）。

　以上の観点から見て，最も避けなければならないことは，このような証拠の示す意味の分析を行わず，鑑定でDNA型が一致したという事実を犯罪事実認定の間接事実の1つとして投入して，総合認定を行うとい

■東電女性社員殺害事件

うことです。冷静に見れば，決定的な証拠がない状況の下で，被告人が犯人であることと矛盾しない情況証拠の1つとして他の証拠とともに（ワンノブゼムとして）総合評価に供されているにすぎない場合であっても，上記のような分析抜きで判断すると，どうしてもDNA型鑑定の識別精度の高さに目が行ってしまって，有罪認定に傾斜しがちとなります。多少はあいまいさを残す他の情況証拠に比べて，それ自体としてはほとんどあいまいさを残さない証拠であるところに逆に問題をはらむのかもしれません。この問題点の深刻さを如実に示したのが，本講の東電女性社員殺害事件であり，「クローズアップ①」で取り上げた鹿児島・強姦事件です。本来立証すべき対象事実に対して明確に関連性を有することが示せないのであれば，「その証拠価値をゼロにする」とか，そもそも「有罪認定のために証拠として投入しない」などの思い切った措置が必要になるように思います。

　ところで，DNA型鑑定の進歩は目覚ましく，識別精度が極めて高くなっていることは間違いありません。それを前提にすれば，究極の議論として，被告人が否認ないし黙秘している場合において，DNA型鑑定の結果のみによって，被告人を有罪とすることができるかという問題に直面します。これは，決して，仮定の問題だけにとどまらず，現実に起こり得る問題です（横浜地判平24・7・20判タ1386号379頁は，殺人，強姦致死被告事件において，被害者の遺体の膣内に挿入されていた靴下に付着していた精子のDNA型が被告人のDNA型と一致した事実のみによって，つまり，この事実を立証する鑑定結果のみによって，被告人を有罪としました[15]）。

　前記司法研究は，「事案や科学的証拠の内容によっては，例えばDNA鑑定の結果から認められる事実を構成する間接事実が，その犯人性を推認させ，これを揺るがす事実や証拠がない場合には，これのみによる有罪立証も許される」（[7]の59頁）と述べて，DNA鑑定のみによって事実認定を行うことも是としています。そして，「膣内液に含まれた精子のDNA型が被告人のDNA型と一致したという間接事実のみによって，被告人が当該行為の犯人であると合理的疑いを入れない程度に推認されるか」という問題について検討を加え，「その推認を動揺させるに足り

る他の事実，証拠がない限りにおいて」，という留保をつけながらも，これを肯定します（[7]の136頁）。しかし，これに対しては，「DNA鑑定を除いても有罪と認定するのに十分な証拠があるのかと問い，消極に解さざるを得ない場合は，DNA鑑定によって不利な推認は許さないと解すべきである。それ以外にtunnel vision（視野狭窄）に陥らない方法はない。」との佐藤博史氏からの鋭い反論が出されています[13]。照合型の指紋と異なり，検査者を信頼するほかない不可視の「型」鑑定であること，鑑定対象の採取主体（捜査官）の問題，鑑定主体（科捜研など）の問題など，決して無視できない問題を抱えていること，さらに，司法研究が留保した，「その推認を動揺させるに足りる他の事実，証拠がない限りにおいて」という事柄の判断自体が，大いに人為が関わる判断でありどこまで客観性が保てるか疑問であること，DNA型鑑定とはいっても，そこから構築される間接事実による認定である以上，ことの大小は異なるもののどこかで必ず推認という人為による過程をたどらざるを得ないこと（前記のドアノブに残された物質のDNA型からその室内の放火を推認するような場合，大阪母子殺害事件における踊り場の灰皿に存在したタバコの吸い殻から検出されたDNA型からマンションの1室における殺害等を推認する場合など）などからすれば，これを唯一の証拠ないし決定的な証拠として犯罪を認定することには，疑問を提起しておきたいと思います。そして，これは刑事司法に関わる政策論的な観点からの疑問ですが，DNA型の一致を「唯一の証拠」としてよいとすれば，どうしても，他の証拠の収集検討がなおざりになってしまうというおそれが生じます。それによって，本来検討すべき事柄が軽視され冤罪につながってしまうことが否定できないように思います。被告人がどれほど真剣に無罪を訴えても一顧だにしないということが起きないとはいえません。司法研究は，DNA型鑑定一本による有罪認定を可能としながらも，捜査や公判審理において他の証拠の傍証が不要という意味ではないとし，その理由を，「その事実認定をより容易かつ安定感のあるものとし，納得も得られやすいものにするであろうことは他言を要しない。」などと説明します（[7]の139頁）が，安定感のある，納得の得られる立証こそが，冤罪の防止につながる

とすれば，それを充足しない立証を許すことが，それに相反する結果を
もたらすことは目に見えており，そうであればこそ，それを避けるよう
にすることが政策論としても正しい方向であると考えるべきでしょう
（司法研究は，この点でも，DNA 型鑑定の現状を等身大で見れば，それ自体は客観的，
中立的で極めて安定感の高い証拠であって，これを忌避し，あるいは抑制的に利用
しなければならない理由はないとします）。しかし，DNA 型鑑定を正に等身
大で見られなかった過去の裁判例に学ぶことこそが大切です。DNA 型
鑑定に目を奪われて，「その推認を動揺させるに足りる他の事実，証拠」
が少なからず存在したにもかかわらず，それがないとして，あるいは軽
視して，誤判を犯してきたのが実情ではなかったでしょうか。海外では，
CSI エフェクト，トンネルビジョンなどといわれているそうです。
DNA 型鑑定の魔力に屈してきた裁判例こそ等身大に見る必要がありそ
うです。

● 参考文献 ●

[1] 佐野眞一『東電 OL 殺人事件』（新潮文庫）。

[2] 読売新聞社会部『再審無罪―東電 OL 事件 DNA が暴いた闇』（中公文庫）。

[3] 石田省三郎『「東電女性社員殺害事件」弁護留書』（書肆アルス）。

[4] 法政大学法科大学院刑事事実認定研究会「第 8 回刑事事実認定研究会結果報告
　―東電 OL 殺害事件 1 審，2 審を素材として」法政法科大学院紀要 10 巻 1 号 39 頁。

[5] 宮村啓太「『東電女性社員殺害事件』再審開始決定」季刊刑事弁護 72 号 87 頁。

[6] 家令和典「科学的証拠による事実認定―DNA 型鑑定を中心として」『刑事事実
　認定の基本問題〔第 3 版〕』361 頁（成文堂）。

[7] 岡田雄一＝遠藤邦彦＝前田巌『科学的証拠とこれを用いた裁判の在り方（平成
　22 年度司法研究）』（法曹会）。

[8] 成瀬剛「科学的証拠の許容性(1)～（5・完）」法学協会雑誌 130 巻 1 号～5 号。

[9] 古江頼隆『事例演習刑事訴訟法〔第 2 版〕17 科学的証拠』233 頁（有斐閣）。

[10] 小木曽綾「DNA 型鑑定」『刑事訴訟法判例百選〔第 9 版〕』142 頁（有斐閣）。

[11] 徳永光「『司法研究』の意義と限界」季刊刑事弁護 76 号 84 頁。

[12] 田淵浩二「『在り方』の意義と限界」季刊刑事弁護 76 号 90 頁。

第4講 科学的証拠

[13] 佐藤博史「足利事件からみた科学的証拠に関する司法研究」季刊刑事弁護76号101頁。

[14] 佐藤博史「DNA鑑定とヒューマンエラー――DNA鑑定を等身大に見る―」『曽根威彦先生・田口守一先生古稀祝賀論文集(下)』625頁（成文堂）。

[15] 宮村啓太「DNA型鑑定のみによって犯人性が認定された事例」刑事法ジャーナル38号98頁。

[16] 門野博「情況証拠による事実認定」『裁判所は何を判断するか』24頁（岩波書店）。

■クローズアップ①　DNA型鑑定の魔力は克服されたか

───◆**クローズアップ①**

DNA型鑑定の魔力は克服されたか
──鹿児島・強姦事件逆転無罪判決

1．鹿児島・強姦事件の概要

　平成28年1月12日，福岡高等裁判所宮崎支部は，鹿児島市内で，当時17歳であった女性（以下，Gといいます）を強姦したとして起訴された男性Xに対し，懲役4年とした1審判決を破棄して逆転無罪を言い渡しました。このニュースは，新聞，テレビ等で大きく取り上げられました。1審の審理や判決については多くの問題がありましたが，ここでは，DNA型鑑定の問題に焦点を当てて考えてみたいと思います。

　まず，1審判決が認定した犯罪事実の概要を掲げておきます。

　「被告人は，平成24年10月7日午前2時8分頃から午前2時31分頃までの間に，鹿児島市内の路上において，Gの右手首をつかんで引っ張り同市内の路上に連れて行き，同所において，同女の両肩を押さえつけた上，接吻しようとし，続けて，同女の右手首をつかんで引っ張り同市内の駐車場付近に連れ込んで，同所において，同女の衣服をまくり上げて乳房を舐めるなどした上，同女のパンツ内に手を差し入れて，陰部に指を挿入するなどし，さらに，強いて同女を姦淫しようと企て，同女の手首をつかんで引っ張り同市内の路上に移動し，同所において，同女に足を掛けて仰向けに転倒させ，片手で首を押さえつけるなどの暴行を加え，その反抗を抑圧した上，強いて同女を姦淫した。」

　被害女性は，このXが犯人でありXから強姦の被害を受けたと訴えたのですが，Xは，酒に酔っていて記憶がないとして犯行を否定しました。ところで，Gの体内には犯人のものとみられる精液が残されていました。また，Gの胸部には唾液ようの付着物が，Gのはいていたショートパンツには精液が付着していました。鹿児島県警察科学捜査研究所鑑定技官による鑑定（以下，

第4講　科学的証拠

「科捜研の鑑定」といいます）が行われましたが，体内に残留した精液について
は微量のため精子は存在するもののそのDNAの型は特定できないとされま
した。また，胸部の付着物のDNA型はXのDNA型と合致するとされました。
ところが，ショートパンツに付着した精液からはXとは異なる男性のDNA
型が検出されました。Xは犯人として起訴され，1審は，法廷で語られたG
の供述は信用できるとして上記のような犯罪事実を認定しXを有罪としまし
たが，2審は，それとは真逆に，Gの供述は信用できないとして無罪を言い
渡したのです。

2．1審，2審の判断

　1審判決（鹿児島地判平26・2・24LLI/DB06950807）は，上記のように，Xに
強姦されたというGの供述は信用できるとして，Xを有罪としました。その
信用性判断の有力な柱となったのは，科捜研の鑑定でした。検察官が提出し
た科捜研の鑑定の内容は，①Gの胸から採取された付着物から被告人の
DNA型に一致する唾液ようのものが検出された，②膣液からは精液が検出
された（ただし，精液から抽出されたDNAが微量であったため，DNA型鑑定にはいた
らなかった）というものであり，この鑑定から，Gの供述の信用性が高いと
評価されたのです。しかし，Xにとって有利と思われるショートパンツに付
着した精液からXとは異なる男性のDNA型が検出されたという鑑定結果は
提出されず，弁護側から被告人の犯人性を否定する証拠として取調べが請求
されましたが，裁判所は，これを必要性なしとして却下したのです。そのほ
か，Gの証言の不自然さを指摘する弁護人らの主張もことごとく排斥されま
した。

　被告人は控訴し，控訴審では，弁護側の請求を受けて，事件直後に採取さ
れたGの膣液に含まれる精子のDNA型の判定等を鑑定事項とする鑑定が職
権で実施されました。ところが，科捜研の鑑定とは異なり，Gの体内から採
取された膣液からDNA型を判定するのに十分な精子が確認され，その精子
のDNA型がXとは異なる男性のものであることが明らかになりました。さ
らに，そのDNA型はGのショートパンツから採取された別の男性のDNA

88

■クローズアップ①　DNA型鑑定の魔力は克服されたか

型に一致することも判明したのです。控訴審は，このようなDNA型に関する鑑定結果などを理由に，Gの供述の信用性全般に疑義があるとして1審判決を破棄しXを無罪としました（福岡高宮崎支判平28・1・12判時2316号107頁）。そして，控訴審判決は，その判決理由の中で，捜査段階の科捜研の鑑定につき，①鑑定に使用したDNA溶液の残部をすべて廃棄していること，②鑑定検査記録の記載が不十分で当時行われた鑑定の手順や内容を再現しその信用性や信頼性を吟味できないこと，③後日の検証の資料となり手続の適正の担保になるべき鑑定経過を記載した「メモ紙」が廃棄されていること，④精子を目視で検出しながらDNA型が検出されないという科捜研鑑定技官の説明には疑問があることなどの諸点を指摘し，科捜研の鑑定それ自体の信用性に疑問があるとしました。さらに，この鑑定が著しく稚拙で不適切な操作によって行われた可能性や被告人のDNA型と異なるDNA型を検出したために，捜査官の意向を受けて，その結果を隠匿した可能性があることにまで言及しました。ここでは，鑑定の経過を後日検証可能な記録として残すことの重要性が示されていますが，それは鑑定を行う者にとって極めて常識的な事柄に属しており，鑑定の「いろは」といってよいでしょう。そのことを当然理解しているはずの鑑定技官によって，その資料が廃棄されてしまっていることも，鑑定そのものに捜査官側からの何らかの意図が働いたことを推測させたのだと思われます。なお，本判決を受けて，警察庁は，平成28年1月27日付で，「DNA型鑑定の実施における留意事項について」と題する通達を発出しました。そこでは，鑑定の経過等を記録した書類が適切に作成・保管されることとともに，鑑定の経過，手順，内容につき事後的に検証できる程度に具体的に記載することを求めています。

　本事件のDNA型鑑定に関しては，もう1つ問題がありました。控訴審における鑑定人から鑑定資料が返還された直後に，なんと検察官は，裁判所にも弁護人にも一切連絡することなく別の法医学者に鑑定を嘱託したのです。これによって，希少で代替性のない鑑定資料を意味もなく費消させることになりました。詳しくは論じませんが，控訴審は，そのような検察側の措置について，公判中心主義，当事者対等主義の理念に反するなどとして，厳しく指弾しています。

第4講　科学的証拠

3．どのような問題があったのか――DNA 型鑑定の魔力

　控訴審判決が，指摘しているように，捜査段階の DNA 型鑑定には，重大な問題がありました（加えて，控訴審における検察官のアンフェアな行動もありました）。これが見過ごすことのできない問題であることは明らかです。しかし，事実認定の観点からは，DNA 型鑑定の魔力という，もう 1 つの重要な問題があります。1 審は，上記のような鑑定自体の疑問点に目をつぶり，G の X に強姦されたという供述は信用できるとして，X を有罪としたのですが，仮に，検察官が請求した科捜研の鑑定がそのとおり信用できるものであったとしても，それで，G の供述が信用できるということにはならなかったはずです。当時の G の素行という問題もありましたし，G の供述には，客観的事実と符合しない不合理不自然なところがたくさんありました。例えば，自転車にまたがっていた X が G の左手を右手でつかんで引っ張って行った，振りほどこうとしたが無理であった，しばらくして X は自転車を降り，今度は右手で自転車を押しながら G を引っ張って行ったなどと供述します。しかし，体格にそれほどの差がない X が，このような不自然な態勢で，100 メートル余りにわたって抵抗する被害女性を引っ張って行くことができたか疑問です。また，G は，太ももや膝を露出しかなりの高さのあるハイヒールを履いた状態で，アスファルトで舗装された凸凹の多い固い路面に転倒させられて頭部を打ったり，四つん這いの状態からあおむけにひっくり返されたり，馬乗りになった被告人から首を絞められたり，路上であおむけの状態で性交されたりした旨供述しますが，事件後の診断の際には G の体に具体的痕跡がなく，着衣にも繊維が損傷するなどの痕跡がなかったというのです。このようなことが通常あり得るでしょうか。これらは，その一部ですが，これらの事実を直視すれば，その供述に全幅の信頼を置くことができないことは明らかだったと思われます。それに，ショートパンツに付着した精液から X とは別の男性の DNA 型が検出されていたことは大きな謎であったはずです。しかし，1 審は，これらの疑問にほとんど何も答えないまま，被害女性の供述をただただ信用できるとしたのです。ショートパンツに付着した精液の DNA 型に

90

■クローズアップ①　DNA型鑑定の魔力は克服されたか

関する鑑定結果は，必要性がないとして証拠とすることが認められず，審理の対象とすらなりませんでした。なぜ，そのような偏頗な判断が行われたのでしょうか。ここにこそ，DNA型鑑定のもつ魔力，その恐ろしさが出ているように思われてなりません。女性の胸部に付着した唾液からは，XのDNA型が検出されていました。それは，確かに，Xの犯人性を推測させる1個の有力な証拠ではありました。そこからは，XとGが何らかの形で接触を持ったことは否定できないように思われます。しかし，そこまでのことはいえても，それは，強姦という犯罪事実に関しては，決定的なものではありません。裁判所は，胸部から検出されたDNA型とXのそれとの一致を過大に評価してしまったといえるでしょう。つまり，一部のDNA型が一致したということで，もうそれだけでXは犯人に間違いないと結論を出してしまっていたということです。その他の事実は，その結論に合わせて都合よく解釈されてしまいます。心証のなだれ現象(※)といわれることもありますが，DNA型鑑定の場合は特に注意が必要です。基本に立ち返って，そのDNA型鑑定が証明する射程（本件であれば，Gの胸部に対して何らかの接触があったということにとどまります）をしっかり見極める必要があります。その上で，もっともっとXの声に耳を傾け，慎重にGの供述の信用性を検討すべきでした。残念ながら，東電女性社員殺害事件の悲劇は，この事件の処理にあたって教訓とはなりませんでした。

（※）心証のなだれ現象

　秋山賢三氏は「心証のなだれ現象」につき，次のように説明しています。

　「被告人が無罪を主張し，犯罪の成否が徹底的に争われる事案につき，裁判所が判決言渡に至るまでの道程はそれぞれに多様であるが，ここで取り上げたいのは，積極・消極両証拠が入り乱れ，鑑定等の証拠も錯綜している事件，すなわち刑事裁判で最も難しい難件につき判決が言い渡される過程についてである。

　例えば，激しく争われる4つの争点があるとき，裁判官個々ないしは合議体において，1ないし3の各争点についてはどちらとも決し難い『浮動的な心証』に過ぎなかったところへ，ある有力又は確実と思われる『4の争点』に関する物証又は鑑定が登場したとき，裁判官もしくは合議体が，この『4の争点』につき当該証拠に依拠して事実を確定する一方，それだけでなく他の『1ない

第4講　科学的証拠

し3の争点』についても一挙に有罪方向で，心証がいわば『なだれ現象的に固まる』ことがある。

　この場合，もし，右『4の証拠』に関する証拠が捏造されていたり，鑑定が誤っていたりした場合，冤罪が発生する。」

　──秋山賢三「『なだれ現象』と証拠構造論」『庭山古稀祝賀記念論文集』313頁（現代人文社）。

4．弁護人の活動

　ところで，弁護人として大切なことは，DNA型鑑定の識別能力における精度の高さに目を奪われることなく，批判精神を失わないことでしょう。具体的には，その鑑定が正しく行われたのかという点の徹底的な吟味・検証と，その鑑定結果が立証する射程範囲を明確にすることです。1審では，その努力はどちらも，「DNA型鑑定の魔力」という強大な壁に阻まれてしまいましたが，控訴審ではみごとにリベンジを果たしました。弁護人の重要な役割は，裁判官をはじめとする関係者を「DNA型鑑定の魔力」から解き放ち，「通常」レベルの立証（合理的な疑いを残さない程度に立証されているか否か）の問題に引き戻すことのように思われます。裁判員裁判であれば，公判前整理手続の段階から，その点を何度も繰り返し根気よく訴え続ける必要があるでしょう。本事件はそのための格好の素材を提供しています。

●参考文献●

　[1]　伊藤俊介「新たに行われたDNA型鑑定で別人の型が検出され逆転無罪となった事例」季刊刑事弁護89号123頁。

　[2]　和田恵「虚偽を述べていた少女の供述を信用して事実を誤認した判決（前編，後編）」自由と正義67巻11号72頁，67巻12号72頁。

第 5 講
黙秘権の行使
——黙秘権行使は被告人に不利か

■札幌児童殺害事件

第5講

黙秘権の行使
― 黙秘権行使は被告人に不利か ―

■札幌児童殺害事件
（札幌高判平成14年3月19日判時1803号147頁，判タ1095号287頁）

> **判　旨**　（検察官の）所論には，被告人が黙秘し供述を拒否した態度をもっ
> て1個の情況証拠とし被告人の殺意を認定すべきであるとの趣旨が含まれてい
> るものと解さざるを得ない。そうだとすると，（中略）被告人の黙秘・供述拒
> 否の態度をそのように1個の情況証拠として扱うことは，それはまさに被告人
> に黙秘権，供述拒否権が与えられている趣旨を実質的に没却することになるの
> であり，その所論は到底受け入れることができない。

1．はじめに

　今回は，「札幌児童殺害事件」と呼ばれる事件をもとに，「黙秘権の行使と
事実認定」というテーマを考えます。これは，被告人が，公判廷などで，黙
秘権を行使して一切供述しなかったことを，被告人に不利益に有罪立証の資
料としてよいかという問題です。情況証拠論との関係では，間接事実として
使用することができるかという問題として捉えることができます。黙秘権を
保障した効果として，黙秘権を行使したことをもって法律上不利益に扱って
はならず，そこから黙秘したことを理由に，犯罪事実につき，被告人に不利
益に扱ってはならないというのが，一般的な理解ですが，素朴な経験論には
合わないという考え方は根強く，仮に法律上の問題として結着がついたとし
ても，現実的にその理念を貫くことはたやすいことではありません。この点

95

第5講　黙秘権の行使

は，職業裁判官だけでなく市民が参加するようになった裁判員裁判においては，とりわけ重要な問題として意識されるようになっています。そのような点も含めて，じっくりと検討したいと思います。

2．事案の概要

　昭和59年1月10日朝，札幌市在住の当時9歳で小学4年生の男子児童が，電話で呼び出され，行方不明となりました。被害児童の家族が警察に届け出て捜索が始まり，最後に児童の姿が目撃された付近のアパートに居住する女性（以下，Yといいます）から，その日の朝，被害児童がYの居室を訪ねた旨の情報がありました。この女性が被告人です。しかし，その後も児童の行方は知れず，それから4年を超える歳月が経過します。ところが，昭和63年6月19日，Yの嫁ぎ先の敷地内で人骨が発見され，それが被害児童の骨ではないかと疑われたことから，Yに対する捜査が始まりました。Yは任意の取り調べを受け，取調官に対して，児童の失踪に関与したことをほのめかすような供述をすることもありましたが，結局それ以上の進展はありませんでした。その後も捜査は続き，平成10年11月15日に至って，Yは，被害児童殺害の容疑で逮捕され，12月7日，「昭和59年1月10日，札幌市豊平区（以下略）所在のD荘2階1号室の当時のY方において，殺意をもって，不詳の方法により，被害児童を殺害した。」との公訴事実のもとに起訴されました。Yは，1審，2審を通じて黙秘の態度をとり続けます。

　1審は，Yに無罪を宣告しますが，その理由は，おおよそ，次のようなものでした。すなわち，上記の人骨片が当該児童のものであったこと，児童が呼び出された直後に当時のY方を訪れておりYが児童の最終接触者であること，Yが嫁ぎ先に転居するまでの間死体を手元に置き続けていることなどの諸事情に照らせば，Yがその手段や方法は特定できないものの，児童の死につながるなんらかの行為に及んだものと認定できる，しかし，児童の死因は特定できず，その犯行態様も特定できないのであって，被告人に児童を殺害する明確な動機が認められない事情の下では，Yが殺意をもって児童を死亡させたと認定するには，なお合理的な疑いが残る。以上です。

検察官は控訴し，殺意を立証する間接事実として，①児童が殺害された前後の物音，気配，②Ｙが救命措置を全く講じていないこと，③犯行当日の夜，児童の死体が入った段ボールを運び出したこと，④約４年間にわたり死体あるいは骨を隠匿し続けたこと，⑤児童の供養を行っていること，⑥ポリグラフの検査結果，⑦任意の取調べの際に，犯行に関与したことをほのめかすような供述を行っていること，⑧逮捕以来，捜査，公判を通じて一切説明も弁明も行わなかったこと，以上の８個の事実を主張しました。しかし，控訴審も，１審の判断を支持し被告人の無罪が確定しました。上記⑧の主張が本講のテーマに関係します。

3. 検　　討

(1) 黙秘権の行使

Ａ弁護士　本件は「札幌児童殺害事件」と呼ばれる事件です。事件の経過も特異なものでしたが，公判審理において，被告人が黙秘権を行使し，検察官の質問に対して，「お答えすることはありません」との答弁を繰り返した点でも世間の耳目を引きました。法理論の上では，このように被告人が黙秘権を行使したことを，事実認定において被告人に不利益に用いることができるかという問題を提起しました。この論点は従前から議論のあったところですが，これを否定するのが大方の考え方であったと思います。それにもかかわらず，検察官が，あえてこの点を持ち出した理由は何だったのでしょうか。もちろん，被害児童の死因が解明されず，殺意の立証が難渋を極めたという事情はありますが。

Ｂ弁護士　その点は，控訴審における検察官の主張を見れば分かるのではないでしょうか。検察官は，札幌高判昭和47年12月19日刑裁月報４巻12号1947頁（北大封鎖解除事件）を引用して，少し難しい表現になりますが，被告人に対して，説得・質問がなされた具体的状況の下での「具体的あり様」の持つ心証形成の効果として，他の証拠により形成された被告人が殺意をもって被害児童を死亡させたとする心証を一層強める関係にあるといっていま

97

第5講　黙秘権の行使

す。一度聞いただけでは，なかなか理解できませんよね。ここで，引用された札幌高裁の判例は，（当該事件の）被告人らが他の者らと共謀の上，火炎瓶を投擲するなどして放火したとの起訴にかかる事件に関するものです。1審判決が，「被告人，弁護人らから，以上の諸点について何の反証も提出されておらず，これらの各事実その他本件各証拠に現れた一切の状況に照らすと，被告人らとMの5名全員の共同意思に基づいて3階両階段のバリケードに対し火炎瓶を投擲するなどの方法によって放火したと認定するのに十分である。」と判示したことに対して，弁護人らは，反証を提出しなかったことを事実認定の資料としたのは，正当な黙秘権行使に不利益を課すことになり憲法38条，刑事訴訟法311条に違反すると主張したのです。

　Ａ弁護士　それに対して，控訴審はどのように判断していますか。

　Ｂ弁護士　控訴審である札幌高裁は，「以上の諸点について何の反証も提出されておらず」との部分は，単に「以上の諸点について何の反証もない」と述べているにすぎず，反証を提出しないという被告人らの消極的行為ないし態度そのものを積極的に総合認定の資料にしたものとは認められないから，黙秘権を認めた憲法38条，刑事訴訟法311条に反するものではないと判断しています。ここまでは，異論がないと思いますが，それに続けて，「本件のように，本館に立てこもった被告人ら5名が共謀してこれに放火したものではないかと事実上推定させる証拠が，検察官から数多く提出されており，しかも，建物内における被告人らの行動は弁護人の被告人に対する質問の方法によってこれを明らかにすることが容易である場合において，被告人らがあえてこれを明らかにしようとしないときには，右の事実上の推定がそのまま維持され，あるいは一層強められることになったとしても，それは，心証の働きとしてむしろ自然なことといえる。そして，このことは，いわゆる自由心証の分野に属する問題であって，（中略）被告人らの供述を強要するものではないから憲法38条，刑事訴訟法311条に触れるものでもない。」と判示したのです。検察官が主張したかったのはこの部分だと思われます。

　Ａ弁護士　後段は，いわゆる傍論のように見えますね。

　Ｂ弁護士　確かに，前段で，憲法違反，刑事訴訟法違反にあたらないと言い切っていますから，後段については，あえて論じる必要がなかったと思わ

れます。さらっと読むと，ああそうかということになるのですが，見逃せない点があります。それは，「建物内における被告人らの行動は弁護人の被告人に対する質問の方法によってこれを明らかにすることが容易である場合において，被告人らがあえてこれを明らかにしようとしないときには，右の事実上の推定がそのまま維持され，あるいは一層強められることになったとしても，それは，心証の働きとしてむしろ自然なことといえる」としているところです。事実上の推認がそのまま維持されるという点はそのとおりだといってよいと考えますが，それが一層強められるということになると，疑問を禁じ得ません。それが，例えば，立証の不十分さを補ったり，他の証拠の証拠価値（証明力）の判断において，被告人に不利に扱うことが可能であるという意味であるとすると，不利益推認の禁止といっても骨抜きになってしまいます。しかし，これはしてはいけないことですよね。

⑵　黙秘権の行使と弁解しないということ

A弁護士　私は，検察官がなぜ，この点を持ち出したのかといえば，被告人が本件につき一切弁解しなかったという点を重視したのだと思います。「殺人で起訴され，もし殺意がなかったのであれば，その点を弁解できるはずだ。その点を弁解しないというのは，弁解することにより，その点に関する供述の矛盾等が露呈し，自らが不利になるのを避けようとしたとしか考えられない。このように，弁解できるのにしないのは，被告人が殺意を持って児童を死なせたからであり，それが，明らかになるのを恐れているからなのではないか。そのことは，情況証拠として使用できるはずだ」と。

B弁護士　しかし，黙秘権は被疑者，被告人の重要な権利です。そうであるのに，その権利を行使すると自らを不利な立場に追いやってしまうというのでは，本当に権利を保障したことにはならないと思います。被告人質問というのは，刑事訴訟法311条に規定されていますが，その規定の仕方からも，供述するか否かは被告人の自由とされています。また，公判の初めに，裁判長は黙秘権を告げますが，そこでは，黙秘権を行使したからといって，被告人に不利になることはないと告げるのが通例です。そもそも，被告人は，法廷では，当事者主義の下に，一方当事者とされ，供述を強制される立場には

99

第5講　黙秘権の行使

ありません。

Ａ弁護士　確かに，そのとおりなのですが，自由心証主義の下で，その説明が心底から納得のいくものになっているでしょうか。このテーマにつき，改説される前の田宮裕氏は，「検察官は，論告で相手方の提出した証拠とその証明力に論評を加えることができるし，また，自己の証拠に矛盾がないことを説明することもできる。その場合，矛盾する唯一の証拠が被告人から出得るのに，それが出なかったことを，どうしてコメントしてはいけないのか。また，不応答はうしろめたいことがあるからだろうというのは，素朴な合理的な経験論である。この合理的な心証の働きを，どうして阻止しなければならないのか。とくにわが法の下では，被告人を証人台へのせないで供述させ，その供述を証拠にとってよい以上，その拒否もとっていいのは当然であろう。」と述べておられました。

Ｂ弁護士　そのような事実上の心証の動きに関して，そんなことはないはずだなどと断言できる自信はありません。権利だから，そのような心証を排除せよというのは，なかなか難しいですね。カレー毒物混入事件として有名な和歌山地判平成14年12月11日判タ1122号464頁も，その点に配慮したのだと思いますが，「黙秘権という制度は，むしろ黙秘に関する社会的な感覚を排斥し，それ以外の証拠関係から冷静な理性に従って判断することを要求していると解すべきであり，もし黙秘するのはそれが真実であるからであるという一般的な経験則があるとするなら，むしろそのような経験則に基づく心証形成に一種の制約を設けたもの（自由心証主義の例外）ととらえるべきものである。」と判示しています。

Ａ弁護士　田宮氏は，その後，説を改められ，学説のほとんどは，黙秘権の行使を事実認定上不利益に扱うことにつき，否定説に傾きましたが，皮肉なことに，黙秘権発祥の地といわれるイギリスにおいて，制限付きとはいえ，被疑者，被告人が黙秘したことを不利益推認に用いることができるとする法律（刑事司法及び公共秩序法）が成立したのです。この問題は，一見理屈の問題のようですが，現実的な治安情勢の悪化とか犯罪摘発の要請とか，社会の実態と結びついた問題のように思われます。

Ｂ弁護士　この点は，実感を伴うアプローチがないと強い説得力を持たな

100

いのではないでしょうか。犯人を確実に処罰しなければならないという実体的真実主義によって過酷な運命にさらされた者らの戦いのなかから，デュープロセスを重視する近代的な考え方が生まれたということは，多くの研究者らによって論じられています。このようにして生まれた黙秘権の歴史的な価値はいくら強調してもしすぎることはないでしょう。しかし，先ほどの根強い経験論に対しては，しっかり反駁しておかなくてはなりません。被告人が沈黙を守る動機・理由には様々のものがあるように思われます。自らの潔白を晴らすために真実を語ることが，処罰を受けるのと同じくらいあるいはそれ以上に辛い思いをするということもあり得ます。あるいは，自ら弁明するよりも，そのほか別の方法で無罪が立証されるのなら，その方法に希望を託すということもあります。例えば，被告人が口べたで十分に自分の潔白を説明し切ることに不安があり，逆に説明すれば説明するほど疑惑を招くと判断し，防御の方法として，あえて説明しないという方法をとることが考えられます。こういう，実質面についても強く訴える必要があります。

A弁護士　そのようなアプローチは考えられますが，それで大丈夫でしょうか。公判廷において，目の前で，こんな質問なら答えてもいいではないか，犯人でなければ容易に反論できるではないかと感じるような光景を見せられれば，そのような実質論も吹っ飛んでしまうのではないですか。それは止めようがないでしょう。それを直ちに，例えば間接事実の1つとして事実認定に供するということまではしないとしても，他の証拠の証拠価値の判断において，過大に評価するとか，総合判定の過程で，立証の足らざるところを暗黙のうちに補ってしまうとか，そのような事実上の効果まで止めるのは無理でしょう。

B弁護士　そのとおりです。そのためには，先ほどのような経験論に基づく予断を抱かせないようにする方策がぜひとも必要とされます。本事件における先ほどの検察官の主張には，黙秘権を行使したというよりも，検察官の質問に対して，弁解しなかったという点が強調されています。そもそも1審公判で，黙秘権を行使している被告人に対して，なんと合計400もの質問を次々と行うことを許したのですが，この点に問題があったのです。被告人が犯人でなければ，当然弁解してよさそうな質問に対して，あえて黙秘し続け

第5講　黙秘権の行使

る姿を，何度も何度も見せられれば，裁判員，裁判官らはどうしても悪印象を抱き，被告人に対する疑惑を深めてしまうのではないでしょうか。裁判員，裁判官らの心証は，自由心証主義の下，ブラックボックスのなかにあります。実際に，それがどのように心証に働いたかは，知る由がありません。このような被告人質問を許さないような方策が必要です。

　A弁護士　これまで，そのような議論はあまりされませんでしたね。被告人質問といえば，まず弁護人からの質問があり，そのあと検察官からの質問，裁判所からの補充質問と続くのが普通でしたし，これまでは，それほど疑問もなく行われてきました。刑事訴訟法311条2項は「被告人が任意に供述をする場合には，裁判長は，何時でも必要とする事項につき被告人の供述を求めることができる」と規定していますが，通説的理解としては，本条は，被告人に対し任意の供述を求めることができることを明らかにしたもの，とされています。つまり，裁判長や検察官らには質問権があるとされてきたのです。このような在りようは，被告人に公判廷において存分に弁解を尽くさせるという観点からも望ましいといえます。

　B弁護士　そのような運用が広く行われていることは事実です。しかし，そのような運用が行われているのは，被告人が，黙秘権を行使することなく，公判廷において供述する意思を有していることが通例であることを前提にしているのであり，被告人が，あらかじめ，公判廷では何も話さない，黙秘権を行使するという意思を明らかにしたときにはどのように対処すべきかという問題に対しては回答を出していないと考えます。そのような場合にまで，被告人質問を強行するのは，どう考えてもおかしいでしょう。これからの運用としては，被告人質問自体を行わないという選択を認めて行くことが大切だと思います。

　A弁護士　しかし，それは，被告人質問という折角の弁解の機会があるのに，その機会自体を拒否して何も話さないというように受けとられますから，あらかじめ申し出るとはいえ，それだけで，実質上被告人に不利益に働くことは否定できないのではないですか。これは，公判廷で，実際に被告人質問を受けて，それに対して何も答えないというのと，さほど変わらないように思いますが。

102

■札幌児童殺害事件

B弁護士 私は，それでも，現実に何も弁解しようとしない，何度も何度も答えられないと返答する姿を見せられるのと比べて，ずいぶん違うと思いますよ。そのためには，弁護人として，公判前整理手続などの審理計画策定の段階から，被告人質問を証拠調べに組み込まないための活動が必要となってくるでしょう。そのような活動の積み重ねを通じて，裁判実務のなかに，そのような審理形態が1つのスタンダードとして，定着していくことをめざしたいですね。

(3) 量刑について

B弁護士 もう1つ，黙秘権の行使に関して気になることがあります。それは，黙秘権を行使したことが量刑上不利益に扱われないかということです。

A弁護士 犯罪の成否を争った被告人について，犯罪事実が証明された場合に，黙秘権を行使したことを量刑上不利益に扱ってもよいか，という問題ですね。

B弁護士 多くの論者は，情状としてもこれを不利益に扱うべきではないといいながら，事実をありのままに供述し，反省・悔悟の態度を示していることはよい情状として考慮されるべきであり，それとの比較において，相対的に，刑が厳しくなることはやむを得ないとしていますね。一般論として，これが誤っているとは思いませんが，実質的に，不利な情状として扱われることはないでしょうか。表立って判決文には出てこない。しかし，実際の評議においては，罪を犯しながら，何も述べず，反省の言葉もなかった，厳しく罰するべきだ，という意見が間違いなく出てくると思うのです。これは，弁護人として，被告人質問を一切行わないというような審理計画を立てようとするとき，最も気になる点になります。最近は，被害者，被害者の遺族などが，例えば，被害者参加というような形で参加してくるケースも多く見られます。そのようななかで，被害者らの質問に対して被告人が一切何も語らないということは，裁判員らの心証を極めて悪くしてしまうような気がします。

A弁護士 評議は一種のブラックボックスといえますから，そのようなこ

103

第5講　黙秘権の行使

とがないとはいえないでしょうね。しかし，先ほどの，黙秘権を行使したこと自体を被告人の不利益に扱うべきでないという一般論が正しいとすれば，そのような観点からの反論もきっと出てくるのではないでしょうか。裁判官がきちっと説明すべき問題かもしれません。その点は，公正な評議を信じるほかないと考えます。これは，被告人質問の制度を採る日本の刑事法廷で，弁護人が一番頭を悩ます問題ですね。

　[B弁護士]　全くそのとおりです。否認している事件だけでなく，事実を認めていても，黙秘を希望する被告人はいます。そのような被告人に対して意に沿わない被告人質問が行われるとなると，事実認定に関して危惧したのと同じ問題が出てきそうです。当然答えてもよさそうな事柄について，あえて供述を拒否するような態度を何度も何度も見せられれば，それが，量刑に関して不利益に働かないはずがありません。ここにも，黙秘権を行使する被告人に対しては，そもそも被告人質問を行わないという審理をめざすべき理由があります。

研究ノート

◆黙秘権の行使と事実認定──新しい展開とは

⑴　問題点は何か

　このテーマは，被告人が黙秘権を行使したことを，事実認定において，どのように取り扱うべきか，という難しい問題です。いいかえますと，被告人が黙秘権を行使して何も語らないということを，犯罪事実の認定上，被告人に不利益に扱うことができるかという問題です。学説としては，否定説が通説といわれています。大方の考えは，黙秘権を保障した効果の重要な側面は，黙秘権を行使したことをもって法律上不利益に扱ってはならないことであるとし，その帰結として，黙秘したことを理由として，犯罪事実につき，被告人に不利益に心証をとってはならないとするのです。そして，反対の立場に立つ肯定説に対しては，黙秘したことを理由に，犯罪事実につき，被告人に不利益に心証をとってもよいと

■札幌児童殺害事件

いうのであれば，黙秘権の保障を実質的に骨抜きにしてしまうのではないかと主張します。これに対して田宮裕氏や青柳文雄氏からは肯定説が有力に主張されました[10][11]。例えば，田宮氏は，「検察官は，論告で相手方の提出した証拠とそのないことを説明することもできる。その場合，矛盾する唯一の証拠が被告人から出得るのに，それが出なかったことを，どうしてコメントしてはいけないのか。また，不応答はうしろめたいことがあるからだろうというのは，素朴な合理的な経験論である。この合理的な心証の働きを，どうして阻止しなければならないのか。とくにわが法の下では，被告人を証人台へのせないで供述させ，その供述を証拠にとってよい以上，その拒否もとっていいのは当然であろう。」と主張しました。しかし，その後，田宮，青柳の両氏は不利益推認を否定する方向に説を改め，現在我が国では，明確に肯定説に立つ立場の学説は見当たらないようです。判例も，札幌児童殺害事件に関する地裁，高裁の判決を含めて，学説同様，消極説に立って判断しています（札幌地判平13・5・30判時1772号144頁，判タ1068号277頁（札幌児童殺害事件1審判決），札幌高判平14・3・19判時1803号147頁，判タ1095号287頁（同事件控訴審判決），和歌山地判平14・12・11判タ1122号464頁（カレー毒物混入事件1審判決））。

学説，判例の状況は以上ですが，先述の田宮氏がいうような，素朴な経験論は根強く，公判廷での黙秘権行使を事実認定に用いてはならないとする理由を改めて確認しておくことが必要です。肯定説の発想（考え方）の根底には，自らに負わされた負罪については，自らが晴らさなければならない，という古い考え方が表れているように思われます。刑事訴訟法の歴史という点から見れば，実体的真実主義（なかでも必罰主義）の考え方が色濃く陰を落としているように思われます。すなわち，実体的真実主義というのは，刑事手続の最大の目的は実体的真実を明らかにすること，犯人を確実に処罰するということであるとする考え方であり，その立場からすれば，被告人の黙秘権，当事者としての立場は後退させられてもそれはそれでやむを得ないということになるのでしょう。しかし，近代において有力になった当事者主義，そしてデュープロセスを重視す

105

る考え方は，刑事手続は実体的真実を明らかにして犯人を処罰すればそれでよいというものではなく，それは何よりも公正な手続によって行われなければならないものとします。被告人は単なる証拠方法ではなく，訴訟の主体であり，訴訟追行を担う一方の当事者としての地位を有すると考えるのです。そのような地位を有する被告人が何も語らないのは，それがまさに被告人の権利（被告人として認められた自らの対処の仕方，自らの内心を暴露されないという点からはプライバシー権としても捉えられます）だからであり，その権利を行使したことをもって被告人に不利に扱わないことこそがまさしく正義にかなうということになります。

　さらに，素朴な経験論による推認が冤罪の危険をはらんでいるという実体的な観点からの理解と納得が重要となります。被告人が黙秘権を行使するについては様々な理由があるのであって，軽々にやましいことがあるからであろうとか，犯人だからであろうなどと短絡的に決めつけることは大変危険なことなのです。「事実は小説よりも奇なり」といいますが，まさにそのとおりです。デュープロセスということがいわれて久しいのですが，必ずしもそれが定着しているといい難い日本の状況からは，むしろこの説明のほうが説得力があるかもしれません。「実体的真実主義」は，犯罪を起こした者は必ず罰せられなければならないとする「積極的実体的真実主義」（必罰主義）によってではなく，無実の者はどんなことがあっても罰せられてはならないとする「消極的実体的真実主義」によって捉えられなくてはなりません。この理念は，「十人の罪人を逃しても一人の無辜（むこ＝無実のもの）を罪するなかれ」といった法諺（ほうげん）によって言い表されます。

(2)　黙秘権保障のための課題

　黙秘権を行使したことを，事実認定において被告人に不利に扱ってはならない（不利益推認を許さない）という考え方が，現在，大多数の支持を受けていることは疑いの余地はありません。

　しかし，現実の問題として，黙秘権を行使して何も言わないのは，やましいことがあるからだろうという素朴な経験論には，根強いものがあ

ります。現実に，質問者から次々と質問が発せられ，当然それくらいは
答えてもよいだろうと思われる質問に対し，全く答えようとしない被告
人を目の当たりにして，それに悪感情を抱くということはあり得ないこ
ととはいい切れません。質問を受ける被告人にとってみても，自らの黙
秘の態度が自分を裁く者に実際にどのように受け取られているのかを強
く意識しないわけにはいきません。そこでは，事実上，心ならずも質問
に答えることを強制されます。これでは，いくら黙秘権を保障するとい
ってみても，まさに絵に描いた餅となってしまうでしょう。したがって，
そのような状況を作らないための裁判所の訴訟指揮，法廷運営が必要と
なります [9]。

　裁判員裁判以前の事件になりますが，札幌児童殺害事件とカレー毒物
混入事件の法廷では，被告人に対して多数回にわたる質問が発せられま
した。「お答えできません」などと言う被告人に対し，検察官は一方的
に次々と質問を投げかけたのです [21]。どちらの事件においても，結論
的にはそのような被告人の黙秘の態度をもって被告人に不利益な事実と
して扱うことはできないとしていますが，そのような訴訟指揮自体は是
認したのです。しかし，検察官が，被告人が黙秘しているにもかかわら
ず，質問を継続した意図は明らかです。被告人が供述せざるを得ないと
感じて供述すればよし，もし供述しないとしても，1つ1つの事実につ
き反証がないことを確認するだけでなく，そのように何も答えようとし
ない態度を見せつけ，その異常性はまさに被告人が犯人であることを示
していると訴えようとしたのです。たとえ，それが情況証拠として，正
面から採用されないとしても，自由心証主義の下で，裁判官の心証にな
にがしかの影響を与えればそれで十分と考えたのではないでしょうか。

　そもそも，被告人をそのような窮地に追い込んだこと自体が問題とい
うべきでしょう。その点を批判的に捉えたのが，札幌児童殺害事件控訴
審判決です。同判決は，多数回の質問に対して何も答えようとしなかっ
た被告人の態度をもって1個の間接事実として捉え，被告人の犯人性及
び殺意を立証しようとした控訴趣意を排斥するとともに，同時に，その
ように多数回にわたって被告人質問を行うことを許容した訴訟指揮に対

第5講　黙秘権の行使

しても，「実際に被告人質問を実施してみて被告人が明確に黙秘権を行使する意思を示しているにもかかわらず，延々と質問を続けるなどということはそれ自体被告人の黙秘権の行使を危うくするものであり疑問を感じざるを得ない。被告人が黙秘する意思を明確に示しているのに検察官がこのような形で被告人質問を続行したのは，被告人の答えを期待したというよりは，被告人に対して次々と質問を行いその結果被告人がその質問項目に対して一切説明も弁明もしないという黙秘の態度が顕著になったとして，それを被告人に不利益な事実の認定に供しようとしたからであると解されるが，そのような形で被告人の黙秘の態度を取り扱うことができないことはすでに述べたとおりである。」と説示し，苦言を呈しています。

　黙秘権を行使する被告人に対して，あえて被告人質問を行うことは，被告人をまさに証拠方法として扱うものであり旧法下における被告人訊問が廃止された趣旨を没却するものとして許されないと解すべきです[19]。その後，重大事件については，裁判員が参加する裁判（裁判員裁判）が実施されることになりましたが，このように黙秘権を行使している被告人に対して被告人質問を行うことについては，この裁判員裁判の下において，より深刻な問題として，受けとめられなければなりません。というのは，黙秘権を行使したことをもって被告人に不利益に扱うことはできないという原理原則が，裁判員裁判において，自由心証主義の下，言葉どおりに期待することにはかなりの困難を伴うものと思われるからです。評議のなかで，裁判官から，被告人の黙秘の態度をもって犯人性の立証に使うことは許されないとの説明があったとしても，もし，裁判員が，審理の過程で，質問者の質問に答えず黙秘権を行使する被告人を目の当たりにして，それだけで被告人に対する悪感情を抱き，有罪ではないかとの心証を抱いてしまったとしたら，いったん抱いたその心証を変えることは容易ではありません。そして，それが，そのほかの証拠の検証に際して，その目を曇らせることがないという保障はないのです。

　したがって，被告人が黙秘権を行使し，弁護人側も被告人質問を行わないというのであれば，その点を公判前整理手続の段階において確認し

■札幌児童殺害事件

合い，証拠調べのなかでは，双方とも被告人質問は一切行わないという
審理スケジュールを立てておくべきでしょう。そして，裁判所は，公判
廷において，公判前整理手続の結果を顕出するにあたって，その事件の
証拠調べにおいては，被告人質問を行わないことを明らかにしておくこ
とが相当でしょう。裁判員裁判においては，当事者主義はより一層純化
されると考えられますから，このような法廷があっても，決しておかし
くありません。もとより，検察官が，被告人が黙秘して語らないことに
留意されたいなどと，裁判体に向かってコメントすることは許されませ
んし，もし，弁護人が弁論等において，被告人が黙秘権を行使している
ことを事実認定において不利益に取り扱うべきではない旨をコメントし
たいというのであれば，それを許可しない理由はないでしょう。また，
裁判体の評議の場面でも，裁判長（裁判官）が，不利益推認を肯定する
ようなコメントを行うことが許されないことは当然ですが，裁判員が黙
秘権の行使をもって被告人に不利益に心証形成することがありがちなこ
とにも照らせば，裁判長（裁判官）は，必要に応じて，不利益推認が許
されないことやその理由・根拠を分かりやすく説明して，黙秘権に関し
て裁判員の正当な理解が得られるよう努力すべきでしょう。

(3) 近時の裁判例と今後の展望

　ところで，裁判員裁判において，被告人が黙秘権を行使した事例がい
くつか報告されてきています（季刊刑事弁護79号の特集「黙秘が武器になる」
など）。ここでは，2件ほど紹介することにします。まず，1件目は，
車いす放火事件などと呼ばれる傷害致死被告事件（大阪地判平25・10・8
LEX/DB25502413, LLI/DB06850559）ですが，大阪市内の病院の病室内にお
いて車いすに結束されていた患者が何者かに火をつけられ，焼け死んだ
というものです[22]。別室の患者である被告人がその犯人として起訴さ
れました。被告人は犯人性を否定したのですが，捜査段階では黙秘し，
公判段階でも，弁護人からの被告人質問は行われず，検察官からの質問
に対しても「黙秘します」とだけ答え，黙秘の態度を貫きました。この
事件を担当した弁護人の説明によれば，①被告人の怒りっぽい性格，②

109

第5講　黙秘権の行使

検察官の犯人性の立証が不十分と考えられたこと，③被告人の供述が他の証拠と対比して検討されるとむしろデメリットが多いと考えられることなどを検討の上，被告人質問を行わないという弁護方針を選択したとのことです。その結果，目撃者3人の証言の信用性が否定され，被告人は無罪になったのですから，この弁護戦略は大成功を収めたといってよいのでしょう。なお，弁護人は，当初からそのような弁護方針を固めていたわけではなく，被告人質問の期日も予定されていたとのことですが，その後黙秘の方針が定まった段階で，裁判所，検察官にその旨申し入れました。その申し出を受けて，裁判所は，黙秘による不利益推認禁止についての説明文を作成し，弁護人らの了解のもとに，裁判員に示しました。しかし，検察官からはそれでも被告人質問を行いたいとの要請があり，弁護人は反対しましたが，裁判所は5分以内で10問程度の質問を許可したとのことです。このケースは，被告人の黙秘権行使の是非や裁判員に対する説明の在り方など実に多くの問題を含んでおり，大変参考になるものと思います。

　2件目は，著名な強盗殺人等被告事件で，被告人には，懲役20年に処せられた殺人の前科がありました[23]。1審では求刑どおり死刑に処せられましたが，控訴審はこれを破棄し無期懲役とし，最高裁も，控訴審の判断を維持しました（1審—東京地判平23・3・15刑集69巻1号73頁，判時2197号143頁，2審—東京高判平25・6・20刑集69巻1号82頁，判時2197号136頁，上告審—最〔2小〕決平27・2・3刑集69巻1号1頁，判時2256号106頁，判タ1411号80頁）。この事件は，裁判員裁判の死刑判断が覆ったという経過もあって，社会的に注目を集めたものです。被告人は，金品を強奪する目的で被害者方に玄関から侵入し，室内で昼寝をしていた被害者を包丁で突き刺して殺害したとの事実で起訴されましたが，犯人性が争われました。弁護人の説明によれば，弁護人は公判前整理手続の段階から，裁判所に対し，被告人が黙秘することを伝えたようですが，裁判所は，被告人の黙秘の意思を確認する限度であれば被告人質問は許されるとの見解を示し，被告人質問のための期日を設定し，実際にその期日において被告人質問を実施しました。その期日では，まず，検察官が事件

110

■札幌児童殺害事件

当日の被告人の行動につき20の質問を行い，弁護人はそれ以上の質問は黙秘権の侵害になり許されないと異議を申し立てましたが，裁判所は，「検察官は，被告人を犯人と考える根拠となっている事実につき弁解があるかという観点から質問すべきである」との注文をつけたものの，その続行を認め，さらに24もの質問が発せられました。被害者参加人からも4つの質問が発せられたとのことです。このとおりだとすれば，このような裁判所の措置は，被告人の黙秘の意思を確認する限度をはるかに超えていますし，被告人の黙秘権を実質的に侵害したものといわざるを得ません。裁判員らの抱いた悪感情には相当のものがあったと推測されます。前述のように，被告人は，1審では死刑に処せられましたが，控訴審，上告審では，死刑は回避され無期懲役とされましたから，同種前科があるとはいえ，死刑を回避することも十分可能な大変微妙な事案であったと思われます。被告人が黙秘権を行使したこと，裁判員らの面前で全く質問に答えようとしなかったことが，量刑に大きく影響したことは否定できないように思います。このような微妙な事案での弁護人の防御方針の立て方には，大変な困難が伴います。また，公判前整理手続の段階からの周到な準備が必要となります。裁判所についても，真に黙秘権を保障するための慎重な訴訟指揮が要請されることは当然でしょう。本事件の経過をレポートした弁護人は，後日，別の東京地裁の審理において，当事者席にいる被告人に黙秘権行使の有無を確認したのみで被告人に対する質問を1問も発しなかった事例を紹介していますが，本来そうあるべきではないかと思われます。

　ところで，上記の2つの事例を掲載している法律誌（季刊刑事弁護79号）には，弁護士に対するアンケート結果が紹介されていますが，そこでは，否認事件を中心に黙秘権を行使することに積極的な意見が多い反面，様々な理由で，黙秘を勧めることに躊躇するとの回答も多いことが示されています。さらなる事例の集積が必要でしょう（なお，以上の説明は，公判段階での黙秘権行使を念頭に置いています。捜査段階の黙秘については，捜査弁護の観点からさらなる検討が必要と思われます）。

第5講　黙秘権の行使

●参考文献●

[1]　白取祐司「〈判例評釈〉城丸君事件―札幌小4殺害事件」『刑事訴訟法の理論と実務』249頁（日本評論社）。

[2]　梅林啓「被告人が黙秘し供述を拒否した態度をもって1個の情況証拠とし，被告人の殺意を認定することは，被告人に黙秘権，供述拒否権が与えられていることを実質的に没却するとした事例」研修657号27頁。

[3]　原田國男「情況証拠による事実認定」『刑事訴訟法判例百選〔第9版〕』136頁（有斐閣）。

[4]　川出敏裕「被告人の黙秘と推認」『刑事訴訟法の争点』152頁（有斐閣）。

[5]　遠藤邦彦「黙秘権」『実例刑事訴訟法Ⅲ』203頁（青林書院）。

[6]　緑大輔「被疑者・被告人の『黙秘権』―その意味と射程」『刑事訴訟法入門』156頁（日本評論社）。

[7]　渕野貴生「黙秘する被疑者・被告人の黙秘権保障」季刊刑事弁護79号11頁。

[8]　白取祐司「〈和歌山毒入りカレー事件第1審判決〉事実認定上の論点についての考察」法律時報75巻3号72頁。

[9]　門野博「黙秘権の行使と事実認定」『刑事事実認定の基本問題〔第3版〕』239頁（成文堂）。

[10]　田宮裕「被告人・被疑者の黙秘権」『刑事訴訟法講座(1)』83頁（有斐閣）。

[11]　青柳文雄ほか『註釈刑事訴訟法(3)』258頁〈青柳文雄執筆部分〉（立花書房）。

[12]　松尾浩也「黙秘権と自白法則との区別について述べよ」『刑事訴訟法の基礎知識』166頁（有斐閣）。

[13]　三島聡『刑事法への招待』第4講・第5講，39頁（現代人文社）。

[14]　小早川義則「黙秘権行使と不利益推認の禁止―アメリカ法を中心に―」井戸田侃先生古稀祝賀論文集『転換期の刑事法学』435頁（現代人文社）。

[15]　小早川義則『デュープロセスと合衆国最高裁Ⅳ―自己負罪拒否特権，（付）セントラルパーク暴行事件』（成文堂）。

[16]　井上正仁「イギリスの黙秘権制限法案(1)，(2)」ジュリスト1053号39頁，1054号88頁。

[17]　青山彩子「イギリスにおける『黙秘権の廃止』立法について」警察学論集48巻12号111頁。

[18]　石田倫識「被疑者の黙秘権に関する一考察―イギリス黙秘権制限立法を手がかりに―」九大法学86号107頁。

[19]　石田倫識「刑事判例研究」九大法学88号139頁。

[20]　石田倫識「被疑者・被告人の防御主体性―黙秘権を手掛かりに」『刑事司法を担う人々』52頁（岩波書店）。

[21]　笹森学「お答えすることはありません」自由と正義53巻8号11頁。

[22]　山本了宣「被告人質問での黙秘を選択した過程」季刊刑事弁護79号37頁。

■札幌児童殺害事件

[23] 宮村啓太「裁判員裁判公判での黙秘をめぐる手続経過」季刊刑事弁護 79 号 35 頁。

第6講
類似事実による認定
──「予断」と「偏見」を排除する

■カレー毒物混入事件

第6講

類似事実による認定
— 「予断」と「偏見」を排除する —

■カレー毒物混入事件
（大阪高判平成17年6月28日判タ1192号186頁）

> **判　旨**　起訴されていない被告人の犯罪事実を立証することは，裁判所に不当な偏見を与えるとともに，争点の混乱を引き起こすおそれもあるから，安易に許されるべきではないが，一切許容されないものではなく，特殊な手段，方法による犯罪について，同一ないし類似する態様の他の犯罪事実の立証を通じて被告人の犯人性を立証する場合など，その立証の必要性や合理性が認められ，かつ，事案の性質，審理の状況，被告人の受ける不利益の程度等に照らし相当と認められる場合には，許容されると解するのが相当である。

1. はじめに

　起訴された犯罪事実と類似する前科や余罪などにより立証することを「類似事実による立証」といい，英米の証拠法は，このような立証は，「悪性格の立証」として，原則として許さないとしています。我が国でも，法律的関連性が認められず，証拠能力がないとされています。しかし，「類似事実による立証」であっても，「悪性格の立証」を経ない場合には，例外的に証拠として許容される場合があるとされ，いかなる場合に，許容されるのかが議論されています。「悪性格の立証」の最大の問題は，判断者に予断を与えるということですが，一般市民が参加する裁判員制度の実施に伴い，従前にもまして，その問題の重要性が大きくクローズアップされています。本事件は，

117

第6講　類似事実による認定

世間の耳目を集めた重大事件でしたが，類似事実による立証が重要なテーマになりました。本事件では最高裁の判断は示されませんでしたが，その後，平成24年，25年と，立て続けに，現住建造物等放火事件等において，前科等の類似事実による立証につき重要な判断が示されました。今回は，このようなテーマにつき検討することにします。

２．事案の概要

　平成10年7月25日夕方，和歌山市内で行われた夏祭りにおいて，そこに提供されたカレーを食べた住民67人が腹痛や吐き気を訴えて病院に搬送され，4人が死亡しました。当初食中毒や青酸中毒が疑われましたが，さらなる調査の結果，亜砒酸の混入が認められ，殺人事件として捜査が行われることになりました。これが，世間を騒がせた標記のカレー毒物混入事件です。和歌山毒カレー事件，和歌山カレー毒物混入事件などともよばれます。

　被告人は，同年10月4日，別の詐欺事件等の容疑で，元シロアリ駆除業者の夫とともに逮捕されました。そして，同年12月9日，このカレー毒物混入事件の被疑者として再逮捕され，同年末の12月29日，カレー毒物混入事件にかかる殺人，同未遂と保険金詐欺目的で夫及び知人らに砒素を摂取させて殺害しようとしたとされる殺人未遂（4件），それに，保険金詐欺（4件）の事実によって起訴されました。しかし，これらの事件すべてにおいて，被告人の自白や目撃者の供述などの直接証拠はなく，情況証拠のみによって各犯罪事実を立証できるかという点が究極の争点となりました。検察官は，カレー内の亜砒酸と被告人宅等で収集された亜砒酸との同一性，夏祭り当日のカレー鍋周辺の人の動きなどに加えて，起訴していない被告人が保険金目的で砒素を人に使用したとされる7件の砒素使用事案，同じく起訴していない保険金目的で人に睡眠薬を飲ませたとする12件の睡眠薬使用事案などについても立証活動を展開します。その結果，膨大な審理が行われることになったのです。1審は，保険金目的の殺人未遂1件を無罪としたものの，そのほかの起訴事実をすべて認定して，被告人を死刑に処しました。被告人は控訴しましたが，控訴審はこれを棄却し，上告審でも，それらの判断は維持され

118

ました（和歌山地判平 14・12・11 判タ 1122 号 464 頁，大阪高判平 17・6・28 判タ 1192 号 186 頁，最〔3 小〕判平 21・4・21 裁判集刑 296 号 391 頁）。

ところで，カレー毒物混入事件において，1 審が，被告人の犯人性を認定するにあたって根拠とした事実は，「①カレー鍋に混入された亜砒酸は，製造段階が同一の被告人宅台所から発見された紙コップに付着していた亜砒酸または被告人の知人宅等から収集された亜砒酸のいずれかが夏祭り会場から発見された紙コップを介して混入された蓋然性が高いこと，②カレー鍋に亜砒酸が混入されたのは被告人がカレーの見張り当番をしていた時間帯である蓋然性が極めて高く，被告人はその間にガレージで 1 人になったことがあること，③被告人は本件でカレー鍋に混入された蓋然性が極めて高い亜砒酸を容易に入手し得る立場にあり，被告人の周辺で，自宅台所の排水溝や麻雀部屋のほこり，被告人の髪の毛から砒素が検出されたこと，④被告人はカレー毒物混入事件以前に保険金目的で人に砒素を摂取させたことがあること」などです（このような判断は，上訴審においても，おおむね支持されています）。

論点は多岐にわたりますが，この審理を通じて大きな問題となったのが，「被告人の犯人性」立証のために，起訴されていない犯罪事実（余罪）を立証することが許されるかという問題でした。1 審は，上記の砒素使用事案 7 件，睡眠薬使用事案 12 件について，これらすべての立証を許可しました。この判断の是非は上訴審でも争われましたが，冒頭の判示は，この判断を肯定した大阪高裁の判断です。

3．検　　討

(1)　「悪性格の立証」とその例外

A弁護士　本件カレー毒物混入事件（以下，「カレー事件」といいます）においては，起訴されていない犯罪事実が類似事実として被告人の犯人性を立証する証拠として用いられました。しかし，類似事実により犯人性を立証することは，英米法においては，一般的に，「悪性格の立証」として許されないとされ，日本においても，法律的関連性がないなどとして，証拠として使用す

第6講　類似事実による認定

ることについては，制限的に考えられてきました。英米法においてこのような法理が発達した理由は何でしょうか。

　B弁護士　英米法では，陪審制裁判の下で，陪審員に対し犯罪者であるという予断を抱かせないようにとの要請が強かったのではないでしょうか。職業裁判官は，たとえ前科を有している被告人であっても，そのことから直ちにその被告人が起訴にかかる犯罪を行ったと推認することはないと思われます。しかし，職業裁判官でない一般市民の場合には，それだけで，犯人だと推測してしまうことだってあり得ます。そういう危険を回避するという意味が大きかったと考えられます。そもそも，「悪性格の立証」は，通例，二重の推認過程を経ており，その推認力はそれほど強いものではありません。ところが，その点は十分理解されず，その証拠価値が過大視されすぎる傾向があります。

　A弁護士　確認ですが，二重の推認過程というのは，まず，性格証拠からある人物が特定の性格を有していると推認し，次に，その特定の性格からその人物が特定の犯罪を行ったと推認する（例えば，被告人に盗癖があるということから，ある特定の窃盗犯罪を行ったと推認する）ことを示しているということでいいですね。

　B弁護士　そのとおりです。どちらの推認過程も不確かなものです。このような不確かな推認を二重に行っているところから，誤った事実認定に導く危険性が高いと考えられています。以上を整理すると，「悪性格の立証」は，推認力が弱いにもかかわらず，犯罪者であるとの不当な偏見によって被告人を犯人だと推認させてしまう危険性が高いため，予め証拠から排除しようと考えられたということです。「類似事実による立証」に関しては，以上のような「悪性格の立証」にあたるということのほかにも，争点を拡散し混乱を招く，証拠の提出，相手方の反対証拠の提出の繰り返しにより時間が浪費される，不公正な不意打ちの危険があるといった点も問題点とされており，これらの点も検討しなければなりません。しかし，偏見による事実誤認の危険が一番の問題であることは間違いありません。

　A弁護士　ところで，カレー事件においては，例外的に起訴されていない犯罪事実によって被告人の犯人性を立証することが認められました。控訴審

は，冒頭のように，「特殊な手段，方法による犯罪について，同一ないし類似する態様の他の犯罪事実の立証を通じて被告人の犯人性を立証する場合など，その立証の必要性や合理性が認められ，かつ，事案の性質，審理の状況，被告人の受ける不利益の程度等に照らし相当と認められる場合には，許容される」と判示したのです。さらに，本事件ののち，最高裁は，前科による立証が問題になった事案において，結論としては，その立証を許さなかったのですが，前科に係る犯罪事実が顕著な特徴を有し，かつその特徴が証明対象である犯罪事実と相当程度類似している場合には，それ自体で両者の犯人が同一であることを合理的に推認させるところから，このような立証を許すことができるとの一般論を述べました（最〔2小〕判平24・9・7刑集66巻9号907頁。以下「24年判例」といいます）。さらに，最高裁は，前科事実に加えて併合審理されている他の犯罪事実による立証が問題になった事案においても，同趣旨の一般論を述べています（最〔1小〕決平25・2・20刑集67巻2号1頁。以下「25年判例」といいます）。

B弁護士　もともと英米法においてもこのような例外は認められていたようですし，学説も「特殊な手口」を持つ同種前科の存在により被告人の犯人性を立証する場合を例外としています。そうすると，これは目新しい判断というわけではありませんね。しかし，これは「悪性格の立証」とどこが違うのでしょうか。どこが違うから，例外だとされているのでしょうか。

A弁護士　「特殊な手口」など顕著な特徴を有する場合には，その手口の特殊性から，経験則上，その特定の人物以外の者がその特殊な手口を用いて犯行に及んだとは考えられないという思考回路を通じて犯人性を推認するのだと解されます。この場合，犯罪性向といった人格評価を介在させることがなく，客観的な手口と手口の比較に特化して推認しているので，不確かな推認過程を経ることがありません。ここに違いがあるのではないでしょうか。これは確かな推認なのです。

B弁護士　そうすると，どのような場合に，「特殊な手口」として認めてよいかという点を考えるについても，そのような観点から考える必要がありますね。高度の類似性が要求されるわけですね。こう見てくると，24年判例と25年判例は，「灯油を散布する」という方法は放火の手口として特殊な

121

第6講　類似事実による認定

ものとはいえないとして，それによる例外的な類似事実（前科）による立証
を否定しましたが，その理由も納得できます。それとの対比でいうと，本件
の砒素の使用が，「特殊な手口」といってよいでしょうか。

　A弁護士　私は，砒素に関しては，「特殊な手口」と考えることに異存あ
りません。24年判例，25年判例の場合の放火の手口に比べても，はるかに
特殊性が高いと思います。その行為が別人によって行われたとは考えにくい
のではないでしょうか。そのため，偏見を生む可能性は否定できないにして
も，証拠とすることを認めたのだと解されます。

　B弁護士　念のためですが，これは，被告人の所持していた，あるいは使
用したことがある「砒素」そのものが使用された（つまり，凶器が一致した）と
いう点から，犯人性を立証しようというものではありませんね。そうではな
く，「砒素を使用するという特徴的な事実」が「特殊な手口」にあたり，こ
れが類似していることから，ほかに同様の手口を用いる人物が考えにくい，
このように考えて犯人性を立証しようとしているのですね。そうだとして，
砒素を用いて，他人を無限定に殺傷しようという人物がほかにいないといい
切っていいでしょうか。

　A弁護士　やはり稀有な事例であって，他の人物が同様のことを行うとは
考えにくいといえます。そういい切れるかといわれますと，抽象的には，砒
素を隠し持った愉快犯的な犯人がいて，その人物が突発的に関与したという
ことも考えられないわけではありませんが。しかし，本件のケースでは，被
告人が，その現場にいて，混入させることが日時や場所的に可能な状況があ
ったのです。このような具体的な可能性の有無とか，そのほかにどのような
人物に可能性があったかあるいはなかったかなどといったその周辺の事実を
総合して，その推認力の強弱を検討することができます。

　B弁護士　私は，今の点は，証拠として採用してよいかどうか，つまり証
拠能力を付与してよいかどうかの問題としては，純粋に，特殊な手口の類似
性に特化して考えるべきだと考えます。今言われたことは，証拠として採用
したのちに，どの程度の推認力を持つかを検討する場面でのことだと思いま
す。本件は，余罪を立証するケースでしたが，前科なども含めて，それによ
って，裁判官らに予断と偏見を与えることが最大の問題であったはずです。

122

証拠として採用してよいかどうかは，そのような予断と偏見があっても，それ独自に高い推認力が認められるかどうかによって決するべきだと考えます。それ以外の要素を持ち込むべきではないのです。それに，睡眠薬を使用した余罪の立証を許している点などは到底理解できません。

A弁護士　1つだけ補足させてください。最終的に実際の推認力を確定するには，その特殊な手口に特化した推認力だけではなく，その他の周辺事実を総合する必要があります。それは，確かに，証拠として採用されたのちの，証明力判定の場面です。しかし，証拠としての採否を判断する段階においても，全く裸の「特殊な手口」というものは考えにくいのであって，最低限の関連情報はどうしても必要になってくると考えます。例えば，砒素に関していえば，そのような砒素がどこでどれだけ生産され，その地域においてどれだけ流通しているかとか，その地域の人がどれだけそれに触れる機会があるのかなど，つまりどれだけ特殊なものかを判定するための，あくまで一般的なものですが，このような最低限の情報は必要になってくるのです。

(2)　「予断と偏見」のほかに

B弁護士　ところで，類似事実による立証については，「予断と偏見」という問題のほかにも，いくつかの問題点が指摘されています。本件では，裁判所は，共同審理されている公訴事実のほかに，「類似事実」として，砒素を使用したり，睡眠薬を使用したりしているものを合わせて19件もの余罪の立証を許しているのですが，そのための立証，反証には大きなエネルギーを要したはずです。争点を混乱させ，本来立証すべき主要事実から目をそらせる結果となる危険，時間の浪費，審理の長期化，不公平な不意打ちの危険などの問題点が指摘されていますが，本件は，これらがすべてあてはまります。

A弁護士　この点に関しては，訴訟経済という言葉も使われることがありますね。裁判に使用できる時間は無限ではなく自ずと限界があると考えます。裁判員裁判を想定すれば，これは切実な問題となりそうです。

B弁護士　そういう言葉で説明されることもありますが，これは単なる経済とか効率とかで考えるような範疇の問題ではありません。むしろ，被告人

第6講　類似事実による認定

の人権問題として捉えるべきでしょう。裁判システムとしては，当事者対等といわれますが，現実には大きな力の差があります。審理する範囲が広がったとき，組織として対応できる検察はいいですが，それに比べて圧倒的に戦力的に劣る弁護側は，とても十全の弁護活動を行うことはできません。物量戦で負けてしまいます。経済力などの点で劣る被告人がそのために十分な弁護を受けることなく有罪となるのであれば，これはどう見ても人権侵害というべきであり，憲法違反でもあります。

　A弁護士　分かりました。しかし，このような問題は，法律的には，「必要性」の観点から絞りを掛けて行くのが実際的ではないでしょうか。そこまでやる必要があるといえるのかという観点から，つまり，バランスがとれているか否かの観点から判断するのです。本件でも，検察官から申請のあった余罪を全部立証させるということまで必要なかったのかもしれません。実際にはその一部しか使われなかったという現実もあります。

　B弁護士　いや，この点は，やはり「関連性」の問題，「法律的関連性」の問題として，証拠能力の段階で判断すべきです。必要性という観点では，実体的真実主義，真実発見の声に押されて，検察側の立証上の要請が優先され，許容されることが多くなりそうです。

(3)　証明力の問題として

　B弁護士　これまで検討してきたのは，証拠として採用できるか否かの「証拠能力」の問題としてですが，例外として証拠能力が認められたとしても，その証明力（証拠価値）がどのように判定されるかということは，その先の問題として別途存在するということになりますね。

　A弁護士　それは，そのとおりだと思います。仮に，余罪による類似事実の立証が許容され，立証手続に入ったとしても，その余罪への本人の関与が十分立証されないということもあります。また，手口の特殊性から推認力が高いとして立証に入ったものの，実際にはそれほどの特殊性が認められないことが明らかになるなどということもあり得ます。

　B弁護士　本件の場合，余罪による類似事実がどれほどの証明力を持ったのでしょうか。例えば，1審において立証に使用された事実は実際にはわず

124

かでした。また，最高裁は，職権判断のなかで，有罪認定の根拠事実として，1，2審が認定していたのとほぼ同様の間接事実を数点挙げていますが，1，2審が挙げていた類似事実の存在については特に言及していません。これは一体何を示しているのでしょうか。

A弁護士　1，2審の判決を支持しているところからは，類似事実に関する立証の結果を総合認定の1要素としていることは間違いないと思います。判決というのは，その心証過程のすべてを書き込むものではありませんし，事実審ではない最高裁が，その判断内容を詳細に書き込むということもないでしょう。ですから，そこに明示されていないとしても，実際には，大きな推認力を持った可能性はあります。むしろ，それを肌で実感しているからこそ，弁護人らは強くその証拠能力を争ったともいえそうです。

B弁護士　弁護人らが強く争っていたことは間違いありません。そうだとすると，なぜ最高裁は，あえてその点を明示しなかったのか，いささか気になります。最高裁が，その点を明示しなかったということは，類似事実というのはやはり推測の域にとどまる証拠であり，情況証拠としても1級の証拠ではない，ということを自認しているのではないでしょうか。

(4)　余罪と前科

A弁護士　カレー事件においては，「余罪」が類似事実として問題になりました。類似事実としては，そのほかにも，「前科」などが問題となります。むしろ，こちらのほうが広く知られているかもしれませんね。証拠として許容するか否かという点で，その間の扱いに違いがあるのでしょうか。「特殊な手口」の存在がその判断のキーポイントとすると，各種の類似事実の間に特段の差はないようにも見えますが。

B弁護士　確かに，「特殊な手口」の存在という観点からは，余罪であっても前科であっても大きな違いはないのかもしれません。しかし，問題はそれだけにとどまらないように思います。私は，これらのなかで特に問題となるのは，余罪立証の場合だと考えています。本件カレー事件がまさにそうでした。起訴されていないにもかかわらずわざわざ立証するのです。その犯罪を処罰するために審理したのではないと言い訳しても，現実に，法廷でその

第6講　類似事実による認定

事実が立証されてしまえば，その影響を排除して，量刑判断を行うことは実際上不可能です。そもそも，いったん不起訴となった事件を蒸し返すことは，防御力に劣る被告人側を圧倒的不利な状況に陥れます。余罪の数にもよりますがカレー事件などを見ればそれは半端なものではありません。組織的に動ける検察側はいいですが，通常は1人あるいは少人数で対応しなければならない弁護側は圧倒的に不利な立場に追い込まれます。捜査官側はきちんと資料を保管できますが，被告人側に有利な証拠は，もう散逸しているかもしれません。そのような負担の重い防御を強いる点でも大きな問題です。さらに，余罪は，何らかの事情でいったん起訴が相当でないと判断されたような事案を多く含みます。したがって，検察のもくろみどおり完全に立証されないこともありますが，それでもその審理の過程で被告人に関するよくない情報は確実に裁判所に届けられます。このような裁判所がいったん取得した被告人に関する悪情報を排除することはとうてい不可能でしょう。

　A弁護士　確かに，余罪など新たな立証を要する場面では，審理が複雑になることは避けられませんね。そこは，必要性の問題として，審理の状況などを十分考慮しながら総合的に判断すべきでしょう。私も弁護人の立場からは，多くの場合賛成しかねますが，どうしても，その立証が事案解明のために必要であるとすれば，これを一切許さないというのはいささか硬直すぎると思います。カレー事件などのような重大事件は，この問題の試金石といえるでしょう。

　B弁護士　本件カレー事件では，検察が立証を試みた余罪で実際に事実認定に使用されたものはそれほど多くはありませんでした。しかし，その余罪立証の総体のなかで，検察が得たもの，逆に被告人が失ったものがどれだけあるのか，検証するのは大変ですが，決して無視できないのではないでしょうか。

(5)　24年判例と25年判例

　A弁護士　平成24年，平成25年と立て続けに，「類似事実による立証」の許容性に関して，注目すべき最高裁判例が出されました（前掲「24年判例」及び「25年判例」）。いずれも放火事件に関するものですが，「24年判例」は，

■カレー毒物混入事件

前科等による類似事実の立証を認めませんでした。そして，「25年判例」は前科事実に加えて，併合審理されている他の犯罪事実による類似事実の立証を認めませんでした。「特殊な手口」という観点からは，確かに，本件カレー事件のほうが砒素を使用している点で特殊といえそうですが，このように厳格に判断するについては，最高裁の考え方に何か変化があったのでしょうか。

　B弁護士　例えば，「24年判例」は，前科証拠に関して，「前科に係る犯罪事実が顕著な特徴を有し，かつ，それが起訴に係る犯罪事実と相当程度類似することから，それ自体で両者の犯人が同一であることを合理的に推認させるようなものであって，初めて証拠として採用できるものというべきである。」と一般的な基準を判示しています。その点は，多くの学説等にも沿った判断ですが，その点を論理立てて明らかにしたという点では画期的なものだと感じています。当てはめの点でも厳格です。

　A弁護士　当てはめの点では，当該事案において，「窃盗の目的で住居に侵入し，期待したほどの財物が窃取できなかったために放火に及ぶということが，放火の動機として特に際だった特徴を有するものとはいえないし，また，侵入した居室内に石油ストーブの灯油を撒いて火を放つという態様もさほど特殊なものとはいえず，これらの類似点が持つ，本件放火の犯行が被告人によるものであると推認させる力は，さほど強いものとは考えられない」として，立証を許しませんでした。私は，カレー事件との違いは当てはめだけの問題で，従来からの判断が特別に変わったとは見ていなかったのですが。「25年判例」に関しても同じように考えていました。

　B弁護士　実は，カレー事件において，最高裁が類似事実に関して，何も触れていないことが少し気になっていました。大胆といわれそうですが，最高裁は，このカレー事件においても，類似事実として，この場合は余罪ですが，このように多くの事実の立証を許すことに疑問を抱いていたのではないかと推測しているのです。つまり，最高裁の考えが変わったというのではなく，すでにカレー事件の時にも，類似事実による立証には，「予断と偏見」を含めて問題が多いことを感じていたのではないかと考えているのです。

　A弁護士　そこまで深読みしたことはありませんが，具体的に，「特殊な

127

第6講　類似事実による認定

手口」の存否につき，否定的な事例を示したことの意味は重要で，実務に与える影響は大きいと思います。それに，判示のトーンからも相当限定的な方向に，厳格な方向に向かっているような感じを受けます。そこには，裁判員制度の実施に伴い，裁判員に予断と偏見を与えてはいけないというメッセージが込められているのではないでしょうか。

研究ノート

◆類似事実による犯罪立証はどこまで許されるか

(1)　悪性格の立証

　類似事実による立証というと，前科による立証がまず頭に浮かびますが，前科だけでなく，余罪も含めた類似事実の存在を立証して，それによって犯罪事実の立証に役立てようとする場合全般がその範疇に含まれます。このような類似事実による立証は，英米の証拠法においては，「悪性格の立証」として，原則許されないとされてきました（[4]ないし[6]，[13]）。つまり当該公訴事実を立証する目的で，被告人が犯した他の犯罪事実（前科，余罪）に関する証拠を提出することは，禁じられてきたのです。それは，そのような類似事実による立証は，多くの場合，被告人が他の犯罪事実（前科，余罪）に関わっていることから，被告人はそのような犯罪を行う「悪性格」を有していると推認し，その「悪性格」から当該公訴の対象となっている特定の犯行を被告人が行ったと推認するという2段階の推認過程を経ることになりますが，この推認はいずれも不確実であるにもかかわらず，一見強い推認力を持つように誤解されそのため誤った判断を導く可能性が高いと考えられているからです。そのほかにも，証拠調べに時間がかかりすぎるという訴訟経済上の問題や，いたずらに争点を拡散し混乱を招くといったことも，このような立証を許さない根拠とされています。

　日本でも，このような立証は，「法律的関連性」が認められないとして，原則として許されないものとされてきました。「法律的関連性」という

128

概念を，誤導のおそれが証拠価値を上回る場合の証拠能力の制限として採り入れたのは平野龍一氏ですが，「自然的関連性」と併せて「法律的関連性」という概念を用いて証拠能力の制限の問題を論じる考え方はその後多くの論者によって支持されてきました。そして，この類似事実による立証の是非についても，この「法律的関連性」によって判断するのが一般的となっています[9]。もっとも，前記のように，類似事実による立証を制限する要素としては，「証明力の弱さ」「誤導のおそれ」にとどまらず，「訴訟経済上の問題」や「争点の拡散」など「関連性」という枠内に収まりにくい要素も含まれていますので，これを無理に「関連性」の範疇に押し込めないで，「関連性」を主要な観点としながらも，証拠の許容性一般の議論のなかに解消しようとする考え方も有力に主張されています[11][12]。少し長くなりましたが，いずれにしても，「悪性格の立証」を許容しないという点では，意見の一致を見ているといえます。

　しかし，「類似事実」による立証の一番の問題は「悪性格の立証」ですから，「類似事実」による立証であっても，「悪性格」を経由しない場合などにおいては，例外的に，許容されることがあるとされています。その典型的なものは，犯罪の手口の特徴に類似性が認められるような場合ですが，そのような特徴点を比較対照できるのであれば，証明力も高く，誤った判断に導くおそれが少ないのではないかと考えられます。本件のカレー事件の1，2審の判断は，このような思考の下に，例外として，類似事実による立証を許した事例として位置付けられます。

　ところで，このカレー事件においては，証拠採否の段階で，悪性格の立証に関して，注目すべき判断が示されています（和歌山地決平13・10・10判タ1122号333頁）。これを紹介しておきましょう。検察官は，被告人がカレー鍋の見張りに赴いた際居合わせた主婦らの対応ぶりに反感を抱いて激高したことが事件の動機であると主張していました。そこで，被告人が殺人等を引き起こした内心的な原因を解明するとの目的の下に，「被告人が生命保険会社に勤務していた際に同僚に対し種々の嫌がらせをしていたことや被告人がある人物に少しずつ薬を飲ませて殺すつもり

第6講　類似事実による認定

であるなどと繰り返し発言していたこと等」を立証趣旨として，証人の尋問を申請しました。これは，犯罪には該当しませんから余罪というものではありませんが，一種の類似事実による立証であり被告人の悪性格を立証しようとするものです。これに関して，上記の決定は，当該証拠（証人）によって犯人性そのものを立証するのではなく，被告人の内心の原因を明らかにするのであれば，被告人の性格的側面に立ち入ることも許されないわけではなく，むしろ必要性が認められるとしながら，その反面，証明力の幅が大きいこと，偏見臆測を生んで事実認定を誤らせる危険があること，さらに，事実上，犯人性そのものの立証につながる側面が否定できないことから，慎重な判断を要するとしました。その上で，「本件立証趣旨での本件証人尋問は，有意的な関連性に乏しいもので，事実認定に対する影響力が乏しく，また性格の実像を反映しない危険性のあるつまみ食い的なものになってしまうおそれがある上，この悪性格の立証を許した場合には，不相当に反対尋問の範囲を広げ，弁護人にもこれに対する積極的な反証を許さざるを得なくなるなど，現在の審理状況にも照らせば，本件立証趣旨での本件証人尋問は，その必要性に疑問があるばかりか，むしろ弊害の方が大きいというべきである。」と述べて，当該証人につき，上記立証趣旨の尋問を認めないこととしました。証拠による推認力が弱いのに，各種の弊害が大きい点を論じています。

　ここでは，検察官は，被告人の内心の原因（動機）等を立証しようとしたというのですが，その過程全体を捉えてみれば，被告人がかつて同僚に対して攻撃的な行動に出たこと等があることから，被告人がそのような攻撃的な悪性格を有していることを推認し，その悪性格から当該公訴事実を行ったことを推認するという二段階の推認過程を経ることになりますから，結局は，禁止されている悪性格の立証そのものと考えることができます。

(2)　「24年判例」「25年判例」について

　最高裁は，平成24年と25年に，「類似事実による立証」に関して，重要な判断を示しました（前掲「24年判例」及び「25年判例」）。

130

■カレー毒物混入事件

「24年判例」の事案は，被告人が，被害者宅に侵入し，現金少々とカップ麺1個を盗み（食べ），その後被害者宅中央の居間に灯油を撒いて放火し，約1.1平方メートルを焼損したとして，そのほかの，住居侵入・窃盗とともに起訴されたものです。犯行時刻は，家人（被害者）が家を出た午前6時30分頃から，出火が覚知された午前11時50分頃までの間の5時間20分間とされましたが，被告人は，当日被害者宅に侵入し窃盗に及んだことは認めたものの，現住建造物等放火については自らの犯行であることについて一貫して否認しました。

検察官は，公判前整理手続において，間接事実の1つとして，本件の放火と被告人の前科である前刑放火の各態様が同じであり，前刑放火と同じ動機で本件放火に及んだものと推認できると主張し，前科についてその手口の特殊性，動機等を明らかにし本件犯行の手口の特殊性，動機等との類似性を立証するとして，前科に関する判決謄本，被告人の供述調書等多数の証拠を請求しました。検察官の主張によれば，前刑前科の手口に関する行動傾向の特殊性とは，放火の前に窃盗を試み，その大半において，侵入した室内に灯油を撒布して火をつけていること，犯行現場付近にあったストーブにある灯油を散布していること，ストーブのカートリッジを取り出してそのなかの灯油を散布していることなどであり，動機に関する行動傾向の特殊性とは，主たる動機が思うような金品が手に入らなかったことに対する腹立ちを解消するためであったことであるとされました。

1審は，本件放火及び前件放火は，いずれも特殊な手段方法により行われたものとはいえず，被告人の前科の立証を通じて被告人が本件放火の犯人であることを立証することが許される例外的な場合に当たらないなどとして，判決謄本を情状関係の証拠として採用したほかはすべて却下したのです（そして，判決では，この件に関して，無罪としました）。しかし，2審（東京高判平23・3・29判タ1354号250頁）は，1審の判断とは異なり前科の現住建造物等放火と本件現住建造物等放火は，各放火の手段方法が特殊であるなど顕著な特徴を共通しており，被告人との強い結びつきが認められるから，本件は，前科による犯人性の立証が許容される場合

131

第6講　類似事実による認定

に当たるとして，原判決を破棄し事件を原審に差し戻しました [13][14]。

　これに対して最高裁は，「前科証拠は，単に証拠としての価値がある
かどうか，言い換えれば自然的関連性があるかどうかのみによって証拠
能力の有無が決せられるものではなく，前科証拠によって証明しようと
する事実について，実証的根拠の乏しい人格評価によって誤った事実認
定に至るおそれがないと認められるときに初めて証拠とすることが許さ
れると解するべきである。本件のように，前科証拠を被告人と犯人の同
一性の証明に用いる場合についていうならば，前科に係る犯罪事実が顕
著な特徴を有し，かつ，それが起訴に係る犯罪事実と相当程度類似する
ことから，それ自体で両者の犯人が同一であることを合理的に推認させ
るようなものであって，初めて証拠として採用できるものというべきで
ある。」との一般的判断を示した上，当該事案において，「窃盗の目的で
住居に侵入し，期待したほどの財物が窃取できなかったために放火に及
ぶということが，放火の動機として特に際だった特徴を有するものとは
いえないし，また，侵入した居室内に石油ストーブの灯油を撒いて火を
放つという態様もさほど特殊なものとはいえず，これらの類似点が持つ，
本件放火の犯行が被告人によるものであると推認させる力は，さほど強
いものとは考えられない。」などとして，1審の措置を正当として，2
審の判断を違法と判断しました [15]。以上が「24年判例」です。

　「25年判例」は，「24年判例」の事案と似通ったところがありますが，
被告人は，住居侵入，窃盗（窃盗未遂），現住建造物等放火等計20件で
起訴されました。被告人は住居侵入，窃盗のみが起訴された10件につ
いては事実を認めたものの，放火を伴う10件については，2件につい
ては全面的に認め，8件については放火の犯人性を否認したり，全面的
に犯人性を否認したりしました。1審は起訴事実すべてを有罪と認定し，
2審も事実誤認の主張を排斥して控訴を棄却しましたが，その判断のな
かで，被告人の前科に係る窃盗，住居侵入，現住建造物等放火の事実及
び被告人が自認している住居侵入，窃盗の事実から認められる被告人の
性癖，手口，態様に見られる特徴が，被告人が犯人性を争っている各事
実に一致することが被告人の犯人性を認める上での間接事実の1つとな

るとしました。

　これに対して，最高裁は，上記の判断について，職権で，前科証拠を被告人と犯人の同一性の証明に用いる場合の証拠能力についての「24年判例」の判示は，他の犯罪事実の証拠を被告人と犯人の同一性の証明に用いる場合にも同様にあてはまるとした上で，前科に係る犯罪事実や被告人の他の犯罪事実を被告人と犯人の同一性の間接事実とすることは，これらの事実が顕著な特徴を有し，かつその特徴が証明対象事実と相当程度類似していなければ許されないと判示し，当該事案において，原判決の指摘する性癖，手口，態様はさほど特殊なものでなく，顕著な特徴といえないなどとして，これらを間接事実の1つとすることは許されないと明言したのです [16] ないし [19] 。

　24年判例が，前科に係る犯罪立証について厳格に捉え，具体的事案においてそれを許さなかったのに続いて，25年判例は，併合審理された犯罪事実（類似事実）にまでこの趣旨を押し広げたものといえます。

　併合審理される犯罪事実（類似事実）については，前科による立証の場合とは異なり，前科の存在それ自体で人格的評価を低下させるといった危険性は低く，さらに，もともと審理の対象になっていることから不必要に審理が拡散してしまうといった問題がないということが一応指摘できます。しかし，その場合でも，「悪性格の立証」を経ることは避けられず，そこで生じる不当な偏見の危険がなくなるわけではありません。また，争点が拡散するという点についても，確かにその事実自体の立証という面では問題がないとしても，そこから，併合審理されている別事実に関して，性格，行動傾向等を立証するというのですから，それに対する反論，反対立証が（当該事実に対する反論，反対立証とは別に）予想され，争点の拡大がないとは言い切れません。前科と併合審理された類似事実によって扱いを異にすることはないとした「25年判例」は，十分に納得できます。

(3)　その他の推認について

(a)　強固な犯罪傾向に基づく推認

第6講　類似事実による認定

「被告人の犯罪性向が，単なる悪性格という程度を超えて，特定の状況下においては，自然反応的に一定の行為を行うほどに習慣化している場合には，そうした状況下で被告人が犯行を行ったという推認は，より確実性の高いものといえるから，同種前科を立証に供することも許される」との考え方が提唱されています[10]。（単なる悪性格ではなく）強固な犯罪傾向を有していることから犯行への推認の確実性が高まることによって，一般的には許されないとされる悪性格の立証における推認過程の問題点が克服されているということを根拠にします。この考え方によれば，顕著な特徴を有しない類似事実であっても，それが短期間多数回行われているような場合には，犯人性を推認することができることになります。

　しかし，この見解に対しては，2つの問題が指摘されています[6]。1つは，この見解の前提として，強固な犯罪傾向を有する者は，常に当該犯罪を行う可能性が高いという経験則が用いられており，そのような経験則が成立しているか否かが問われなければならないという問題です。確かに，いくら強固な犯罪傾向を有する者であっても，あらゆる状況下で，その犯罪傾向を発現させるとは考え難いですから，その者の犯罪傾向を発現させるにふさわしい状況下の犯行であることは立証されなくてはならないでしょう。もう1つは，一般的な悪性格と区別する（豊かな推認力を持つ）強固な犯罪傾向の存在をどのようにして認定するのかという問題です。個人の習慣に関する証拠を許容しているアメリカにおいては，習慣の有無に関して，「サンプル数の十分性」と「反応の統一性（犯罪傾向を発現させる条件となる「一定の状況」に対する反応が常に同じであること）」が指標になるとされていることから，これらの指標を踏まえての判断が必要ではないかといわれています。24年判例の調査官解説は，人格評価を介しての推認には，それ相応の科学的，医学的な裏付けが必要であり，現在の科学水準であっては，容易に想定できないとしています[15]。この見解も同様の観点に立脚するものと思われます。この「強固な犯罪傾向」というアプローチからの実践は，おそらく，プロファイリング的な立証ということになるのでしょうが，現段階でそこまで踏み

■カレー毒物混入事件

込むことについては，躊躇せざるを得ません。

(b) 他の事情の付加による推認

　類似事実を単独に１つの間接事実とみるのではなく，他の事情を付加することによって，その推認力を高めることができるとして，この観点から，類似事実を犯人性立証に使用することを可能とする考え方があります。この場合，特殊な手口というような顕著な特徴を有するとまではいえないとしても，被告人がある程度の特徴のある類似事実を，立証の対象となる犯罪事実と近接した時間や場所において行っているのであれば，その近接性から，別人によってその犯罪が行われたのではないかと推測する余地は小さくなります。特殊な手口の類似性によって立証する場合には，およそそのような犯罪が別人によって行われたとは考えにくいという思考過程をたどって犯人性を推認しているのですから，時間や場所による近接性を加えることによって，同様の思考過程がたどれるというのであれば，そのような，推認も可能となるでしょう。その推認力の高まりが，予断と偏見の弊害を上回ることになれば，その類似事実を証拠として使用することも許されてよいと解されます[5]。

　ただし，証拠として，総合認定に供するについては，これまでの検討過程で述べてきたのと同様の重要な前提問題があります。それは，あくまでも，上述のような推認過程（分析）を経た上で，時間や場所との近接性とをセットにして，総合認定に供するのであり，独立の間接事実として投入するのではありません。もし，上記のような分析抜きに独立の間接事実として投入するのであれば，それは，悪性格の立証と何ら変わらないものとなり，当初心配されていたような予断と偏見の弊害が現実のものとなってしまいます。この場合は，証拠能力を否定して，投入すること自体を阻止すべきでしょう。この点は要注意です。

(4) 情状立証の問題（手続二分論）

　以上の「類似事実による立証」の議論は，犯罪事実，とりわけ「犯人性の立証」に関するものでした。そこでは，悪性格の立証などの観点から厳しい制約がありました。その一方で，情状立証の関係では，悪性格

135

第6講　類似事実による認定

の立証（証拠の提出）は禁止されていません。最〔大〕判昭和41年7月
13日刑集20巻6号609頁は，余罪に関してですが，「起訴されていない
犯罪事実をいわゆる余罪として認定し，実質上これを処罰する趣旨で量
刑の資料に考慮することは許されないが，単に被告人の性格，経歴及び
犯罪の動機，目的，方法等の情状を推知するための資料としてこれを考
慮することは，憲法第31条，第39条に違反しない」としています。量
刑の関係で，被告人の性格，経歴，犯行の動機，目的等が考慮されるこ
とは当然であり，それを知るために前科等資料として取り上げられるこ
とは阻止することができません。しかし，刑責判定手続と量刑手続が区
分されていない我が国の刑事裁判手続を前提にすると，情状に関する証
拠として前科等の証拠が必要とされれば，有罪無罪の結論を出す前に，
それらが提出され取り調べられることになります。24年判例のケース
においても，これを犯罪事実の立証としては許さないとした1審も，情
状立証としては前科に係る証拠の取調べを許しました。しかし，そのこ
とが裁判所に予断と偏見を与え犯罪事実の認定に影響を及ぼすことは到
底否定できません。英米においても，量刑手続において悪性格の立証が
許されていますが，それは，刑責判定手続と量刑手続が明確に二分され
ていることを前提にしています。

　そこで，その影響を最小限にとどめる措置として，①「犯罪事実に関
しないことが明らかな情状に関する証拠」（刑事訴訟規則198条の3）とし
て，その取調べを犯罪事実に関する証拠の取調べとできる限り区別して
行うこと，②冒頭陳述での具体的な言及を禁止すること，③評議の冒頭
において，これらの証拠は，量刑のために提出されたものであり事実認
定には使用できないことを明確に説明してその理解を得ることなどの方
策が提唱されています[4]。これは，現状を踏まえれば大きな前進とい
えます。しかし，このような措置ではまだまだ不十分であるとして，予
断排除を徹底するために，英米法と同様に，刑責判定手続と量刑手続を
分離すべきであるとの手続二分論が強力に提起されるとともに，そのよ
うな法整備が整わない段階でも，裁判員裁判を契機に運用としてこれを
実施しようとの動きも見られます[20][21]。

■カレー毒物混入事件

●参考文献●

[1]　石塚伸一「和歌山カレー毒物混入事件最高裁判決の証拠構造と問題点」季刊刑事弁護59号90頁。

[2]　白取祐司「〈和歌山毒入りカレー事件第1審判決〉事実認定上の論点についての考察」法律時報75巻3号72頁。

[3]　豊崎七絵「和歌山毒物カレー事件―証拠と事実認定，故意，死刑」法学セミナー582号10頁。

[4]　伊藤雅人「類似事実による立証について」植村立郎判事退官記念論文集『現代刑事法の諸問題(1)』366頁（立花書房）。

[5]　古江頼隆『事例演習刑事訴訟法〔第2版〕』257頁（有斐閣）。

[6]　成瀬剛「類似事実による立証」『刑事訴訟法の争点〔新・法律学の争点シリーズ6〕』154頁（有斐閣）。

[7]　秋吉淳一郎「同種前科による事実認定」『刑事訴訟法判例百選〔第8版〕』134頁（有斐閣）。

[8]　辻裕教「同種前科による事実認定」『刑事訴訟法判例百選〔第9版〕』140頁（有斐閣）。

[9]　石井一正『刑事実務証拠法〔第5版〕』281頁（判例タイムズ社）。

[10]　川出敏裕「演習　刑事訴訟法」法学教室386号162頁。

[11]　笹倉宏紀「証拠の関連性」法学教室364号28頁。

[12]　緑大輔「証拠裁判主義」法学セミナー682号123頁。

[13]　佐藤淳「判例研究」研修756号17頁。

[14]　門野博「同種前科による公訴事実の立証を許さなかった原審の措置が違法とされた事例」刑事法ジャーナル31号83頁。

[15]　岩崎邦生『最高裁判所判例解説刑事篇（平成24年度）』275頁（法曹会）。

[16]　岩崎邦生『最高裁判所判例解説刑事篇（平成25年度）』1頁（法曹会）。

[17]　堀江慎司「類似事実による被告人と犯人の同一性の推認」『平成25年度重要判例解説』194頁（有斐閣）。

[18]　玉本将之「前科に係る犯罪事実及び前科以外の他の犯罪事実を被告人と犯人の同一性の間接事実とすることが許されないとされた事例」研修779号13頁。

[19]　正木祐史「前科以外の犯罪事実の犯人性立証への利用」法学セミナー702号114頁。

[20]　杉田宗久「裁判員裁判における手続二分論的運用について」原田國男判事退官記念論文集『新しい時代の刑事裁判』39頁（判例タイムズ社）。

[21]　青木孝之「裁判員制度と手続二分」『裁判所は何を判断するか』88頁（岩波書店）。

第7講
被害者の供述
──信用性吟味の困難性

■小田急線痴漢事件

第7講

被害者の供述
― 信用性吟味の困難性 ―

■小田急線痴漢事件
（最〔3小〕判平成21年4月14日刑集63巻4号331頁, 判時2052号151頁, 判タ1303号95頁）

判　旨　当審における事実誤認の主張に関する審査は，当審が法律審であることを原則としていることにかんがみ，原判決の認定が論理則，経験則等に照らして不合理といえるかどうかの観点から行うべきであるが，本件のような満員電車内の痴漢事件においては，被害事実や犯人の特定について物的証拠等の客観的証拠が得られにくく，被害者の供述が唯一の証拠である場合も多い上，被害者の思い込みその他により被害申告がされて犯人と特定された場合，その者が有効な防御を行うことが容易でないという特質が認められることから，これらの点を考慮した上で特に慎重な判断をすることが求められる。

　被告人は，捜査段階から一貫して犯行を否認しており，本件公訴事実を基礎付ける証拠としては，Ｇ（被害者とされる女性）の供述があるのみであって，物的証拠等の客観的証拠は存しない（被告人の手指に付着していた繊維の鑑定が行われたが，Ｇの下着に由来するものであるかどうかは不明であった）。被告人は，本件当時60歳であったが，前科，前歴はなく，この種の犯行を行うような性向をうかがわせる事情も記録上は見当たらない。したがって，Ｇの供述の信用性判断は特に慎重に行う必要があるのであるが，①Ｇが述べる痴漢被害は，相当に執ようかつ強度なものであるにもかかわらず，Ｇは，車内で積極的な回避行動を執っていないこと，②そのことと被告人のネクタイをつかんで下車を求めた被告人に対する積極的な糾弾行為とは必ずしもそぐわないように思われること，また，③Ｇが，成城学園前駅でいったん下車しながら，車両を替えることなく，再び被告人のそばに乗車しているのは不自然であることなどを勘案すると，成城学

141

第7講　被害者の供述

園前駅までにGが受けたという痴漢被害に関する供述の信用性にはなお疑いを
いれる余地がある。そうすると，その後にGが受けたという公訴事実記載の痴
漢被害に関する供述の信用性についても疑いをいれる余地があることは否定し
難い。

　※本判決には，那須弘平裁判官，近藤崇晴裁判官の補足意見，堀籠幸男裁判
　官，田原睦夫裁判官の反対意見があります。

1．はじめに

　今回のテーマは，「被害者供述」の信用性です。被害者の供述は，直接証
拠になることが多いのですが，事案によっては，客観的な証拠が得にくく，
ほとんど唯一の証拠といってよい場合があります。性犯罪といわれるものと
りわけ痴漢事件はその典型的なものです。その場合被害者の供述は決定的な
意味を持ちます。したがって，その供述が事実に反するものであっても，い
ったん犯人だと特定されたり，犯罪行為を行ったとされてしまうと，被告人
がそれに対して反論したり，防御することが極めて困難になってしまいます。
痴漢事件における被害者の供述には，このような特質があることから，その
信用性判断については，特に慎重さが要求されることになります。

2．事案の概要

　被告人は，通勤のため，事件当日の朝，小田急線車両に乗車し，被害女性
（G）も，通学のために，同車両に乗車していましたが，両人は，電車が，
成城学園前駅を発車して間もなく，満員の同じ車両のドア付近に互いの左半
身が接するようにして，向かい合うような態勢で立っていました。ところが，
Gは，本件電車が下北沢駅に着く直前，左手で被告人のネクタイをつかみ，
「電車降りましょう。」と声をかけます。被告人は「何ですか。」と声を荒げ
ましたが，それに対して，Gは「あなた今痴漢したでしょう。」と被告人を
問い詰めました。間もなく，電車は下北沢駅に到着し，2人は開いたドアか
らホームに押し出され，Gは，その場にいた同駅の駅長に対し，「この人，

痴漢です。」と訴えました。被告人は，駅長の静止を振り切って車両に乗り込みましたが，やがて，駅長の説得に応じて下車し，駅長室に向かうことになりました。

　被告人は強制わいせつの罪で起訴されました。被告人は，犯行を否定しましたが，Gは被告人から間違いなく痴漢被害を受けた旨供述し，1審，2審とも，被害者の供述は信用できるとして，被告人を有罪としました。しかし，最高裁は，冒頭判旨のとおり，3つの問題点を指摘して，痴漢被害を受けたというGの供述の信用性につき疑いをいれる余地があるとし，被告人が痴漢を行ったと断定するには合理的な疑問が残ると判断しました。そして，Gの供述の信用性を肯定した1審，2審の判断は是認できないとして，被告人に対し無罪を言い渡したのです。

3. 検　　討

⑴　上告審における事実誤認の審査

　A弁護士　この判決には，それぞれ2名の裁判官から，補足意見，反対意見が付されていて，事実認定をめぐって激しい意見の対立があったことがうかがわれます。

　B弁護士　「上訴審における事実認定の審査の在り方」という問題も絡みますので，最初にその点を検討しておいたほうがよいと思いますが。

　A弁護士　この点は，「当審（最高裁）における事実誤認に関する審査は，当審が法律審であることにかんがみ，原判決の認定が論理則，経験則等に照らして不合理といえるかどうかの観点から行うべきである」としていますが，この点自体には異論がなかったのではないでしょうか。

　B弁護士　確かに，その点に異論はなかったようですが，この上告審での審査は原判決の認定が論理則，経験則等に照らして不合理といえるかどうかの観点から行うべきであるとの点を強調すれば，明確な論理則，経験則が見当たらなければ，原審を維持すべきだということになります。つまり，いくつかの疑問点があって，公訴事実を認定するには「合理的な疑い」が残ると

第7講　被害者の供述

考えた場合であっても，明確な論理則・経験則違反を指摘できなければ，有罪の原判決を破棄することができないことになってしまいます。しかし，それでは「疑わしきは被告人の利益に」という大原則に抵触してしまいます。

　A弁護士　上訴審の審査について，論理則・経験則等違反があるかという観点から行うべきことは，どうしても譲れない点だと考えます。今，挙げられたような場合について原判決を破棄できるとすると，有罪の判断を無罪に変更する場合だけを別異に考えるということにならざるを得ません。しかし，それはダブルスタンダードを設けることであり，賛成できません。

　B弁護士　どうしても「合理的な疑い」が残るという場合には，やはり，原判決には「事実の誤認」があるとすべきであり，それが「判決に影響を及ぼすべき重大な」ものであって，「原判決を破棄しなければ著しく正義に反する」と認めるのであれば，原判決を破棄することができると考えるべきです。本判決の近藤裁判官の補足意見は，まさに，そのことを述べています。私は，事実誤認に関する審査については，有罪のものを無罪にする場合と，無罪のものを有罪にする場合とでは，判断基準に違いを設けてよいと考えています。もし，それがダブルスタンダードで好ましくないというのであれば，本判決（法廷意見）の，「原判決の認定が論理則，経験則等に照らして不合理といえるかどうかの観点から行うべきである」という表現の「等」のなかに，今のようなケースを含めるという道もあり，そう解釈すれば，統一的に理解できると思います。つまり，典型的な「論理則」「経験則」に限らず，我々が社会生活のなかで体得する広い意味での経験則ないし一般的なものの見方も「論理則，経験則等」に含まれると解するのです。これは，那須裁判官が補足意見で述べているところです。

　A弁護士　しかし，それでは，事実認定に関して，１審の判断を重視したことの意味は大きく薄れてしまいます。ダブルスタンダードを許すことには賛成できませんが，「論理則，経験則等」を広く捉えるという考え方にも賛成できません。本判決がいう「論理則，経験則等に照らして不合理」な判断というのは，論理則や経験則に反するかまたはこれに準ずる程度の不合理な判断をいうと理解すべきでしょう。ましてや，裁判員制度が始まって，事実認定に市民感覚を取り入れようとした制度の趣旨からいっても，事実認定に

144

関して，１審の判断に深く介入するのは避けるべきなのです。１審重視のためには，事実誤認の判断はあくまで厳格に捉えるべきです。

　　B弁護士　１審重視という点は理解できないわけではありません。しかし，つまるところは，公訴事実の真偽が不明であるときに，「事実審である１，２審の事実認定を維持すべきである」という命題と「疑わしきは被告人に有利に」という２つの命題がぶつかる場面で，上告審である最高裁がどちらに軍配を上げるかという問題だと思われます。論理則，経験則等違反を強調する考え方は，直接証拠に触れている１，２審の判断を尊重すべきではないか，よほどのことがなければ原審を維持すべきではないかという見地に立つわけです。私は，冤罪防止の観点から，「疑わしきは被告人に有利に」という刑事裁判の鉄則をここでも堅持すべきだと考えます。「有罪とした根拠である事実認定に合理的な疑いが残るのであれば，原判決を破棄することは，最終審たる最高裁判所の職責とするところであって，事後審制であることを理由にあたかも立証責任を転換したかのごとき結論を採ることは許されない」とする近藤裁判官の補足意見に大いに共感します。

　　A弁護士　最初から大きく意見が分かれてしまいましたが，さて，本件はこの点の理解の違いが結論を分けたといってよいのでしょうか。

　　B弁護士　いや，本件の判断が分かれた理由は，実は，そこにはないのではないでしょうか。実質的な対立点は，被害者供述の信用性における，被害者の供述心理などをめぐる経験則の違いではなかったかと考えています。自らが信じる経験則をもとに，それぞれが記録を精査検討していることがうかがわれ，実際には，関与したほとんどすべての裁判官が下級審の判断に大きく介入しているのです。そういう意味では，まさに，心証優先説さながらに，生の事実認定が行われたといってよいのではないでしょうか。このような最高裁の在り方は，人権救済の最後の砦の在り方としてむしろ好ましいものであったと思いますが。

　　A弁護士　それについて，一言だけ言わせてください。確かに，反対意見を述べた裁判官も，入念に記録にあたっていることがうかがわれます。しかし，それは，１，２審の事実認定に合理的疑いがあるという多数意見の主張に対して，対抗上とられたものでしょう。そのような検討の上で，論理則・

第7講　被害者の供述

経験則違反がないことを論じているもので，論理則・経験則違反説を放棄しているものではないと思います。

(2)　被害者供述の信用性

 B弁護士　それでは，被害者供述の信用性を検討しましょう。本件は，「犯人の識別」が問題になったというよりも，そもそも被害事実があったのか否か，被害者とされる女性が本当に被害にあったのか否かが問題になった事案ですよね。そういう場合でも，人違いである場合と同様，痴漢だと言われたが最後，なかなか防御しにくい立場に追い込まれてしまうのです。単純な行為態様ですから，供述内容の矛盾などを引き出して，事実に反する供述であることを示したりすることはすこぶる困難です。このような視点を持つことが重要だと思います。

 A弁護士　だから被害者の供述の信用性を判断するについてはよほど慎重でなければならないというのが本判決の多数意見ですね。それはそのとおりだと思います。しかし，どのように判断して行けば，文字どおり「慎重に判断した」ということになるのでしょうか。補足意見によれば，被害者の公判供述について，本件のような単純な類型の犯罪においては，「詳細かつ具体的」，「迫真的」，「不自然・不合理な点がない」などという一般的・抽象的な基準を用いて，虚偽，錯覚ないし誇張の存否を嗅ぎ分けることは容易でないとされています。しかし，そうだとして，では，これ以上のどのような事情が認められれば，その供述が信用できるということになるのでしょうか。証言台に立たされた被害者としては，誠心誠意記憶のとおりに供述し，その供述態度を裁判官等に見てもらうしか方法がないのではありませんか。まして，本件は，被害の有無が問題となっている事案です。何の理由もないのに，突然痴漢にあったと声をあげ，取調べに応じ，法廷にも出て，反対尋問にも耐えて供述し続けるということがあるでしょうか。そこで，何かしら，うその供述をしなければならないような特別の理由が出てこなければ，その供述を信用すべきであるということになりませんか。

 B弁護士　しかし，被害者がうそを述べる理由は千差万別です。それによって自らの失態を糊塗しようということもあるでしょうし，自分に関心を引

■小田急線痴漢事件

きたいとか，相手の態度に対する嫌悪感，その時の不安定な精神状態等々，いろいろのことがあり得るでしょう。いったんうそをついてしまえばなかなかあと戻りできないというのも人の常です。そのような諸々のことを立証しようというのは大変なことです。それなのに，そのようなことが通常ありますかなどと，まるで挙証責任を転換するかのように被告人側に反証を迫るのはどうみても酷です。

A弁護士　繰り返しになるかもしれませんが，本件で問題となっているのは，犯人の識別ではなく，痴漢被害にあったか否かという点です。このような場合，まだ学生の若い女性が，何もないのに，突然被害にあったと声をあげ，その上，法廷においても厳しい反対尋問に耐え，具体的かつ詳細に被害の状況を供述するというのは通常考えがたいですよ。それが一般常識であり経験則ではないでしょうか。決して被告人に酷な立証を負わせようということではなく，このような基本的な視点に立って，被害者の供述の信用性を判断すべきではないかということをいっているのです。

B弁護士　基本的視点ということであれば，多数意見は，この種の事件の被害供述は虚偽を含みやすく，供述内容の具体性や詳細さなどによってそれを見抜くことは困難であるという経験則に立脚しているということになります。多くの痴漢事件を見てきた弁護士は，今Aさんが言われたような単純な話でないことを体験しているのです。その上で，痴漢事件に関する多くの判決文を分析して，そこに見られるパターン化された表現に驚いています。それは，その証言が，①詳細かつ具体的か，②臨場感があり迫真的か，③被害者に虚偽告訴をする動機がないか，④供述内容が不合理・不自然でないか，⑤経験則に違背していないか，⑥主観的確信に満ちているか，以上の6点に集約できるようで，これを有罪認定の6要件などと呼んでいます。

A弁護士　この6点の判断のポイント自体，誠にオーソドックスなもので，決して揶揄されるようなものとは思いませんが。

B弁護士　いや，このような認定のパターン化を批判しているのですね。そのように批判的に見る目こそが必要だと思いますよ。しかし，先ほどAさんがいわれるような基本的視点を重要視する人も多いのではないかと思います。その人たちからすれば，今回の最判にはとうてい納得できないというこ

147

第7講　被害者の供述

とになるのでしょうね。

A弁護士　本判決に即して，もう少し具体的に考えてみたいと思います。本判決は，被害女性の供述をより慎重に判断すべきとの観点から，Gの供述に３つの疑問点があるといいます。①Gが述べる痴漢被害は，相当に執ようかつ強度なものであるにもかかわらず，Gは，車内で積極的な回避行動をとっていないこと，②そのことと被告人のネクタイをつかんで下車を求めた被告人に対する積極的な糾弾行為とが必ずしもそぐわないこと，③Gが成城学園前駅でいったん下車しながら，車両を替えることなく，再び被告人のそばに乗車しているのは不自然であること，この３点です。この３点は，それぞれ同じレベルの疑問といってよいのでしょうか。

B弁護士　判決は並列していますが，必ずしも同レベルの疑問というわけではないように思います。私は，③のたくさんの乗客がいたにもかかわらず，ドアから押し出されていったん離れた被告人とGが再び車両内に押し込まれたとはいえまたも痴漢行為が可能な態勢にまで接着した状態になったという点があまりに偶然すぎるような気がして疑問に感じました。それに，②の下北沢駅に着く直前に，被告人のネクタイをつかんで「電車降りましょう。」と言って糾弾したというのも，その年齢の女子高校生の言動としてはいささか激しいように感じます。Gは，「読売ランド前から乗車した後，左側ドア付近に立っていると，生田を発車してすぐに，私と向かい合わせに立っていた被告人が，私の頭越しに，かばんを無理やり網棚に載せた。そこまで無理に上げる必要はないんじゃないかと思った。」と供述しているようですが，そうだとすると，被告人が網棚にかばんを上げたその段階から，被告人を意識していたことが認められますし，その時の被告人の態度にかなりの悪感情を抱いていたこともうかがわれます。

A弁護士　堀籠幸男裁判官の反対意見は，それぞれについて，必ずしも不自然ではない旨を説明しています。例えば，多数意見が，①の痴漢の被害に対し回避行動をとらなかったことと，②の下北沢駅に着く直前に被告人のネクタイをつかむという積極的な糾弾行動に出たことがそぐわないとしている点に関して，「犯人との争いになることや周囲の乗客の関心の的となることに対する気後れ，差恥心などから短い間のこととして我慢していた性的被害

148

者が，執ように被害を受けて我慢の限界に達し，犯人を捕らえるため，次の停車場近くになったときに，反撃的行動に出ることは十分あり得ることであり，非力な少女の行為として，犯人のネクタイをつかむことは有効な方法であるといえるから，この点をもってＧの供述の信用性を否定するのは，無理というべきである。」と論じています。

　　B弁護士　これは，「疑わしきは，被告人の利益に」という刑事裁判の鉄則の，証人供述の信用性判断における応用問題のような気がします。本件のＧがうそを言っていると断言できるわけでは決してありません。法廷意見が指摘する３点も，それぞれについて，反対意見が示しているように別異の解釈が可能です。その点は，５名の裁判官それぞれにニュアンスの異なるいろいろな判断があったのだと思います。しかし，決め手となるような決定的な事実がないところで，そこに被害者証言の見方に違いが生じるのであれば，合理的な疑いが残るとして，前記の鉄則に従って判断するしかないということになるのではないでしょうか。

　　A弁護士　反対意見の立場からは，前述のように，よほど特別の事情がない限り，被害者が虚偽の被害申告を行い，法廷においても，厳しい反対尋問にも耐えながら具体的に詳細に供述を行うとは考えがたいというのがいわゆる論理則・経験則ということになりますから，①から③までの証言は，この論理則・経験則を揺るがすほどの疑問のある証言ではないという判断になるのだと思います。

　　B弁護士　今の点で，１つ言わせてください。具体的に，詳細に供述したということが出てきました。供述が迫真的だということもよくいわれます。しかし，那須裁判官が補足意見において指摘されるように，被害者が証人として出てくる過程では，通常警察官，検察官からのたび重なる取り調べがあり，また，証言の直前には，検察官から，記憶確認のためのいわゆるテストも受けているはずです。そのような経過をつぶさに見れば，その証言が詳細，具体的で，反対尋問にも耐えられるのはむしろ当然のことなのです。

(3) 客観的証拠について

　　B弁護士　ところで，本件では，客観的証拠はありませんでしたね。この

第7講　被害者の供述

点は，有罪認定に関して消極的要因とはなりませんか。弁護側は，当初より，被告人の手指に付着していた繊維の鑑定からGの下着の構成繊維が検出されなかったこと，また，Gの体液のDNA型鑑定が提出されないことに注目し，その点を，被告人の犯人性を弾劾する証拠として主張してきました。繊維鑑定においては，一般的に，①光学顕微鏡による繊維形態の観察，②微分赤外顕微鏡による色調・蛍光の検査，③赤外分光光度計による化学物の構造情報の分析が行われるなど，繊維の異同識別について精度の高い検査が行われていて，「付着あり」の結果が出たときは，被害者供述の裏付けとして高度の証明力を有することになるとされています。しかし，本判決のなかでは，これらの点はあまり論じられていません。

　A弁護士　判決中には，「被告人の手指に付着していた繊維の鑑定が行われたが，Gの下着に由来するものであるかどうかは不明であった」と，事実経過のみが簡単に記されています。また，DNA型鑑定については，田原裁判官の反対意見のなかに，警察での取り調べ段階でDNA型鑑定が問題になっていた旨の記述がみられるのみです。他にはありませんね。

　B弁護士　本件では，被害者の証言の信用性が大きくクローズアップされていますが，元はと言えば，客観的証拠がなかったことがその原因でもあります。これは，かえって，客観的証拠の重要性を示したということにもなりそうです。客観的証拠が重要であることは言うまでもありませんが，ただ単に，被害者証人の証言が裏付けられなかったというにとどまらず，事件のストーリー全体を弾劾することにもなるはずです。本件では，客観証拠が提出されなかったことこそが無罪の決定的な要因であったと総括している弁護人も見られます。実質的に，その点が「勝敗の決め手」になった可能性は大いにあると思うのです。

　A弁護士　確かに，繊維鑑定はどうであったか，手指などに付着した被害者の体液などのDNA型鑑定はどうであったかといった点は気になりますね。被害者が述べる痴漢行為の態様からして，繊維片や被害者の体液が付着したことが推測される事案において，鑑定結果が提出されないということがあれば，納得できる説明が必要だと思います。その説明が出ないのであれば，被告人に有利に判断されてもやむを得ないのではないでしょうか。本件では，

150

■小田急線痴漢事件

繊維鑑定が行われていますが，Gの下着に由来するものかどうか不明とされていて，これが一体何を意味するのかは大いに気になる点です。DNA型鑑定の点も，捜査側は体液に関する鑑定はしていないというのですが，本件はまさに痴漢行為の態様からして被害者の体液が付着する可能性があったケースでしたから，どうしてそうなったのか，思わしい鑑定結果が出なかったから提出しなかったのではないかなどという疑いも含めて，いささか謎めいています。評議のなかでどのように決着したかは分かりませんが，結論に何らかの影響を及ぼした可能性は否定できませんね。

B弁護士　現在の捜査実務では，必要な証拠採取が行われ鑑定も行われていると思いますから，もし，それがされなければ，捜査ミスといっても過言ではないでしょう。逆に被疑者の側からみれば最大の防御の機会が奪われていることになります。そのような事案では，はっきりと起訴できないという取り扱いに統一すべきです。弁護人としては，捜査弁護，公判活動を通じて，それを強力な武器として活用すべきことになるでしょう。そのためには，初期段階の捜査ですね，必要な時期に必要なことが行われたのか，そういった証拠収集の実情の把握が重要なポイントになりそうです。

A弁護士　被害者の供述の信用性から出発した問題でしたが，その判断が非常に難しいことが確認されたように思います。どのような経験則や解釈を持ち出そうとも，明確な答えを期待することはなかなかできません。そこから，被害者の供述一本に犯罪の成否をかからしめることが危険であり，そのような状況をつくらないことが重要であることが改めて浮かび上がったような気がします。

研究ノート

◆判決が問いかけるもの

(1)　上告審の審査方法

本判決は，上告審の審査方法につき，「当審（最高裁）における事実誤認に関する審査は，当審が法律審であることにかんがみ，原判決の認定

第7講　被害者の供述

が論理則，経験則等に照らして不合理といえるかどうかの観点から行うべきである」と判示し，この点については，異論がなかったことがうかがわれます。しかし，この点について，上記のような規範を定立したとされる八海事件第3次上告審判決（最〔2小〕判昭43・10・25刑集22巻11号961頁）を踏襲したものであるとの理解[1]と，新たな規範を定立したとの理解[5]が対立しています。判決の表面的な表現だけを捉えれば，前者のように思われるのですが，その中身に踏み込むと，後者の理解も，なかなか説得的なことが分かります。というのは，本判決は前記のような判示を行いながら，最終的な記述において，論理則・経験則等違反があるから，事実誤認があるとはいっていないのです[10][11]。そうではなく，「被害者の痴漢被害に関する供述の信用性には疑いをいれる余地があり，被害者の供述の信用性を全面的に肯定した第1審判決及び原判決の判断はこれを是認することができない，被告人が公訴事実記載の犯行を行ったと断定するについては，なお合理的な疑いが残るというべきである。」と判示しているのです。ここでは，疑わしきは被告人の利益にとの刑事裁判における大原則に則った「合理的な疑い」が払拭できているか否かの判断を行っているのであり，論理則・経験則等違反の有無によって判断しているようには見えないのです。この理解の違いによって，何が変わってくるかといえば，明確な論理則・経験則等違反が認められなくても，合理的な疑いが残ると判断できれば，事実誤認の判定ができるという点が異なってきます。つまりは，原判決を破棄できる場合がそれだけ広がるということになります。この問題は，控訴審における事実誤認判断はいかにあるべきかという議論と絡んできますが，そこには，論理則・経験則違反説と心証優先説との対立がありました。新たな規範を定立したと見れば，本判例の考え方は，心証優先説に近く，大前提の議論からは，少し離れてきそうにも思われます。この点を意識したのだと思われますが，那須裁判官の補足意見においては，論理則・経験則等違反という判示のなかの「等」が意味するものに関して，「我々が社会生活の中で体得する広い意味での経験則ないし一般的なものの見方も『論理則，経験則等』に含まれると解する」として，「論理則，経験

152

則等」を拡げることによって，整合性を保とうとしています。他方，近藤裁判官の補足意見は，論理則・経験則等違反があるかという観点から審査すべきであるとしながら，実際には記録の検討を不可欠とする実務の取り扱いを前提に，「その結果，原判決の事実認定に合理的な疑いが残ると判断するのであれば，原判決には『事実の誤認』があることになり，それが『判決に影響を及ぼすべき重大な』ものであって，『判決を破棄しなければ著しく正義に反すると認めるとき』は，原判決を破棄することができる．殊に，原判決が有罪判決であって，その有罪とした根拠である事実認定に合理的な疑いが残るのであれば，原判決を破棄することは，最終審たる最高裁判所の職責とするところであって，事後審制であることを理由にあたかも立証責任を転換したかのごとき結論を採ることは許されない」ともっと直截的に判示しています。このように見てきますと，この判決の読み方は，なかなか一筋縄に行かないことが分かってきます。私は，近藤裁判官が補足意見によって説示されるところこそが正鵠を得ているものであり，有罪判決を破棄する場合においては，合理的な疑いが払拭できているか否かの判断を行うべきであり，そこで合理的な疑いが残るのであれば，無罪の判断を行うべきであると考えます。

　ところで，最高裁は，最〔1小〕判平成26年3月20日刑集68巻3号499頁（以下，平成26年最判といいます）において，1審有罪判決には事実誤認があるとして破棄した控訴審判決につき，破棄するにあたって，論理則・経験則等に照らして不合理であることを十分に示したとはいえず，刑事訴訟法382条の解釈適用を誤った違法があり破棄を免れないとしました。この判決が，控訴審において有罪判決を無罪と判断する場合においても，論理則・経験則違反説に従って判断すべきことを明言したものと解すれば，上訴審において同様の判断をする場合の在りようについてもなにがしかの影響を与えるものと考えられます。しかし，この点に関しては，本判決やゴルフ場支配人襲撃事件判決（最〔2小〕判平21・9・25）などにみられる，原判決の事実認定につき合理的な疑いが払拭されているか否かの判断こそが決め手であるとの判旨は，刑事裁判の鉄則に

第7講　被害者の供述

かなうものであり，むしろ，そこを基底にして，前記の平成26年最判の理解を深めて行かなければならないものと考えます（補講1の「3. チョコレート缶密輸事件最判の射程」参照）。

(2) 「那須裁判官補足意見」の意義と射程

本判決における那須裁判官の補足意見は，事実認定における実務の取扱いについて，重大な警鐘を鳴らしています。まず，この補足意見のポイントを，順を追って整理してみます。

(a)　痴漢事件について冤罪が争われている場合に，被害者とされる女性の公判供述について，「詳細かつ具体的」，「迫真的」，「不自然・不合理な点がない」などという一般的・抽象的な理由により信用性を肯定する例は多いが，被害者女性の供述がそのようなものであっても，その供述を補強する証拠がない場合には，有罪の判断をすることは，「合理的な疑いを超えた証明」に関する基準の理論との関係で，慎重な検討が必要である。

(b)　その理由は，痴漢という犯罪行為は，時間的にも，空間的にもまた当事者の人的関係という点から見ても，単純かつ類型的なものであり，触ったか否かという単純な事実が争われる。このため，普通の能力を有する者であれば誰でも，それが真実であろうとなかろうと，体裁を整えた供述をすることができる。反面，弁護人が反対尋問で供述の矛盾を突き虚偽を暴き出すことも，裁判官が前記の基準をもとに，虚偽，錯覚ないし誇張を嗅ぎ分けることも容易ではない。

(c)　被害者女性が証人として公判供述を行うときには，検察官の打合せ作業が行われるが，これは入念に行われるのが通例である。このような作業が入念に行われれば行われるほど，外見上，「詳細かつ具体的」，「迫真的」，「不自然・不合理な点がない」ものとなる。

(d)　被害者の供述が，「詳細かつ具体的」，「迫真的」，「不自然・不合理な点がない」などの要件を満たしているときでも，その供述を補強する証拠ないし間接事実の存否に特別な注意を払うべきであり，それがないときに，有罪の判断に踏み切るには，格別に厳しい点検が欠かせない。

154

■小田急線痴漢事件

(e) 合議体における評議の在り方として，個人の裁判官における有罪の心証形成の場合と同様に，「合理的な疑いを超えた証明の基準」（及び「疑わしきは被告人の利益に」の原則）に十分配慮する必要があり，少なくとも本件のように合議体における複数の裁判官が被害者の供述の信用性に疑いを持ち，しかもその疑いが単なる直感や感想を超えて論理的に筋の通った明確な言葉によって表示されている場合には，有罪に必要な「合理的疑いを超えた証明」はなおなされていないものとして処理されることが望ましい。

以上です。上記の補足意見は，本件痴漢犯罪を想定して書かれています。しかし，ここで論じられている問題は，これを補強する証拠がなく供述証拠に頼らざるを得ないケースについて，共通して考慮されるべきものではないかと考えます。本件で特徴とされる点は，犯罪が比較的単純で，証人がその気になれば，「詳細かつ具体的」，「迫真的」，「不自然・不合理な点がない」といった体裁を整えた供述を行うことができ，反対尋問も難しく，その虚偽，錯覚ないし誇張などを容易に明らかにすることができないというところにあります。ここでは，犯罪が単純であるがゆえに，証人として，体裁を整えた供述が可能であるというのですが，これは，あくまで相対的なものといえます。その意味では，同じ問題が生じるのは痴漢犯罪に限ったことではないはずです。したがって，常に，供述証拠の信用性が問題となるとき，いかなる犯罪であれ，どれほど真実らしい体裁が整えられた証言であっても，同様の観点から，慎重な検討を要することに変わりはないということができます。

さらにもう1点，検察官との事前の打合せが，被告人の供述を，より体裁の整ったものにしてしまい，そこに含まれる問題性を覆い隠してしまうという点が指摘されています。これも重要な点で，本件のような痴漢犯罪に限った問題ではないと思われます。証人尋問により裁判所に想定どおりの心証を期待する検察官としては，良かれ悪しかれ入念な打合せを行うことになります。判断する者としては，その現実を決して忘れてはならないというのが，補足意見ですが，弁護側としても，その点をしっかりと頭に入れて，一般論として，その危険を論じるだけでなく，

155

第7講　被害者の供述

事案に即した工夫を凝らしながら，その事件に即した事前打合せの問題点を明らかにしていくべきでしょう（実際に事前打合せによって固められてしまった供述を解きほぐして行くことは容易ではありませんが，捜査段階の供述調書があれば，その供述との違いなどを手掛かりに，事前打合せの実態に迫って行くことが考えられます）。

那須裁判官の補足意見は，冤罪は国家による最大の人権侵害であり，これを防止することは刑事裁判における最重要課題の1つであるとし，「疑わしきは被告人の利益に」の原則，「合理的な疑いを超える証明」の基準の論理の徹底を終始訴えています。合議の在り方についての言及もその観点から，積極的に読みとるべきだと思われます。この点は本テーマの範囲を超えますので，詳細は割愛させていただきます。

(3)　被害者供述の信用性に関するもう1つの最高裁判決

強姦事件に関して，本判決とともに，注目すべきもう1つの判例（最〔2小〕判平23・7・25判時2132号134頁，判タ1358号79頁）があります。この事件においても，最高裁は，有罪とした1審，2審の判断を覆して，被告人を無罪としました。事案を説明しますと，被告人は，午後7時過ぎ頃，京成電鉄千葉中央駅前の歩道付近で，そこを通りかかった被害者に声を掛け同所から80メートル離れたビルまで連行し，階段を登った踊り場において，強いて被害者を姦淫したとして起訴されました。しかし，被告人は，報酬の支払いを約束し被害者の同意を得て手淫をしてもらったのであり射精したものの現金を渡さないで逃走したものである，つまり強姦はしていないと主張しました。この件も，被告人の犯行を裏付ける客観的な証拠は存在せず，被害者の供述がほとんど唯一の証拠といってよい状況でした。この判決は，そのような証拠関係の下では，被害者の供述の信用性判断は特に慎重に行う必要があるとした上，①午後7時過ぎという時間帯に，人通りもある駅前付近の歩道上で声を掛けられ，唐突に「ついてこないと殺すぞ」と言われて，被告人のあとについて行ったということ，②無理やり強姦される直前，制服姿の警備員が通りかかったのに，被害者が特段の行動をとらなかったということ（被害

■小田急線痴漢事件

者は，涙を流している自分と目があったので，状況を理解してくれると思って，それ以上助けを求める行動をとらなかったと説明します），③不安定な立ったままの姿勢で姦淫されたということ，④被害者のコートの袖口に被告人の精液が付着していたにもかかわらず，当日深夜に採取された被害者の膣液中に人の精液が混在しなかったこと，④破れたパンティーをコンビニのゴミ箱に捨てたというのにそれが発見されなかったこと，等々の疑問点を指摘しています。その上で，被害者の一連の供述には疑問があるとし，被告人の弁解が否定できないと判断して，無罪を宣告しています。この判決においては，千葉勝美裁判官が補足意見を述べていますが，それは誠に傾聴すべきものです。この補足意見のなかから，特に重要なものとして，以下の2点を取り上げたいと思います。

　第1点は，「供述の信用性が大きな争点となる事件において，多くの場合，信用性の吟味に際しては，供述内容に一貫性があるか，反対尋問にも揺らいでいないか，証言態度が真摯なものであるか，内容に迫真性があるか，虚偽の供述をする合理的な動機があるか等が判断要素となると指摘されている。これらの点は，当然，重要な判断要素であり，その吟味が有用であることは疑う余地はない。これは，証人尋問を直接行った第1審での判断が基本的に尊重されるべきであるとされるゆえんでもある。しかしながら，これらは，供述者の証言態度等についてのものであるから，常に的確な判断が出来るかは，刑事裁判のみならず，民事裁判においてもしばしば問題になるところであり，供述態度が真摯で供述内容に迫真性を有し，いかにも信用性が十分にありそうに見えても，書証等の客観的証拠に照らして，そうでないことに気付かされることもあるのであって，慎重で冷静な検討が常に求められる事柄である。特に，本件のような，客観的証拠が存在しない場合には，上記の観点から信用性を肯定し一気に有罪認定することには，常に危険が伴うことに留意する必要がある。」と述べる点です。

　これは，供述証拠が常にはらむ問題点を鋭くえぐりだすもので，本件最高裁判決において那須裁判官らが補足意見で指摘する点と共通するところでもあります。

157

第7講　被害者の供述

　第2点は，「刑事裁判の使命は，まず，証拠の証明力を的確に評価し，これに基づき適正な事実認定を行うことであり，証拠等を評価した結果，犯罪事実を認定するのに不十分な場合には当然に無罪の判決をすべきである。その意味で，裁判官は，訴追者の提出した証拠が有罪認定に十分なものか否かといった観点から，公正かつ冷静に証拠の吟味をすべきであって，社会的，一般的な経験則や論理則を用いる範囲を超えて，自己の論理や憶測を駆使してその不足分を補い，不合理な部分を繕うなどして証明力を自ら補完して，犯罪の成立を肯定する方向で犯罪事実の認定を行うべきものでないことは当然である。」と述べる点です。

　これも，事実認定一般の基本的な在り方をいうと同時に，供述証拠の信用性を判断するにあたっての必須ともいうべき心がまえを非常に適切な言葉で言い表しています。この判決のケースで考えてみましょう。被害者が被害の直前，制服姿の警備員が通りかかったのに助けを求めるなどの行動に出なかったことは，被害者がその供述どおり脅されてその場所に連行されたのだとすれば不自然ではないかと考えるのはまことにもっともだと思われます。そこから被害者供述の信用性に疑問を抱くのは当然でしょう。その点を被害者は，涙を流している自分と目が合ったのでこの状況を理解してくれると思ったと説明するのですが，これでふに落ちるというものではないと思われます。素直に見れば，不自然だと思われるこの点を，被害者供述の信用性についてマイナスにカウントして，そのほかにも不自然な点はないかとさらに慎重な姿勢で，その供述のさらなる検討を進めるのが正しい在りようだと思われます。ところが，この事件の控訴審は，「深刻な恐怖心を抱き，緊張状態にあった女性がより危害が加えられることを恐れる一方で，その際の状況に一縷の希望を託した心情としてそれなりに理解が可能であり，直ちに不自然とはいえない」として疑問点が解消できたかのようにふるまいます。そのほかの疑問点についても，それぞれ，「それなりに理解可能である」，とか「不可能とは考えられない」などという理由で，それらの疑問をあらかじめ封じ込めてしまっています。個々の疑問点に関していえば，控訴審のいうような解釈・説明も，全くあり得ないことではなく，そうかもしれな

158

いと考える人もいるとは思います。しかし，それは数ある解釈・説明の
1つにすぎず，その他の可能性を排除するものではありません。疑問は
疑問として残るはずです。このように個々の事象に対していくつもの解
釈の可能性のあるなかで，そのうちの1つの解釈でしかない説明を施し
て，その疑問が解消できたとする（あるいはできたかのようにふるまう）のは，
結論の先取り以外の何物でもなく，判断の手法として相当でないと考え
られます。

　この事件を担当された前田裕司弁護士は，「『合理的疑いを超えた証明』
とは，裁判所が認定しようとする事実に対する反対事実の可能性に思い
を致し，その反対事実の存在の可能性について具体的な疑問が弁護人か
ら提示されているときには，その疑問が，健全な常識に照らして不合理
だとする場合にはじめて有罪とすることができるという原理である。最
高裁はこの原則を確認した」と述べています[16]が，そのとおりだと思
います。この点は，情況証拠による事実認定に関して述べたところと共
通しますが，決して結論を先取りしないで，それぞれの事実をあるがま
まに公平に評価することの重要性を教えてくれます（総合認定における分
析的評価の重要性）。職業裁判官など法律専門家が，陥りやすい盲点であり，
心しなくてはいけないところだと改めて思います。そして，弁護人とし
ては，その点をよく意識してそのような解釈を許さないような的確な弁
論を展開することが大切です。

● **参考文献** ●

[1]　家令和典『最高裁判所判例解説刑事篇（平成21年度）』119頁（法曹会）。

[2]　村上光鵄「上告審における事実誤認の審査方法」『平成21年度重要判例解説』
　　225頁（有斐閣）。

[3]　名倉事件弁護団「痴漢裁判における判例の到達点と最高裁判決の意義」季刊刑
　　事弁護59号77頁。

[4]　佐藤善博「ケース報告⑤防衛大教授痴漢冤罪事件」季刊刑事弁護65号53頁。

第7講　被害者の供述

[5]　中川孝博「最高裁第3小法廷の2つの判決を評価する〈判例評釈〉」季刊刑事弁護59号101頁。

[6]　中川孝博「誤読される最高裁痴漢無罪判決」法学セミナー658号4頁。

[7]　正木祐史「上告審の審査方法と被害者供述の信用性」法学セミナー654号132頁。

[8]　後藤弘子「最高裁痴漢無罪判決─供述の信用性の判断基準をめぐって」法学セミナー656号57頁。

[9]　荒木友雄「満員電車内の痴漢事件について，被告人が強制わいせつ行為を行ったと断定することに合理的な疑いが残るとして，一審，二審の有罪判決を破棄して無罪が言い渡された事例」刑事法ジャーナル19号97頁。

[10]　関口和徳「痴漢冤罪事件─刑訴法411条3号の趣旨と被害者供述の信用性の判断方法」法律時報82巻4号123頁。

[11]　原田國男「満員電車内での痴漢事件について破棄・自判無罪とされた事例」ジュリスト1424号125頁。

[12]　法政大学法科大学院刑事事実認定研究会「第四回刑事事実認定研究会結果報告」法政法科大学院紀要6巻1号107頁。

[13]　石井一正『刑事訴訟の諸問題』第26章・505頁（判例タイムズ社）。

[14]　秋山賢三ほか編『痴漢冤罪の弁護』（現代人文社）。

[15]　秋山賢三ほか編『続・痴漢冤罪の弁護』（現代人文社）。

[16]　前田裕司「被害者供述の信用性判断に関する考察」季刊刑事弁護69号146頁。

[17]　前田裕司「『被害者』供述の信用性の判断方法についての検討」季刊刑事弁護76号27頁。

補講 2

経験則と事実認定

1. 最高裁の判断を分けたもの──小田急線痴漢事件

　近頃,「経験則」という言葉が話題になることがあります。例えば,小田急線痴漢事件（第7講参照）において,裁判官によって,経験則の捉え方が異なり,それが結論に影響を及ぼしたのではないかとの指摘がなされています。この事件において,1,2審は,被告人から被害を受けたという被害者の供述が信用できるとして有罪を宣告しましたが,上告審である最高裁は,3つの問題点を指摘し,痴漢被害を受けたという女性(G)の供述の信用性につき疑いをいれる余地があるとして,無罪としました。ところが,この最高裁判決自体裁判官の意見がまっぷたつに分かれていて,激しい論争のあったことがうかがわれます。Gの供述の信用性は,この事件の最大の争点でしたが,この争点の判断を分けたのが,実は各裁判官の抱く「経験則」の違いであったといわれているのです。

　すなわち,多数意見がこの種事件の被害者供述はもともと虚偽を含みやすく,供述内容の具体性や詳細さ,迫真性などといった一般的・抽象的基準によってその虚偽性を見抜くことは難しく,また,それを反対尋問等によって暴くことも容易でないから,そのような要素を捉えて被害者の供述が正しいと即断するのは事実誤認の危険を生じさせるとするのに対し,反対意見は本件で問題となっているのは,被害者の犯人を識別する供述の信用性ではなく,そもそも痴漢被害にあったかどうかという供述の信用性であることからすれば,よほど特別の事情がない限り,被害者が虚偽の被害申告をした上,法廷において厳しい反対尋問に耐えながら被害状況を具体的・詳細に述べるなどということは考えにくいといいます。また,多数意見が執拗かつ強度の性的被害にあった被害者が当初から被害の回避,反撃に出なかったのに急にネク

第7講　被害者の供述

タイをつかむという反撃に転じるのは不自然とみるのに対して，反対意見は当初は我慢して回避の行動をとらなかったとしても，我慢の限界に達して途中からそのような行動に出ることも十分あり得るといいます。このような「経験則」の違いが，被害女性の供述の信用性判断を左右していると見るのです（石井一正『刑事訴訟の諸問題』第26章・505頁）。

　この指摘は，おおむね正しく，「経験則」が事実認定の実際において大変重要な働きをしていることは明らかです。しかし，「経験則」という言葉が使用されるのはこのような場合に限ったことではありません。「経験則」とはいかなるものなのか，もう少し，立ち入って考えておく必要があるように思います。

2．回収措置に関する経験則──覚せい剤密輸事件

　覚せい剤密輸事件において，「経験則」に関する注目すべき判断が示されました（最〔1小〕決平25・10・21刑集67巻7号755頁，判時2210号125頁，判タ1397号98頁）。近時経験則が注目を浴びているのは，この最決がきっかけといってもよいと思われます。そこで，まず，この事件についてお話しておきましょう。

　この事件は，ウガンダ在住のイギリス人地質学者が，成田空港での税関検査の際に同人の所持するスーツケース内から覚せい剤約2.5キログラムを発見され，覚せい剤取締法違反と関税法違反の罪で起訴されたというものです。スーツケースの側面に細工がなされており，その中に粘着テープなどで小分けした覚せい剤が隠匿されていました。被告人は，仕事で使うパソコンや自動車を購入するため来日したといい，ウガンダの自宅を出発する際メイドに荷造りを頼みそのままスーツケースを持ってきたもので，スーツケースを日本に運ぶことを誰かから依頼されたことはなかったし，日本に着いたら誰かに連絡するなど，荷物の回収方法について指示されたこともなかったと述べました。検察官は，被告人がスーツケースに隠匿された覚せい剤を日本に持ち込んだという事実自体から，被告人の知情性が強く推認される（本件に薬物密輸組織が関与していることは明らかであり，同密輸組織は確実な回収方法をとるはず

162

■補講2　経験則と事実認定

であって，運搬者が知らないうちに荷物の中に紛れ込ませるような方法をとるはずがない。スーツケースの重量も手触りも異常であって，被告人が何も知らないというのは考えられない。特別の事情がなければ通常中身を知っているといえる）と主張しました。1審の千葉地裁（裁判員裁判）は，検察官の主張を排斥して被告人を無罪としたのですが，検察官の上記主張に対しては，隠匿された覚せい剤の量などから本件密輸には覚せい剤の密輸組織が関与しているものと推認され，このような組織は目的地到着後に運搬者から覚せい剤を回収するための措置をあらかじめ講じていると考えられるが，そのような措置としては様々なものが考えられるのであって，運搬者に事情を知らせないまま，同人から回収する方法がないとまではいえないなどとして，特別の事情がなければ，被告人がスーツケースに隠匿された覚せい剤を日本に持ち込んだという事実自体だけから，通常中身を知っているとはいえない（被告人の知情性が強く推認されるとはいえない）と判示しました。

　これに対して，東京高裁は，一転，被告人に対して有罪を宣告し，1審が「運搬者に知らせない回収方法がないとはいえない」とした点については，「現実に想定することが困難な，机上の空論」とし，「覚せい剤組織が多額の費用を掛け，摘発される危険をも顧みずに密輸を敢行するのは，それによって多額の利益が得られるからに他ならず，密輸組織においては，このような利益を実際に取得するため，運搬者が目的地に到着した後，輸入に成功した覚せい剤を確実に回収する手立てを講じているはずであり，また，回収方法をできる限り発覚の危険性が少なく，確実なものとするはずである。したがって，密輸組織によるこの種の密輸入事案において，運搬者が，誰からも何らの委託も受けていないとか，受諾物の回収方法について何らの指示も受けていないということは，現実にはありえない（回収措置に関する経験則）。」と判示しました。このように「回収措置に関する経験則」なるものが，明言されたのです。

　本件は上告され，最高裁第1小法廷が，それに関して判断を示したのが，前記の最決です。この決定は，覚せい剤の回収に関して，「本件のような密輸組織が関与する覚せい剤の密輸事件では，密輸組織において目的地到着後に運搬者から覚せい剤を確実に回収することができるような特別な事情や，

163

第7講　被害者の供述

確実に回収することができる措置を別途講じているといった事情がない限り，運搬者は，密輸組織の関係者等から，荷物の中身が覚せい剤であることを打ち明けられているかどうかはともかく，回収方法について必要な指示等を受けた上，当該荷物の運搬の委託を受けていたものと認定するのが相当である。ここでいう例外的な事情が見当たらない本件については，原判決のとおり被告人は密輸組織の関係者等から本件スーツケースを日本に運ぶよう指示を受けて来日したと認定できる」とし，さらに推論を重ねて，被告人の知情性も認定できるとしたのです。本決定は，高裁判決をそのまま引用しておらず，経験則という表現も適切ではないとして用いませんでした。しかし，最高裁は，おおむね原審の判断を肯定したように受け取られ，大きな波紋を引き起こしたのです。ここで問題とされたのは，このような「経験則」（あるいは，経験則類似のもの）を定立することにより，実質的に立証責任の転換が行われ，検察官の立証のハードルが低くなったのではないか，それによって，反証・反論することが難しくなり被告人にとって過酷な状況が生まれるのではないかということでした。そして，そのような事態が現実に生じているという報告もあります。ある覚せい剤密輸事件の論告で，検察官が「密輸組織は，確実に日本の受取役が覚せい剤を確実に回収できるようにするはずです。組織の指示するものに渡すよう依頼したはずです。このような経験則は確立した最高裁判決で認められています。」と主張したということです。この論告は，決して上記最決の判示を正確に捉えたものではありません。しかし，このような形で，今回の決定が独り歩きしてしまうことはあり得ることなのです。

3．経験則とは何か

　上記の「回収措置に関する経験則」と呼ばれるものは，同じ「経験則」という言葉が使われていますが，痴漢冤罪事件において取り上げられた「経験則」とは，明らかに趣きが異なります。改めて，経験則とは何かを考えてみる必要がありそうです。思うに，「経験則」というのは，各人によってさまざまに見解の分かれる一個の意見にすぎないようなものから，科学的な根拠

164

の下に，ほぼ動かし難いと思われるような法則まで，実に多様なものを含む概念です。

　ちなみに，石丸俊彦ほか『刑事訴訟の実務(下)〔三訂版〕』（新日本法規出版）における説明によれば，経験則は，以下のように多様なものを含むとされています。

　「この経験則は，①その法則性の強弱により(A)蓋然的経験則（心理学，社会学，経済学，医学，天文学，地質学，動物学，人類学，考古学，考現学，植物学などをはじめ，一般の社会で通常「経験則」と称されている道義，慣例，条理，取引上風俗上の慣習，常識，心理傾向，精神傾向など）と，(B)必然法則的経験則（現代社会において定理や公理として学会で確立している数学，物理学，化学，工学の法則，及びその法則を基礎として確立されている技術上の法則，また，人為的に法則性をもって作成されている会計簿記上の諸原理など）に区別され，一方，②一般の社会人がその経験則を常識又は知識として理解しているか，特別な専門家（学者とは限らない。それぞれの分野の有識者を指す。）によらなければその正確な経験則は理解できないかによって，(C)一般的経験則と，(D)専門的経験則とに区別される。この①と②の区別は比例しない。(A)の蓋然的経験則には，多くの(D)の専門的経験則を含んでいるし，一方，(B)には(C)の一般的経験則が含まれている。」

　上記のように分類されるとしますと，刑事裁判において頻出する経験則と呼ばれるものは，通常，(A)の蓋然的経験則であると考えられます。蓋然的経験則ですから，(B)必然的経験則とは異なり，その例外を許さないようなものとは異なります。また，一般的経験則に属すると考えられますが，一般的であるか，専門的であるかの境界は必ずしも明確でないとされています。

　このような「経験則」なるものの全体像に照らして考察しますと，刑事裁判において頻出する「経験則」というものの多くは，蓋然的判断によって，様々なレベルにおいてその可能性が高いとされている一定範囲のもののなかから，その一部を切り出したようなものと考えてよいのではないかと思われます。したがって，それを総合認定の１つの有力な判断要素とすることはあり得ても，それをもって，一律に立証責任を転換させてしまうまでの効力を持たせることは，軽々にあってはならないことというべきでしょう。もしそのようなことが行われれば，実質には何の変わりもないのに，突然検察官の

第7講　被害者の供述

立証のハードルが下がってしまうのですから，これはもうマジックのようなものです。もし，「経験則」というものに，事実上の推認力を与えるというのであれば，その経験則には相当に強力な蓋然性を要求しなければならないでしょう。

以上のような観点からすると，覚せい剤の回収措置に関して判示した前記最決は，一般的に通用するような「経験則」を定立したものとはいえず，これを根拠に安直に挙証責任を転換するようなことは許されないと解すべきです。

さて，もう1つ，経験則が脚光を浴びる場面があります。それは，控訴審，あるいは上告審における，「事実誤認の意義」が論じられる場面で，「心証優先説」と対峙する「論理則・経験則違反説」の内実として登場します。この問題は，「補講1」で説明しましたので，詳細は，割愛しますが，「論理則・経験則違反説」は，原審の判断に論理則・経験則違反がなければ，事実誤認とはいえないとするもので，ここでの「経験則」は，事実審である1審の判断を優先させるべきとの観点から，上級審が下級審判決を事実誤認として破るのを制限する働きをしています。したがって，この場合，何を「経験則」と捉えるかは，上級審はいかなる範囲まで下級審の判断に介入できるかという点についての考え方の違いによって大きく左右されることになります。

4．経験則と事実認定

以上で，「経験則」という言葉の持つ意味の多様性とそれぞれの使われ方をお分かりいただけたかと思います。いずれにせよ，「経験則」なるものが，事実認定において重要な役割を果たしていることは，否定のしようがありません。

しかし，ここで1つ強調しておきたいことがあります。それは，事実認定は何といっても証拠が「命」だということです。覚せい剤密輸事件などにおいて，事実上の推認を伴う経験則が取りざたされるのは，そのような事件における証拠の少なさと無縁ではないように思います。犯人性だけでなく，「知情性」「故意」のような主観的事実についても，情況証拠に頼らなければな

166

■補講2　経験則と事実認定

らないケースは多いものです。その場合に，経験則を多用することは危険です。事実認定のあるべき姿としては，やはり証拠の質と量が重要であり，理屈に頼らなくても，自ずと結論が出せるように目配りし，最〔3小〕判平成22年4月27日刑集64巻3号233頁，判時2080号135頁，判タ1326号137頁（大阪母子殺害事件）が判示したような，情況証拠によって認められる間接事実中に，「被告人が犯人でないとしたならば合理的に説明できない（あるいは，少なくとも説明が極めて困難である）関係」が存するかという観点から厳格に判断すべきですし，もし，それに届く証拠がないのであれば，「疑わしきは被告人の利益に」という刑事裁判の鉄則に立ち返り，無罪の判断がなされるべきです。

●参考文献●

［1］　石井一正『刑事訴訟の諸問題』第26章・505頁（判例タイムズ社）。

［2］　長瀬敬昭＝太田寅彦「覚せい剤密輸事件における故意の認定について」（大阪刑事実務研究会報告）判タ1422号5頁。

［3］　菅野亮「密輸事件の審理，事実認定および争点整理の問題点」季刊刑事弁護87号87頁。

［4］　石丸俊彦ほか『刑事訴訟の実務(下)〔三訂版〕』14頁（新日本法規出版）。

［5］　中川孝博「経験則の機能」季刊刑事弁護90号25頁。

［6］　門野博「『経験則』が事実認定にもたらす諸問題」季刊刑事弁護90号33頁。

［7］　高野隆＝中川孝博＝水野智幸＝久保有希子「座談会『経験則』の使われ方と問題点」季刊刑事弁護90号10頁。

第8講
自白の信用性（その1）
──信用性判断の注意則とは何か

■布川事件

第8講

自白の信用性（その１）
― 信用性判断の注意則とは何か ―

■布川事件
（水戸地土浦支判平成23年5月24日 LEX/DB25471410, LLI/DB06650286）

判　旨　被告人両名の捜査段階における自白には，犯行そのものやこれに直結する重要な事項の全般にわたり，供述の変遷が認められるところ，その程度は容易に看過し得るものではなく，その変遷に合理的な理由を見出すことも困難であること，また，客観的事実と整合しない可能性が高いと思われる点や，客観的事実に照らして不自然と思われる点も少なからず散見されること，被告人両名の自白相互間にも多岐にわたる多くの相違点が存すること，さらには，捜査官らの誘導等により虚偽の自白を強いられた旨の被告人両名の供述について，容易くその信用性が否定することができず，一方，これら被告人両名の自白調書の作成に当たり，不当な誘導等は一切なかった旨述べる捜査官らの供述は，少なくともその限りにおいていささか信用性に乏しいものと認められ，ひいては，被告人両名の各自白調書が何某か捜査官らの誘導等により作成されたものである可能性を否定することはできないこと，その他，被告人両名の自白の任意性，信用性を裏付ける事情として検察官が指摘する事情にも特に依拠し得るものがないこと等の諸点が明らかとなった。

　そうすると，被告人両名の捜査段階における自白については，いずれもその信用性を肯定することはできず，さらにはその任意性についてもそれ相応の疑いを払拭することができないというべきである。

1. はじめに

　自白は「証拠の王」ともいわれ，有罪立証において大きな役割を演じてきました。犯罪を認めるということはとりもなおさず処罰を受けることを覚悟しているということですから，それだけで，自白は信用性が高いと考えられてきたわけです。しかし，そこには，大きくいって，2つの方向からの問題があります。本人が処罰覚悟で不利益なことを認めているとはいえ，人は必ずしも本当のことを供述するとは限らないということが1つです。処罰されることを覚悟しているとはいえ，そこには様々な事情があり得るのであり，あえてうその供述をするということもあるのです。もう1つは，信用性が高いとされていることから，捜査官が，客観的な証拠を収集することよりも自白を得ることに奔走し，あるべき捜査をないがしろにするとともに，無理な取調べによって虚偽の自白を引き出してしまうことです。これが冤罪を生む温床となってきました。冤罪事件の多くは，虚偽自白に起因しています。

　自白の信用性の判断とは，「虚偽自白」を見抜くことにほかなりません。ここで取り上げた布川事件は，再審において無罪が確定した事件ですが，そこにいたるまでは，自白の信用性が肯定され，被告人らは無期懲役という厳しい刑の受刑を余儀なくされました。どうしてそのようなことになったのでしょうか。虚偽の自白を生まないシステムを構築するのはもちろん重要ですが，私たちは，自白の信用性の判断に，熟達する必要があります。ここでは，自白の信用性につき，これまでの議論も踏まえながら，どうすれば正しい判断を導き出せるのか，徹底的に検討したいと思います。

2. 事案の概要

　本件は，いわゆる「布川事件」といわれる，強盗殺人等の再審被告事件です。

　昭和42年8月30日の早朝，茨城県北相馬郡の布川というところにある被害者方において，訪ねてきた近隣の住人によって被害者が死亡しているのが

■布川事件

発見され，金品が物色された形跡があったことから，強盗殺人事件としての捜査が始まりました。捜査本部は，10月10日にいたって，Xを別件の窃盗罪により通常逮捕し，引き続き同事件で取手警察署に勾留し，本件強盗殺人事件（以下，本件といいます）についても取り調べを行いました。Xは，当初否認していましたが，同月15日，Yとともに本件を犯したことを自白します。Xはその後も本件の取調べを受け，同月23日本件で通常逮捕され，取手警察署に勾留されました。他方，Yは，同月16日，別件の暴力行為等処罰に関する法律違反の罪で通常逮捕され，本件についても取調べを受けます。同月17日，上記の別件で水海道警察署に勾留されますが，同日中に，Xとともに本件を犯したことを自白しました。Yは，引き続き本件について取調べを受け，同月23日本件で通常逮捕され，そのまま水海道警察署に勾留されました。その後両名は，土浦拘置支所に移監されますが，遅くとも11月13日までに，両名とも検察官に対し本件犯行を否認するにいたります。同日，Xは別件の窃盗罪で，Yは，別件の暴行罪等で起訴されますが，なんと，12月1日になって，Xは取手警察署に，Yは土浦警察署に，逆戻りのような形で移監されてしまいます。警察署に戻された両名は，再び，本件について取調べを受け，当初は否認しますが，再度自白に転じ，同月28日，本件で起訴されました。

第1回公判期日以降，両名は全面的に本件を否認しますが，水戸地裁土浦支部は，昭和45年10月6日，本件を両名による強盗殺人であると認定し，両名に対し無期懲役を宣告しました。両名は控訴しますが，東京高裁は控訴を棄却し，さらに最高裁も上告を棄却しました（最〔2小〕決昭53・7・3判時897号114頁，判タ364号190頁）。

ここまでが刑が確定するまでの経過です。両名は，昭和58年12月23日，水戸地裁土浦支部に，無罪を言い渡すべき明らかな証拠が発見されたとして再審を請求しますが，この請求は棄却されます（確定）。両名は，平成13年12月6日，再び，同支部に同様の再審請求を行います（第2次再審請求）が，今度は一転して，両名に対し，無罪を言い渡すべき明らかな証拠が発見されたとして，再審開始の決定が出されました。検察官は，不服があるとして最高裁まで争いましたが，結局この決定が確定して再審が開始されることにな

173

第8講　自白の信用性（その1）

りました。そして，再審の結果，平成23年5月24日，標記の無罪判決が出され，検察官からの控訴もなく，これが確定しました。

　事件の争点は多岐にわたりますが，捜査段階での両名の自白の信用性は大きな争点でした。第1次再審請求審までのすべての裁判所は，自白の信用性を肯定したのですが（代表的な判断として，前記最〔2小〕決昭53・7・3），第2次再審請求審からのちは，すべての裁判所が，これとは真逆に自白の信用性を否定しました。

3. 検　　討

(1)　自白の任意性と信用性

　A弁護士　布川事件は多くの論点を抱えた事件ですが，ここでは論点を主として「自白の信用性」に絞りたいと思います。標記の再審判決では，自白の信用性が否定され，その上で，任意性についても，疑問があるとされました。まず，「自白の信用性」と「自白の任意性」の関係について，整理しておきたいと思います。

　B弁護士　そうですね。任意性については，刑事訴訟法319条に規定があります。これは一般に「自白法則」（※1）と呼ばれているものですが，任意になされたことに疑いのある自白については，証拠能力を有しないとされています。これには諸説ありますが，通説的には，任意性に問題のある自白は虚偽自白のおそれがあるため，あらかじめ証拠から排除しておくのだと説明されています。虚偽排除説による説明ですね。しかし，いずれの考え方によっても，任意性というのは，証拠調べに入る「入り口」の問題とされています。これに対して，信用性の問題は，証拠能力が肯定されて，その入り口をクリアし審理過程に投入された証拠について，証明力（証拠価値）が認められるか否かの問題です。順序としては，任意性の判断が先行するはずです。ところが，実際の訴訟においては，いつもこのような明確な切り分けが行われるわけではないようです。この原因はどこにあると考えられますか。

174

■布川事件

（※1）　自白法則

　憲法38条2項は，「強制，拷問若しくは脅迫による自白又は不当に長く抑留若しくは拘禁された後の自白は，これを証拠とすることができない。」とし，刑事訴訟法319条1項は，これを受けて，「強制，拷問又は脅迫による自白，不当に長く抑留又は拘禁された後の自白その他任意にされたものでない疑のある自白は，これを証拠とすることができない。」と定めています。これが，自白の証拠能力を制限している実定法上の根拠規定です。この証拠能力の制限を指して，「自白法則」といいます。この自白法則の存在理由をめぐって，以下のような，虚偽排除説，人権擁護説，違法排除説の3説が対立しています。

　①虚偽排除説——強制，拷問など不当に誘引された自白は虚偽のおそれがあるので，誤判を防止するためあらかじめ排除されるという考え。

　②人権擁護説——憲法38条2項を主として同条1項を担保する規定と解し，黙秘権を中心とする被告人の人権保障のため，強制自白などが排除されるという考え。

　③違法排除説——主として自白採取過程における手続の適正・合法を担保するために必要だとの考慮に基づき，自白の強制などの違法行為自体から，その成果たる自白の排除が要求されるという考え。

　虚偽排除説と人権擁護説は，その取調べが現実に供述者の心理にいかなる影響を及ぼしたかを問題にするため，両説は不任意説とも呼ばれます。他方，違法排除説は，供述者の心理への影響を顧慮する必要がないため，判断基準の明確化ができるとされます。また，このような自白法則とは別に，違法収集証拠排除法則を証拠物に限定せず自白にも適用があるとして，この観点から違法に収集された自白を証拠から排除する考え方（違法排除説とは，異なります）が提唱されており，これらの排除法則が並立しています。

　裁判実務では，事案に応じて，不任意説に立つ自白法則と違法収集証拠排除法則とを使い分ける二元説に立っているものと考えられます。どちらを用いるかという点で，明文規定がある任意性判断を先行すべきだという考えも有力ですが，実務的には，いずれの法理によっても排除が可能であれば，明文規定の有無にこだわらないとして，特段先後関係を問題にしない形で運用されています。

　A弁護士　任意性の問題というのは，実際は，取調べの適否をめぐる問題がほとんどを占めているのですね。厳しく追及され無理やり自白させられたなどという主張があり，その点をめぐって審理が行われるのです。しかし，

175

第8講　自白の信用性（その1）

信用性に関する問題についても，強引な取調べが行われた，取調官の作文で自分が話したことではない，全部虚偽だ，などという主張があり，これについても，取調べの適否が審理の中心となります。ところが，取調べの適否を見分けることは一筋縄では行かないのです。例えば，取調官に脅され自白を強要されたという主張がなされた場合，これまでは，まず被告人質問を実施して，強要されたという被告人の主張内容を明確にし，次に，取り調べた警察官などを証人として法廷に呼び出し，その取調べ状況について尋問するといったことが行われてきたのですが，これがうまく行かない。結局は，言った言わない，やったやらないという水掛け論になってしまうことが多かったのです。そこから，裁判所は，「任意性」の有無というドラスティックな判断を回避して，自白調書をとりあえず証拠として採用した上，その調書の記載の中身をも含めた信用性の判断を先行させるという方向に向かったのだと思います。そして，時には，その上で，信用性が否定されたときになりますが，任意性判断に立ち返って，改めて，任意性を否定するなどということも行われました。本件再審事件の判決もそのような判断順序をたどっているようにみえます。

B弁護士　刑事訴訟法の理屈からは，明らかにおかしいのですが，それが実情だったのかもしれません。しかし，裁判員裁判が行われるようになって，証拠の採否は，まず裁判官によって判断され，その上で，裁判員を加えた裁判体によって，実質的な審理が行われるという切り分けが明確に行われることになりました。ここでは，そのような逆転は許されないことになるのではないでしょうか。

A弁護士　確かにそのとおりです。しかし，取調べ過程の審理が，うまく行かないという点が解決されないと，任意性判断に時間がかかりすぎ，その挙句，信用性判断にすべてを持ち越すということになりかねません。この点の解決は急務といえます。

　問題は，取調べの実態がブラックボックスになっていたことです。その意味で，平成28年5月24日の法改正により，裁判員裁判事件，検察官特捜事件など一定の事件について，録音録画による取調べの可視化が実現しました（補講3参照）。これは大きな改革で，これにより，対象事件については取調

べの過程が明らかとなり，任意性判断を適正迅速に行える条件が整ったように思います。すべての事件で可視化が行われるわけではありませんが，上記の事件以外でも，可視化される事件は増えてくることが予想されます。まだまだ問題はありますが，大きな前進であることは間違いありません。これがうまく機能すれば，取調べの適否という問題もより早く結論が出せると思います。それによって，任意性の判断について，これまでよりも法律の本旨に従ったものになって行くのではないでしょうか。

[B弁護士]　しかし，録音録画による可視化は新しい問題も生んでいます。これは，もともと指摘されていた問題でもありますが，全過程の可視化とはいいながら，身柄が拘束されるまでの間の取調べについては録音録画が義務化されてないため，最も重要とされる自白に転じた場面の録音録画が実は行われていないということがあるのです。自白に転じた後の可視化では，その供述態度から供述の真否を判断することは難しくなります。かえって，表面的な態度にごまかされて，間違った判断がなされるおそれがあるという指摘もあります。今市事件では，そのような問題が現実化しました。録画 DVDの与えるインパクトは予想以上に大きいものがあったのです。

[A弁護士]　録画 DVD はどのような形で使われるべきなのか，実質証拠として使用することの是非などとも絡みますが，確かに難しい問題です。

(2)　判断の違いはどうして生じたか

[A弁護士]　本題の自白の信用性の問題に進みます。ここでは，捜査段階の自白調書が主たる対象となります。布川事件では，第 2 次の再審請求審以後，すべての裁判所で被告人らの自白調書の信用性が否定されました。この判断は，それ以前の判断と 180 度異なります。この違いは一体どこから来ているのでしょうか。

[B弁護士]　本題のこの事件の X，Y 両名の自白の特徴は，何といってもその変遷が激しいことです。その点をどのように捉えたのかという問題だと思います。事件の経過から明らかなように，両名とも，別件で逮捕勾留され，その身柄拘束中に本件の犯行を認めます。その後，別件で起訴され，身柄は拘置所に移されますが，そこで，両名とも否認に転じ，検察官による否認調

第8講　自白の信用性（その1）

書も作成されます。ところが，両名とも，逆戻りというか，代用監獄である
警察に移監されてしまい，そこで再び自白を始めるのです。このように，自
白か否認かという基本的なところでまず供述の変遷があります。さらに，そ
の間に多くの自白調書が作成されますが，その自白の内容についても，数多
くの変遷が見られました。しかもその変遷は広範囲にわたっています。端的
にいって，この変遷をどのように捉えたのかが判断を分けたと思うのです。
多くの場合，供述が変遷するのは，実は真犯人ではないからであり，捜査の
進展により，客観的な事実関係を順次把握した取調官の誘導により，その客
観的事実に整合するような供述が引き出されて行くからだと考えられます。

　A弁護士　確かに，変遷が激しいですね。しかし，例えば，再審前の確定
審の最高裁決定（前掲最〔2小〕決昭53・7・3）は，金員を見つけ出した場所，
奪取した金額，分配した金額，分配の場所等につき，被告人両名の自白が著
しく変転していることを認めながら，信用性を肯定しています。「一般に，
迎合供述あるいはでまかせ供述をすることがある場合，故意に金額等につい
ての供述を変転させ，後に至って犯行を否認する足がかりにするという場合
等，色々の態様を考えうる。」との一般論を展開した上で，Xが，供述の変
遷に関して，「奪取金額等について供述するところに，くい違いを残してお
けば，裁判で争うと通用すると考えたからである。」とか，「6万円盗んだと
金額を多く述べて嘘をいったのは，自分だけ奪った金額が少ないと信用され
ないと思ったからである。」などと述べる供述調書があることを捉えて，X
の供述の変転は，右の一般論の場合に該当すると説明しています。一般論と
しては，そのような場合があることは否定できないと思いますが。

　B弁護士　そのような説明でクリアできるような変遷だったのでしょう
か。あまりに大きすぎる変遷だったように思います。

　A弁護士　もちろん，その説明がすべてであったとは思えません。このよ
うな重大事件であるのに，両名が，かなり早い段階で罪を認め，その供述が
具体的で詳細なものであったことを前提に考えているのだと思います。

　B弁護士　今，供述が具体的で詳細であったという話が出てきましたが，
これは，自白の信用性を肯定するときに常套句のように出てくる表現ですね。
これに迫真的というような表現も加わりますが。木谷・石井論争という刑事

178

■布川事件

訴訟法に関する議論のやりとりがありました。今回の私たちの議論のなかでも，すでにご紹介したところです（第1講「3．検討」）。いくつかの問題点がこの論争の対象になりましたが，その1つが，自白の信用性に関するものです。木谷明氏は，自白の信用性判断に関する最高裁判例のなかには2つの流れがあり，1つは「自白の内容自体の具体性，詳細性，迫真性等からする直感的な印象を重視し，その変遷の状況，細部における食い違いなどは，重要性がないとして切り捨てようとする」立場であり，もう1つは，「自白の変遷の有無・程度や物的・客観的証拠による裏付けの有無などを検討し，より分析的・客観的に判断しようとする」立場であると分類し，後者が正しく，最高裁もこの立場に立脚するにいたっているとしました。これに対して，石井一正氏が反論し，論争が始まったのです。

A弁護士　石井氏は，前者の見方を擁護して，この立場が，自白内容の分析的・客観的判断手法を切り捨てているという指摘は言い過ぎであり，両者はいわば車の両輪みたいなもので，互いに他方の評価方法を切り捨てているわけではない，というものでした。最高裁判例の捉え方についても，木谷氏がいうように2つの流れが鮮明に存在するのではなく，それぞれの事案に応じて説明の仕方を使い分けているだけだとします。この石井説を支持する者も多く，私もこの説明に一応納得していました。

B弁護士　しかし，最高裁の判断に，2つの流れがあることは否定できない現実であり，この布川事件の最高裁決定は，明らかに前者の判断方法に従ったものといえます。木谷氏がいう分析的・客観的判断方法というのは，実務家を中心に構築された「注意則」[※2]の研究を前提にしているのですが，そこで提唱された「注意則」というのは，自白の信用性判断において，大変貴重な指針を提供するものです。私は，この「注意則」を基本とする判断こそが，自白の信用性判断を誤らないための本筋であると考えています。

（※2）　注 意 則
　　自白の信用性の判断手法として，この「注意則」という言葉が登場したのは，渡部保夫氏の論文「自白の信用性の判断基準と注意則について」（岩田誠先生傘壽祝賀「刑事裁判の諸問題」（判例タイムズ社）所収）が最初ではないかと思われます。

第8講　自白の信用性（その1）

渡部氏は，この用語を，「結局の証拠の判断を裁判官の自由心証に委ねつつも，究極の判断に至る途中において裁判官が反省吟味すべき，多少の具体性を持つ準則」の意味を表すものとして使用することを明言しておられます。上記論文においては，信用性の判断基準として，「第1　自白内容が他の証拠から確認された客観的事実と矛盾（合致）するかどうか」「第2　真犯人であれば容易に説明することができ又は言及するのが当然と思われるような証拠上明らかである事実について，説明の欠落があるか」「第3　自白に犯人しか知り得ない秘密の暴露が含まれているか」「第4　自白に犯人でなければ語ることができないような実感（臨場感）を伴った体験供述が含まれているか」「第5　自白に，写実性，現実親近性，具体性，直感性，明瞭性，気分描写，首尾一貫性，動機連鎖，内的一致性，等質性，個性透写性，自発性，独創性，主観的性質をもつ若干の細部の描写，ハ・ハーン体験の報告，個性的細目と特異性の説明などの特徴が含まれているか」「第6　逮捕後短時間内の自白かどうか」「第7　自白が安定し一貫しているか，又は変転動揺が著しいか」「第8　自白に次のような特徴が含まれているか（これらの特徴が見出される場合，自白の信用性に疑問が生じる）——不自然，不合理な供述，現実性に乏しい箇所，不自然なまでに詳細すぎる部分，異常な文脈，不自然な飛躍，不分明への逃避，趣旨不明な断片的供述，取ってつけたような説明，見当はずれの説明，無意味で矛盾を内蔵するようにみえる行動様式や行為の主張，出来すぎの供述，理屈っぽい供述，詳細すぎる供述と簡単な供述との混在，傍観者的な空疎な供述，個性的な細目と特異性の欠如，周辺事象の描写の不自然さ等」「第9　自白が『事件を囲繞し，かつこれと並存する諸情況』と矛盾し又は不調和の関係にあるか」，以上の9点を挙げ，さらに「自白の信用性判断に関する一般的な注意則」として，8点を挙げておられます。その特徴は，でき得る限り，客観的に観察し，検討できるように工夫を凝らしておられるところにあると拝察できます。これによって，裁判官の自由心証としてブラックボックスのなかにあった事実認定を客観化し，外部からの検討・批判を可能とする道が開かれたということができます。

　この研究に取り入れられた考え方は，その後，守屋克彦氏，木谷明氏らによって，継承，発展されて行きますが，その神髄は，それまでの直感的な印象を重視する考え方から脱却して，具体的な信用性の判断基準を打ち立て提唱したところにあります。そこでは，自白調書は，検証の対象となる客観的な証拠として取り扱われます。その点では，具体的な判断基準（項目）も含めて，その後の注意則研究の原型は渡部論文において形づくられていたといって過言ではないでしょう。この判断基準を用いることによって，これまでブラックボックスと化していた裁判官の判断過程を可視化し，客観視する道が開かれました。実際にも，このような判断基準に従って検討し，自白の信用性を否定した最高

■布川事件

裁判決が続きました（最〔3小〕判昭55・7・1判時971号124頁・判タ421号75頁，最〔1小〕判昭57・1・28刑集36巻1号67頁，最〔3小〕決昭57・3・16判時1038号34頁・判タ467号62頁，最〔2小〕判昭63・1・29刑集42巻1号38頁。なお，〔17〕参照）。

　　A弁護士　　私は，布川事件最高裁決定が供述の変遷に関して示したこの一般論は，本件布川事件に適用するのが適切であったかという問題はありますが，決して間違っているとは思いません。犯人であっても，すべて本当のことを言うとは限りません。記憶違いとか思い違いということもあるでしょうし，いろいろな事情から一部にうそを交えた供述を行うことはないわけではありません。自白していても，どうしても隠しておきたいことはあるはずです。犯行の根幹部分にまで変遷があれば，犯人性まで疑わしくなるということはあるでしょうが，その変遷が枝葉末節であったり，根幹部分が揺らいでいないのであれば，そのような変遷だけで，直ちに犯人性を疑うということにはならないと思います。その部分だけが重要なのではなく，供述の全体としての具体性，詳細性，迫真性，それに合理性などを総合的に考慮するというのは，むしろ当然のことのように思えるのです。

　　B弁護士　　供述の具体性，詳細性，迫真性なども加えて総合的に判断するというのですが，問題は，そこにまず目が行ってしまって，直感的に大筋の心証が形成されてしまうというところにあるのです。そうなると，注意則の判断基準からみれば問題とすべき点が出てきても，最初の印象に縛られてしまい，それをなんとか維持しようと合理化する方向に，思考をめぐらしてしまうのではないでしょうか。ところが，そのベースとなっている供述というのは，実際は取調べのなかで，取調官自らが作成した要領調書であり，すべて一人称で書かれたものです。調書の記載からは，その取調べの状況は見えてきません。むしろ，調書作成の巧拙が大きく影響します。供述の迫真性などといっても，その調書作成者（取調官）の文章力，法的力量などに負っているというのが実際ではないでしょうか。これは，自白だけではない供述調書一般の問題でもありますが。

　　A弁護士　　確かに，捜査段階で作成された供述調書については，被疑者の自白調書であっても，第三者の供述調書であっても，それが取調官の作成し

181

第8講　自白の信用性（その1）

た要領調書であることはそのとおりです。したがって，供述者の本当に語ったことと調書の記載内容が一致しているかどうかについて十分な注意を払わなければならないことは間違いありません。その点に異論はありません。

　　B弁護士　　しかし，注意を払うといっても，目の前に存在するのは，要領調書としての自白調書だけですから，そこから，原供述との違いを発見することは不可能のように思われます。結局このような直感的手法では，自白調書の信用性判断は，判断するものがそれを信用するかしないかの主観の問題になってしまうのではないでしょうか。

　　A弁護士　　そこまで言ってしまうのは言いすぎでしょう。忘れてならないことは，いくら取調官が作成した要領調書だといっても，法律家の作成した文書です。被疑者らの署名・押印があることによって，伝聞性が除去され，さらに自分に不利なことを認めていることによって，一定レベルの信用性があるとして，証拠能力が認められているのです。だからといって，絶対に信用性があるということにはならないかもしれませんが，そこでベースとして信用性が推定されていることは事実です。その上で，その供述内容に，具体性，詳細性，迫真性などが認められるとき，特段のことがなければ，その自白を信用すべきことになるのではないでしょうか。

　　B弁護士　　ここには，取調べの実態についての理解の違いがあるようです。法律の建前どおりではない実態が現に存在するのです。それを分かってもらいたい。ところで，私は，注意則に則った審理こそ，信用性判断の本筋であるといいました。しかし，「注意則」を軸として分析的に事実認定を行うという方向にも，問題はあります。注意則研究において示された分析項目はますます増え，あまりに精緻になったが故に総花的となって，かえって本質の判断ができなくなっています。そのこともありますし，もともと自白調書の信用性判断は，各検討項目の分析的検討だけで完結せず，その分析的検討を前提とした総合的判断を必要とします。この総合的判断過程が，実はブラックボックスとなっています。そのため，内実は，いったん，危険であるとして排除したはずの，自白内容の具体性，詳細性，迫真性などに基づく直感的印象がなお強い影響力を持ち続け，表面的には分析的手法を採っているように見えても，結局のところは，自白調書の記載内容そのものから直感的に心

182

■布川事件

証を形成していることもあり得るのです。これは，結局は，形を変えた直感
的手法にほかなりません。

(3) 客観的事実との整合性

A弁護士 木谷・石井論争に話が及び，供述の分析手法の問題，直感的判
断の問題と進んできましたが，この布川事件の自白を検討する上で，それ以
外の重要な問題は何でしょうか。

B弁護士 「客観的事実との整合性」の問題だと思います。これは，注意
則などというものを持ち出さなくても，供述一般の信用性判断において，常
に取り上げられてきたものだと思います。しかし，この布川事件の自白にお
いて，どうしても見逃せない問題があります。

A弁護士 どのような点に問題を感じられますか。最高裁も，検討してい
なかったわけではありません。ただ，「犯行現場の状況，犯行態様，殺害状況，
殺害後の犯跡隠蔽の状況に関する被告人両名の自白は，（中略）現場の客観的
情況，死体の状況に一致していて矛盾がない」としていて，これを否定的な
要素と見ないで，自白が信用できる肯定的な要素として掲げていたのです。

B弁護士 これは，注意則研究の弱点を露呈しているといってよいでしょ
う。第1に，判断の前提となる客観的事実の捉え方が甘いのです。例えば，
ここで挙げられている「被害者の殺害状況」について，再審の審理（鑑定）
によって明らかになった殺害状況と被告人らの自白との間には決して見逃せ
ない重大な離齬があったのです。つまり，おおもとの殺害状況についての事
実認定がしっかり行われていなかったのです。だから，自白の矛盾に気がつ
かない。殺害状況以外にも，再審の過程で認定された客観的事実と自白との
間に見逃せない離齬がたくさんあります。当初から離齬が明白であるのに，
それを離齬として認識していなかったと思われるものもあります。これは，
その離齬に気がついていなかったというのではなく，その離齬がさほど大き
な意味を持つものと考えなかったというのが正確なのかもしれません。先ほ
ど紹介した渡部論文で，「客観的事実に一見合致するように見えても，実際
には，微妙に食い違う場合がある。」として，大森勧銀事件（※3）における自
白を紹介しているのですが，この大森勧銀事件では，1審判決が11項目に

183

第8講　自白の信用性（その1）

わたって自白と客観的事実との合致を指摘して自白の信用性を高める事情としたのに対し，控訴審判決はことごとくその合致性を否定したというのです。これは，いったん，どこかで自白が信用できると判断すると，細かい検証がおろそかになってしまうという例証なのかもしれません。その細かいことこそが本当は重要なのですが。

（※3）大森勧銀事件

　大森勧銀事件と呼ばれるこの事件は，昭和45年10月18日東京都品川区の国電大森駅近くの日本勧業銀行大森支店に強盗が入り銀行宿直員が電気掃除機のコードで絞殺された凶悪な強盗殺人事件です。犯人として起訴された被告人は一審の東京地裁では有罪とされ，無期懲役の判決が宣告されましたが，2審では一転無罪とされ，最高裁も，2審の判断を支持し，無罪判決が確定しました（最〔3小〕決昭57・3・16判時1038号34頁・判タ467号62頁）。被告人は捜査段階で本件を自白したのですが，公判に入ってから一転否認したため，捜査段階の自白の信用性が裁判の大きな争点となりました（そのほかにも，現場に遺留されていた足跡痕が被告人の短靴によるものといえるか，被告人の友人に対する言動の真実性なども争点になりました）。最高裁決定は，自白の信用性につき，詳細な検討を行っていますが，なかでも供述の変遷や客観的証拠との整合性が重要な判断材料となっています。

　例えば，(1)　自白を裏付ける客観証拠に乏しいこと（ビニール手袋，ウォーターポンプ・プライヤー，ヤッパなど被告人が犯行に使用したとされるものがいずれも不発見。それらの入手関係についても確定できない），(2)　犯行状況に関する自白が犯行現場の客観的状況と合致しないこと（被害者を絞殺したというコードの状態に関して，被告人が供述する方法ではそのような状態を作り出すことが困難。被害者の右側頭部に3か所の打撲傷が認められるが被告人の供述する犯行態様ではそのような打撲傷を生じさせられない等々），(3)　犯行状況など重要な点に関して変転動揺が多くみられ，それが単なる記憶違いや不確かさなどに起因するものとはいい難いこと，などが，信用性を否定する事実として適示されています。このほかにも多くの問題点が指摘され，謎に包まれた事件でしたが，最高裁は，「被告人に不利益なすべての事実を総合しても，有罪の心証を得ることはできない」として，無罪としたのです。このような重大事件について，自白の信用性が否定され無罪となったことは，その当時刑事事件に携わる者にとって大きな衝撃でした。最高裁は事実認定に関していくつかの素晴らしい判決（決定）を出していますが，この決定は，その中でも白眉といってよいのではないでしょうか。

184

■布川事件

A弁護士　殺害状況について自白と再審の審理（鑑定）において明らかになった殺害状況との間には，確かに，大きな齟齬がありました。それが自白の信用性判断に影響したことは間違いないと思います。それ以外にも，確かに，自白と客観的事実の異なっている点がかなりありました。その点は，認めざるを得ないと思います。供述の具体性，詳細性，迫真性などの直感を重視するといっても，客観的事実との関係で不合理な点がないか，整合しているかということを問うのはあまりにも当然のことでしょう。これは，注意則とか，分析的判断方法などを持ち出す以前の問題ですね。

B弁護士　もう1つ重要なことは，最高裁決定では，「消極的事実」との矛盾が信用性判断の否定要素として取り上げられていないことです。渡部論文でも「消極的事実」との矛盾は看過されやすいと指摘しています。その例として，ジャンパーを着て数名を刺殺したとの自白に関して，ジャンパーに格別の血痕の付着が認められない事例を挙げています。本件では，偶発的な犯行であるというのに，自白を前提にすれば指紋が付着していておかしくない場所から，被告人らの指紋が1個たりとも発見されていないのですが，この点などがそれに該当します。「絶対に付着するとは言えない」，「付着しない可能性も存する」，「付着していないからといって，自白が信用できないということにはならない」，などという説示は，有罪判決でよく見かけるパターンですが，ときに重大な過誤を導きます。本件では，指紋の付着が見られないという点に加えて毛髪などの残留物も見られないなど当然存在しておかしくない証拠が検出されないという事実があり，これは，客観的事実との重大な齟齬として捉えるべきだったのです。

A弁護士　先ほど，客観的事実との整合性に関して肯定的に論じる最高裁決定が注意則研究の弱点を露呈していると言われましたが，どのような意味で言っておられますか。

B弁護士　注意則は，どのようなポイントについて注意しなさいというだけで，そのポイントに信用性を否定するだけの問題があるかどうかの判断については，特段の指示を与えていないということです。いやこれは，少し言い過ぎですね。渡部論文などを丹念に読めば，注意則は，それに関しても十分すぎる情報を与えてくれているのですが。むしろ，パターン化された判断

185

第8講　自白の信用性（その1）

基準だけが独り歩きしてしまったというのが正確かもしれません。ともかく，判断のポイントを明らかにしただけでは信用性判断に結び付けるには不十分なわけで，これまで論じてきたように，前提となる事実の認定に問題があったり，見るべきものを看過していたりするとどうにもなりません。また，その判断基準における問題性を自白の虚偽性に結び付けてよいのかという判断にはもう1段階（ワンクッション）あって，そこには，だからといって虚偽とはいえないとする様々な一般論が出されているのです。これは供述の変遷のところで出てきました。指紋や毛髪が検出されないなどという消極的事実の不存在をどのように解釈するのかという場面でも，同様の問題が出てきます。

(4) 取調べ状況など

　A弁護士　ところで，取調べの実態についての理解の違いが，信用性判断の在り方に影響しているという話がありましたが，重要なことは，その事件で，具体的にどのような取調べが行われ，それが，自白の信用性にどうかかわってくるかということでしょう。

　B弁護士　そのとおりです。だからこそ，被告人が過酷な取調べを訴え，その問題が提起されたとき，公正無私な態度で，その実態を審理してほしいのです。この点は，注意則判断においても，重要な点として取り上げられていますが，信用性判断の本丸ともいうべきところです。本件の第2次再審前の各裁判所の判断においては，取調べ過程に問題はないとされ，その点からも，自白供述の任意性，信用性は肯定されてきました。しかし，再審（本判決）においては，一転その取調べ過程に疑問があるとされ，任意性についても否定的な判断が下されます。

　A弁護士　この点は，最初に検討したところですが，自白の信用性についての検討を先行させ，どうしてそのような信用性に欠ける自白調書ができたのかと問い，その結果として，任意性に対しても疑問を提起しているのです。しかし，最高裁決定は，取調べ状況を検討した結果として，自白の任意性には問題がないとしていました。そこから信用性についても肯定できるという判断を導いて行くのですが，全く真逆の方向をたどっています。このような経過を見ただけでも，取調べ過程そのものを明らかにすることがいかに困難

■布川事件

であるかということが分かります。

B弁護士 取調べ過程を立証することの難しさは，そのとおりかもしれません。しかし，捜査官らの証言そのものだけを捉えてみても，不自然な点はあったのです。両名は別件で逮捕・勾留されますが，その別件の取調べのなかで，本件の強盗殺人に関してさほど厳しい追及も受けていないのに，ほとんど自主的に自白し始めたなどというのです。言葉どおり受け取れるような話ではありません。被告人らが真剣に取調べの実情を訴えていたこととの対比において，取調官らの説明に対しもっと疑問を持つべきだったのではないでしょうか。拘置支所に移監されて被告人らが否認し始めると，あろうことか警察署に再度移監するということも行われました。当然，裁判所はそれに同意していたはずです。とうてい見過ごすことのできない不公正なことが行われていたのです。事実認定を担当する裁判所はこのような重要な事実を絶対に見逃してはいけないのです。

A弁護士 ところで，先ほども出てきましたが，法改正により，取調べ過程の可視化がある程度実現することになりましたね。これには，捜査の適正化を図るのみならず，適正，迅速な審理を実現するという観点からも大きな期待が寄せられています。自白の信用性という問題も，この可視化が実現したことにより，大きく変わって行くように思います。自ら語り始めたのか，どのようなやりとりがあり，どのような説得によって自白するにいたったのか，また自白するときの様子や顔の表情なども，その判断の大きな要素になってきます。先ほどの，被疑者本人の供述と調書の記載内容が一致しているのか，そこに齟齬はないのかといった問題なども解決しそうです。

B弁護士 私もこの可視化に大きな期待を寄せています。しかし，自白の任意性，信用性を判断するには，否認から自白に転換するその場面こそが重要なのですが，この布川事件のような別件逮捕から始まる事件においては，その重要な場面が捉えられない，ブラックボックスになってしまう可能性があるのです。別件事件で逮捕勾留されている被疑者を取り調べたとき，起訴前であれば，可視化の対象とされていますが，起訴後については，はっきりしません。捜査当局は，そこは可視化の対象になっていないように説明しています。そのような運用だと，その部分の録音録画が義務化されません。別

第8講　自白の信用性（その1）

件逮捕した事件の身柄拘束を利用して，本命となる事件の取調べを行うことは，捜査の常道みたいになっていますが，本件布川事件でも，いったん否認に転じた被告人らが再び自白するようになったのは，窃盗，暴行などの別件で起訴された事件の起訴後の身柄拘束中のことでした。先ほど言いましたが，このとき，拘置支所から警察代用監獄施設への移監も行われているのです。ここの部分が可視化されないのであれば，法改正といっても無意味です。その点では，この改正は中途半端なものに終わっています。だとすると，残念ながら，この布川事件で生じたような問題は今後も起こる可能性があります。この布川事件の教訓はここでも生かされなければならないと思います。それから，もう1つ。供述するときの顔の表情やしぐさなども，それによって本当に，供述の真実性が明らかになるのか否か，この点は十分な解明がなされているわけではありません。それがかえって，冤罪を生むのではないかとの危惧も出されています。これで，すべてが解決というわけでは決してないのです。

研究ノート

◆自白の信用性判断

(1)　木谷・石井論争の第二幕

　すでに，第1講で，木谷・石井論争について触れました。この論争は多岐にわたりますが，第1講での問題は，主として「合理的疑い」でした。それを第一幕とすると，「自白の信用性判断」に関する論争は第二幕ということになります。木谷明氏は，自白の信用性判断に関する最高裁判例のなかには2つの流れがあり，1つは「自白の内容自体の具体性，詳細性，迫真性等からする直感的な印象を重視し，その変遷の状況，細部における食い違いなどは，重要性がないとして切り捨てようとする」立場であり，もう1つは，「自白の変遷の有無・程度や物的・客観的証拠による裏付けの有無などを検討し，より分析的・客観的に判断しようとする」立場であるとし，後者を正しい立場であるとしました[10]。こ

■布川事件

れに対して、石井一正氏が反論し、論争が起こりました[12][14]。なお、木谷氏の推奨する分析的・客観的判断方法は、渡部保夫氏や守屋克彦氏、そして木谷氏ら実務家によって育まれてきた「注意則研究」をその下地にしています（本講「3．検討」の※2参照）。石井氏は、前者の見方を擁護し、自白内容の分析的・客観的判断方法を切り捨てているという指摘は言い過ぎであり、両者は車の両輪みたいなもので、互いに他方の評価方法を切り捨てているものではない、もともと2つの判断方法はいずれかの一方が正しいというほど絶対的なものではないと論じました[14]。

　この論争の裏には、2人の間に、訴訟観・事実観についての違いがあるといわれますが[15]、この問題は、具体的に考えたほうが分かりやすいと思います。

　今、裁判官ら判断者の前には、ある被告人の自白調書があります。それを読み込むなどして、これからその信用性を判断して行くのです。一方は、その供述に変遷はないか、客観的事実との離齬はないかなどと注意則が掲げる判断基準に基づいて検討します。そこで問題がなく信用性が認められるとすると、改めてその自白に証明力（証拠価値）を付与し事実認定に供するということになります。もう一方は、記載内容に注目し、供述の具体性、詳細性、迫真性等から直感的にその供述が信用できるか否かの判断を行います。そこでは、その過程において、すでに大筋の心証が出来上がっています。とはいえ、車の両輪というのですから、注意則に基づいて各判断基準に抵触するようなところがないかどうかとの分析的・客観的判断も欠かさず行うことになります。しかし、大筋の心証が出来上がっているとするとそこで一体何ができるのでしょうか。仮に判断基準に抵触するような事実を見つけ出したとしても何ができるというのでしょうか。もう大筋であれ心証が出来上がっているとすれば、その心証に合わせて説明せざるを得なくなるのではないでしょうか（説明のための一般論を数あるメニューのなかから見つけ出すのはさほど困難な作業ではありません）。2つの判断方法は車の両輪であるといわれますが、このように見てくれば、実は全く違った作業を行っていることが分かってきます。後者の方法では、本人の供述がそこに正確に記載されているかど

189

第8講　自白の信用性（その1）

うかさえ見分けることができません。署名・押印があるからといって，それは証拠能力をクリアするための最低限の要請であって，それで本人の供述が正確に記載されたと安心できるといった単純な問題ではありません。そして，仮に，本人からそのような供述が実際に引き出されていたとしても，それが真実に合致した供述であるか否かは，その取調べの実態が明らかにならない限り明確にはならないはずです。大筋の心証を固めて，そこから出発するという作業工程をとる限り，結局は，どのような形であれ，いったん自白したものは真犯人であると決めつけてしまう危険性をはらんでいます。このような手法のバックグラウンドには，公判でいくら否認しても，捜査機関にいったん自白した者は犯人と推定されるという，無罪の推定とは完全に逆転した予断と偏見が見られ，そこには，捜査官は不正義なことは行わないという絶対的な信頼感があるよう思われます。これに対して，「注意則研究」を下地にした，分析的判断方法の立場は，録音録画などがまだ実現していなかった時代に，取調べの実態が明らかにならない状況の下で，自白調書の記載自体を重要な手掛かりにして，何とかそれに肉迫しようとするものだったのです。そこには，まったく異なる発想が見られます。

(2)　「注意則研究」の有効性とその限界

　かつて実務では，自白の信用性判断に関して，内容自体の具体性，詳細性，迫真性などから感じとれる直感的な印象を重視して判断することが，当然のこととして受け入れられてきました。自白といってもその多くは，捜査段階で作成された自白調書ですから，その自白調書を精査し，上記のような表現にふさわしい記述が存在するか否かを判断基準としていたわけです。しかし，それは，自白調書が，被疑者が供述したそのとおりを記載したものではなく，取調官とのやりとりのなかで，取調官が一人称で書きあげた書面であるという調書作成過程の実態を没却した議論といわざるを得ませんでした。そのような記述があるかないかは取調べの状況に大きく影響されます。また，調書を作成した取調官の文章力，法律知識などによっても大きく左右されます。さらに，そのような調書

■布川事件

の記述を実際どのように感じとるかは，ひとえに裁判官の心証に委ねられ，その判断過程をブラックボックス化するものでもありました。そのような反省に立って，分析的な思考方法に立脚し，その信用性の判断基準を客観化するものとして，「注意則」というものが，実務家を中心にして，提唱されたのです。本講の検討に出てきた渡部保夫氏の論文は，たぶんその初期のものであったと思われます。そして，その後研究者も加わって「注意則研究」が発展してきました。

　しかしながら，近時この「注意則研究」に基づく信用性の分析的判断方法について，その限界が指摘されてきています。いろいろの方向からの指摘がありますが[15][22]，その１つに注意則そのものが内包している限界というものがあります。それは，注意則を適用したとしても，自白の信用性が一義的な結論として導かれないことです。例えば，「供述に変遷があるか否か」という判断基準（分析項目）１つを取り上げてみても，簡単ではありません。仮に供述の変遷が見られた場合であっても，それがはたして被告人の自白の虚偽性を示すものかどうかの具体的判断（これが分析ですが）は，判断者によって大きく異なるのです。そこには様々の捉え方があり，一般的・抽象的にはいくつもの説明が可能です。つまり，「真犯人でないから供述が変転する」という意味で，自白の虚偽性を示すものであるという以外にも様々な説明があり得るのです。本件布川事件においては，実に変転極まりないほどの変遷が見られるのですが，最高裁決定においては，「わざとうその供述をしておいてあとから事件をひっくり返そうとした」などという説明が可能であることが示されています。そのほかにも，供述の変遷を，信用性の減殺に収れんしない様々な説明が見られます。

　また，供述の変遷は，１つの重要な判断基準（分析項目）ですが，そのほかにも多くの判断基準があります。自白内容の合理性，客観的事実との整合性，秘密の暴露の有無などは判断基準としてスタンダードなものです。自白の信用性を分析的に評価するといった場合，たいてい，１個の判断基準の分析だけで結論を出すことは困難ですから，これらの各判断基準を総合した判断とならざるを得ません。そして，その総合評価

第8講　自白の信用性（その１）

をどのようにして行うのか，その手法は必ずしも確立されているわけではありませんから，ここにも，信用性判断をブラックボックス化させる要素が伏在します。

　さらに，このような注意則に基づいた分析的判断方法が有力となるにつれて，捜査官側から，それに技術的に対応する方法がとられることになります。あえて，供述の変遷過程を示す供述調書を作成しないとか，作成したとしても廃棄してその痕跡をなくしてしまうとかの方策がとられました。調書として残すときにも，その変遷の理由をもっともらしい形に残すとか，大勢に影響のない部分の訂正を長々と書き加えるなど，自白が信用できることをあの手この手で強調したのです。布川事件の自白調書に見られる変遷の理由の長々とした説明などは調書作成者のそのような苦心のあとといってもよいでしょう。

　このような事態を目の当たりにして，注意則研究に基づく分析手法がはたして真に信用性判断の基準として機能しているのか，疑問視されるようになってきました。自白の信用性判断の決め手は実際は別のところにあり，結局は，詳細に書かれた自白調書に目を奪われ，自白は真実であると妄信するようなことになっているのではないか，注意則は単に説明のための道具（ツール）として使用されているにすぎないのではないかというような批判を浴びることになったのです。これが実情だとすれば，当初の分析は，一体何だったのかということになってしまいます。元の木阿弥で，これでは全体的，直感的，印象的判断といわざるを得ないことになってしまいます（実はこの問題は，注意則を下地にした分析的・客観的分析判断方法が実務において十分確立し得ていないこと，そして，自白の内容自体の具体性，詳細性，迫真性などによる直感的な印象を重視する判断方法が未だ根強く存在することと深くかかわっています）。

　近年，注意則研究に対する消極的評価が続くなかで，それを克服しようとする新たな試みが，２つの方向から，なされてきています[22]。１つは，これまでのような裁判官を名宛人とする注意則研究ではなく，裁判官と当事者間における，証拠評価をめぐるコミュニケーションの適正化に資するより精緻な注意則の研究をめざすもので，両者の唯一のコミ

■布川事件

ュニケーションツールである判決理由の書き方の適正化のための注意則の呈示を当面の目標とするものです[24]。もう1つは，供述心理学的アプローチです。例えば，「被告人が本件犯行を体験した真犯人である」という仮説と「本件犯行を体験していない無実の者である」という仮説の2つの仮説を立てた上，心理学的アプローチによって，自白の信用性を判断しようという手法などが，その代表的なものとして提起されています[25][26]。これらの詳細については，次の講に譲ります。

● 参考文献 ●

[1]　伊佐千尋『舵のない船』（現代人文社）。

[2]　佐野洋『檻の中の詩—ノンフィクション・布川事件』（双葉社）。

[3]　菅野良司『冤罪の戦後史』第9章・190頁（岩波書店）。

[4]　秋元理匡・松江頼篤「布川事件再審無罪判決と弁護活動」季刊刑事弁護67号75頁。

[5]　法政大学法科大学院刑事事実認定研究会「第六回刑事事実認定研究会結果報告」法政法科大学院紀要8巻1号87頁。

[6]　渡部保夫「自白の信用性の判断基準と注意則について」岩田誠先生傘壽祝賀『刑事裁判の諸問題』295頁（判例タイムズ社）。

[7]　渡部保夫『無罪の発見』（勁草書房）。

[8]　守屋克彦『自白の分析と評価』（勁草書房）。

[9]　田崎文夫＝龍岡資晃＝田尾健二郎『自白の信用性』（法曹会）。

[10]　木谷明『刑事裁判の心—事実認定の適正化の方策』第3章・184頁（法律文化社）。

[11]　木谷明『事実認定の適正化—続刑事裁判の心』第1章・3頁（法律文化社）。

[12]　石井一正「ブック・レビュー　木谷明『刑事裁判の心—事実認定適正化の方策』」判例タイムズ1144号42頁。

[13]　石井一正『刑事事実認定入門〔第3版〕』（判例タイムズ社）。

[14]　石井一正『刑事訴訟の諸問題』第26章・505頁（判例タイムズ社）。

[15]　平田元「事実認定の理論と裁判実務—自白の注意則研究を中心に」法律時報962号24頁。

[16]　古賀康紀＝船木誠一郎「刑事弁護と事実認定」法律時報962号30頁。

[17]　門野博「事実認定」『刑事手続(下)』773頁（筑摩書房）。

第8講　自白の信用性（その1）

［18］　山崎学「自白の信用性」『新刑事手続Ⅲ』215頁（悠々社）。

［19］　若原正樹「被告人の自白の信用性」『刑事事実認定重要判決50選(下)』228頁（立花書房）。

［20］　村瀬均「自白の信用性の評価」『刑事訴訟法の争点〔第3版〕』174頁（有斐閣）。

［21］　中谷雄二郎「自白の信用性の評価」『刑事訴訟法の争点〔新・法律学の争点シリーズ6〕』160頁（有斐閣）。

［22］　石塚章夫「自白の信用性」『刑事事実認定の基本問題〔第3版〕』207頁（成文堂）。

［23］　石塚章夫「任意性・信用性判断の到達点とその限界」『供述をめぐる問題』23頁（岩波書店）。

［24］　中川孝博『刑事裁判・少年審判における事実認定—証拠評価をめぐるコミュニケーションの適正化』（現代人文社）。

［25］　浜田寿美男『名張毒ぶどう酒事件自白の罠を解く』（岩波書店）。

［26］　浜田寿美男『自白の心理学』（岩波新書）。

［27］　浜田寿美男「虚偽自白はどのようにして生じるのか」『供述をめぐる問題』92頁（岩波書店）。

［28］　高木光太郎『証言の心理学』（中公新書）。

■クローズアップ②　相次ぐ再審開始

◆クローズアップ②

相次ぐ再審開始
──袴田事件，東住吉放火事件，大阪市女児レイプ事件，
　　松橋事件，銃おとり捜査事件，大崎事件

1．はじめに

　近時，標記のような事件に関して，次々と再審開始が認められ，なかには
無罪が確定したものもあります。再審開始が開かずの扉などとよばれていた
ことからすると，隔世の感がありますが，それぞれの事件を捉えてみれば，
多くの困難を乗り越えての再審開始であり，真の無罪にたどり着くにはさら
なる苦労が待ち構えている事件もあります。ここでは，大阪市女児レイプ事
件，松橋事件について，冤罪防止の観点から，その事実認定上の問題点をお
伝えしたいと思います。

2．大阪市女児レイプ事件

　この事件は（「大阪市強姦虚偽証言再審事件」などともよばれます），強姦罪等で
起訴された男性に有罪判決が確定しましたが，被害者の証言が虚偽であるこ
とが判明し，平成27年2月27日再審開始が決定されました。再審開始に先
立ち，服役中の男性は釈放され，検察官は再審開始を争わず，再審の公判で
も，無罪の意見を述べました（無罪判決確定）。それほど，明白な冤罪事件で
したが，再審前の1，2審では，被害女性らの証言の信用性が認められ，そ
の男性は懲役12年の有罪判決を受けていたのです。

　この男性（X）は，妻の連れ子である女性（A）の長男（B）と長女（C）
を預かって妻とともに2人を養育していました。このCに対して，強姦（平
成16年，平成20年の2件），強制わいせつ（平成20年の1件）の行為に及んだと
して有罪判決を受けたのですが，このほかにも，繰り返し性的虐待を行って
いたと認定されました。この有罪判決を支えたのは，被害を受けたというC

195

第8講　自白の信用性（その1）

の供述と，それを目撃したというBの供述でした。CがXの犯行を訴えたのは，14歳のことでしたが，1審判決は，わずか14歳の少女がありもしない強姦被害をでっちあげるまでして養父（実質上の祖父）を告訴すること自体考え難いことであって，もしそのような稀有なことがあるとすればよほど特殊な事情がある場合に限られるとして，弁護人から出された反論や疑問点をことごとく退けました。しかし，Cの供述は明らかに虚偽でしたが，そもそも，その供述内容には不自然な点が多々あり，有罪判決を支えるにはとても十分なものとはいえなかったのです。

　弁護人が不自然だとして挙げた事実は多数に上りますが，例えば，供述の変遷に関して，以下のような事実があります。平成20年10月7日付け検察官調書では，「最初に被告人に強姦されたのは，小学校6年生になった平成17年のことであり，「その日は，夕食後自室の部屋でお菓子を食べていたが，そのお菓子は，Eおばさんが経営している美容室の従業員であるHさんの娘さんであるFさんの結婚式の引き出物であり，このFさんの結婚式が11月20日であったことは覚えているから，被害に遭ったのは，その翌日の平成17年11月21日のことである。」「強姦されたその日の夜，トイレに行ったときパンツに血が付いていたので，ナプキンを付けた。私は小学校6年生の10月ころから生理が始まっていたが，普通，生理は1週間くらい続くのにその血はすぐに止まったから，『生理じゃなかったのかな，おかしいな。』と思った。」と供述していたのですが，その調書の作成日から5日後の平成20年10月12日付け検察官調書では，その後の警察の捜査でF氏の結婚式が平成17年ではなく，平成16年であったことが判明したのを受けて，「最初に強姦されたのはFさんの結婚式の翌日であったことははっきり記憶しているから，Fさんの結婚式が小学校6年生のときではなく小学校5年生のときであったのなら，小学校5年生の平成16年のことが正しい。私の記憶の中では小学校高学年のころという記憶であったから，最初平成17年とお話しした。」と供述を変更させています。そして，公判段階の証人尋問期日では，後者の供述を維持しつつ，「最初に強姦されたときに血が出たので生理かなと思ったけど，1日で終わったから違うかなと思ったことは事実である。生理のことは小学校5年生のときから知っていた。それで，当時ナプキンを持

■クローズアップ②　相次ぐ再審開始

っていなかったが，これを買って付けた。」と証言するにいたります。弁護
人は，この強姦の日付を１年間も間違えていたことにつき，看過し難い供述
の変遷であるとし，このような変遷を前提にすると，変遷前の供述のうち，
小学校６年生の10月ころにすでに始まっていた生理かなと思った旨の箇所
の説明がつかなくなってしまい，これは虚偽供述の徴表であると主張しまし
た。しかし，１審判決は，「Ｃは，被害に遭った日付をＦ氏の結婚式の翌日
ということから記憶喚起し，この点は一貫して維持しているのであって，た
またま結婚式があったのが平成17年か平成16年かという点に錯誤があった
にすぎないのである。錯誤の理由についても，Ｃは，証人尋問中において，
さらに，小学校５年生と６年生とでは担任の先生もクラスの人も同じであっ
たから混乱したとも説明しているのであって，この説明は十分納得し得るも
のである。また，出血の点についても，Ｃは，当初は小学校６年生のときの
ことであるとの前提で供述していたため，出血に関する上記のような供述が
なされたものと推測するのが最も自然な理解である。」などとしてこれを排
斥しました。２審の判決も，「この説明（１審公判廷の説明）に格別不合理とす
べきところはない。むしろ，Ｃは，被害に遭った日付を，知人の結婚式の翌
日であったということから記憶を喚起したことについては，捜査段階から一
貫して供述していることが認められ，供述が変遷していることも，上記結婚
式が平成17年か平成16年かという点を誤ったにすぎないと見ることは十分
に可能である。」などとして一蹴したのです。

　このＣの供述の変遷は，どう見ても不自然であり，１，２審裁判所がいく
ら言葉巧みに説明しようと，容易に納得できるようなものではありませんで
した。また，目撃者とされたＢの供述にも，Ｃと同一の変遷が見られ，平成
17年と16年を取り違えて供述していたのです。これをただの偶然とみるの
はいささか困難でした。たとえ，これらの供述を直ちに虚偽とまではいえな
いとしても，疑わしい供述とみて，さらに検討を深め，そのほかの証拠の検
討にあたっても慎重に目配りすべきであったと思われます。

　その後Ｘの服役中に，弁護人からの聞き取り調査に対して，Ｃは，Ｂとと
もに，虚偽の供述をしたことを告白し，母親Ａから執拗な追及を受けて抗し
難く，心ならずも，そのような虚偽の供述を行ったことを詳らかにしたので

197

第8講　自白の信用性（その1）

す。再審請求を受けて，再捜査が行われ，Cの診療記録（カルテ）が存在し，そこに，「処女膜は破れていない」との医師の記載があることが明らかになりました。ところで，その診療記録をめぐっては，2審で弁護人がAの供述に出てくる診療記録（カルテ）が存在するはずだと訴えましたが，検察官は「ない」とだけ回答し，また，弁護人から，Cの再尋問やCの供述の心理学的分析を行った鑑定書などの証拠調べが請求されましたが，裁判所の認めるところではありませんでした。このような審理の経過にも疑問を感じますが，前記のような供述の不自然な変遷にほんの少しでも留意すれば，このような不条理な結果になることはなかったでしょう。

3. 松 橋 事 件

松橋事件（「まつばせじけん」と読みます）というのは，昭和60年1月8日，熊本県松橋町（現宇城市）で，同地に居住する男性が自宅で刺殺死体として発見された殺人事件です。死亡推定時期は1月4日から6日の間とされ，5日の夜，被害男性の自宅で飲食をともにした知人のうち，このとき，被害男性と口論をしたY（当時51歳）が疑いを持たれました。Yは任意で連日取調べを受け，ポリグラフで検査反応が出たと告げられるなどして，犯行を自白し，逮捕されました。犯人として起訴されたYは，公判においても起訴事実を認めましたが，第5回公判の被告人質問において犯行を否認し，その後一貫して無罪を主張しました。しかし，1審は，懲役13年の有罪判決を言い渡したのです。

この判決の問題点は，Yと犯行を結びつける直接証拠は自白のみで，物的証拠も目撃者など第三者の供述などもないということでした。Y宅から発見された切出し小刀が凶器とされましたが，そこから被害者の血痕等は検出されませんでした。その矛盾を解消するためか，Yの自白は，切出し小刀の柄の部分に血がしみこまないように布切れを巻き付け，犯行後に焼却し，切出し小刀は研いだなどと変遷します。そのほか，軍手を使用して犯行に及んだとしていましたが，当初はその軍手を川に捨てたとしていました。しかし，川をさらっても発見できなかったことに連動して，風呂の焚口で燃やしたと

198

■クローズアップ②　相次ぐ再審開始

変遷します。このように，Ｙの自白には，捜査の進展に合わせるような形での変遷が見られ，もともと信用性に疑問のあるものでした。

　有罪判決は確定し，Ｙは服役を終えますが，平成24年に熊本地裁に再審を請求します。そして，証拠の開示によって，凶器に巻き付けたとされる布切れが実は熊本地検に保管されていることが明らかになりました。この布切れはシャツを5片に分けたうちの1片でしたが，これによって焼却したというＹの供述が虚偽であることが明白になったのです。この布切れに血痕などはついていませんでした。

　平成28年6月30日，熊本地裁は，再審開始を決定しました。すなわち，凶器とされる切出し小刀に布切れを巻き付けたなどという話は全くの作り話ではないかとの合理的疑いが生じているとした上，その切出し小刀では被害者の創傷の一部が成創できない疑いがあること，確定審が「秘密の暴露」として評価した事実関係について，当初から捜査官が認知していたものであってそれが「秘密の暴露」には当たらないことなどを適示し，Ｙの自白の信用性が揺らいでいるとして，再審開始の理由があるとしたのです（検察官は即時抗告）。

　本件では，再審請求審において，多くの証拠が開示されましたが，証拠開示された客観的証拠によって自白の信用性が覆された典型的なケースといえます。「布川事件」などにおいても，再審における証拠開示の重要性が明らかにされていましたが，改めて，その重要性が確認された形です。

第9講
自白の信用性（その2）
──信用性判断の新たな展開

■広島保険金目的３人殺害事件

第9講

自白の信用性（その２）

― 信用性判断の新たな展開 ―

■広島保険金目的３人殺害事件
（最〔１小〕決平成24年２月22日裁判集刑307号509頁，判時2155号119頁）

判　旨　被告人の自白には，その信用性を高める複数の事情が認められ，これらによれば，その信用性は相当に高いという評価も可能と思われ，その旨の所論も理解できないものではなく，本件殺人，放火事件の犯人が被告人である疑いは濃いというべきである。しかしながら，原判決は，被告人の自白の不自然，不合理な点として主に２つの点（註：生命保険契約に関する認識及び犯行動機の形成過程，被告人の周辺から灯油成分が検出されたことを示す証拠がないこと）を指摘しており，これらの指摘は，以下に述べるとおり，いずれも論理則，経験則等に違反するものとはいえず，原判決が結論として被告人の自白の信用性を否定したことが，論理則，経験則等に照らして不合理であるということはできない。

《被告人が捜査官以外の者にした犯行の告白等に関する判示》

　被告人の言動（註：捜査官以外の者にした犯行の告白等）は，いずれも被告人の自白の核心部分が真実であることを前提とするものといえるが，その性質としては飽くまで自白あるいはこれに準ずるものである。しかし，捜査官に対する自白のほかに，捜査官以外の者に対する告白等がある場合には，その存在自体が，捜査官に対する自白を含めた全体としての被告人の自白の信用性判断において重要な要素になり得るというべきである。そして，捜査官以外の者に対する告白等の証明力を判断するにあたっては，捜査官の影響下で捜査官に対する自白の延長として行われたものではないか，言葉の多様性等に照らし，その言動が真に犯行を自認する趣旨のものといえるか，当時の被告人の肉体や精神の状態に鑑みて真しな犯行の告白とみることに疑問はないかなどの点について慎重に検討することが必要である。

203

第9講　自白の信用性（その2）

1. はじめに

　今回も自白の信用性を検討します。ここで取り上げた事件は，保険金目的で複数の者を殺害するなどしたという重大事案ですが，ここでも被告人の自白の信用性が問題となりました。最高裁は，自白の信用性を否定した，1，2審判決を支持したのですが，職権判断において，詳細な理由を付しました。ここからは，多くの学ぶべき点があるように思います。第8講で触れたとおり，自白の信用性判断については，注意則研究を中心に多くの議論が展開されてきました。しかし，その後，その限界が意識されるようになり，新たな模索が始まっています。その一方で，取調べの可視化が実現するなど，新たな潮流も生まれてきています。本講では，改めて，注意則研究の有用性を確認しながら，将来に向かっての方向性をお示しできたらと思います。

2. 事案の概要

(1) 事件の内容

　被告人は，元妻と共謀して，児童扶養手当の受給要件を偽り手当金を詐取したとの事実と，被告人単独で，保険金の取得目的で，実母を殺害し，さらに実母の家に放火して実子2名を殺害したが，実妹の殺害は未遂に終わったとの事実，その後，実母及び実子の生命保険金等を詐取したとの事実により起訴されました。

　このうち，殺人，殺人未遂，現住建造物等放火に係る公訴事実の要旨は，「被告人は，借金等の返済に窮したことから，実母（当時53歳）の死亡保険金等を入手するため，実母を殺害した上，実母方に放火するなどしようと企て，①平成13年1月17日午前3時過ぎ頃，広島市西区内の実母方において，殺意をもって同女の頸部を両手で強く締め付け，よって，その頃，同所において，同女を窒息死させて殺害した。②同日午前3時30分頃，同女方2階で就寝中の実妹，長女及び二女を死亡させることもやむなしと決意し，同人ら

204

■広島保険金目的３人殺害事件

が現に住居に使用する実母方１階６畳間のベッド，たんす，カーペット，灰
皿等に灯油をまいた上，所携のライターで上記灰皿内のタバコの吸い殻に点
火して火を放ち，その火を壁，柱等に燃え移らせ，よって，その頃，実母方
を全焼させて焼損するとともに，長女及び二女の両名をいずれも焼死させて
殺害したが，実妹については，同人が火災に気付いて屋外に退避したため，
殺害するに至らなかった。」というものです（以下，この殺人，殺人未遂，現住建
造物等放火事件を「本件」といいます）。

(2) 事件の経過

　１審は，本件について，自己が犯人であるとする被告人の捜査段階の自白
は信用することができず，被告人が犯人であるとするには合理的な疑いが残
るとして無罪を言い渡しました（児童扶養手当を詐取したとする詐欺，本件殺人，
放火事件を前提とする保険金等の詐欺についても無罪としました）。検察官は本件につ
いて，事実誤認等を主張して控訴しましたが，２審はこれを棄却しました。
　２審が１審判決に事実誤認がないと判断した理由は，有力な情況証拠が存
在せず，被告人と犯人とを結び付ける唯一の証拠は被告人の捜査段階の自白
であるが，その自白には，２点において，不自然，不合理なところがあり，
信用できないというものでした。１つは，犯行の動機，目的に関する被告人
の供述内容です。実母にかけられていた生命保険金を取得するために犯行に
及んだというのですが，その生命保険契約に関する被告人の認識は漠然とし
たものであったのに，それにもかかわらずそれ以上のことを知ろうとさえし
なかったという点で不自然であり，当初は自殺願望だった犯行動機が死刑願
望に変わり，それが一転して保険金目的に変わったという点でも不自然であ
り，自白の信用性には看過できない疑いがあるというのです。もう１つは，
犯行態様についての被告人の供述内容です。被告人の説明する灯油の散布状
況によって，被告人の手だけに灯油が付着し，その着衣等に灯油が付着しな
かったということは不自然である上，捜査の状況に照らしても，被告人の周
辺のいずれからも灯油が付着した形跡を示す証拠が見つからず，ここにも被
告人の自白の信用性には看過できない疑いがあるというのです。
　事件は最高裁まで争われましたが，最高裁は，検察官の上告趣意は適法な

第9講　自白の信用性（その2）

上告理由に当たらないとした上で，原判決に重大な事実誤認がない理由を詳細に判示しました。

3. 検　　討

(1)　自白の信用性を否定した諸事情

A弁護士　最高裁は，小田急線痴漢事件において，「上告審における事実誤認の判断の在り方」につき，「上告審における事実誤認の主張に関する審査は，原判決の認定が論理則，経験則に照らして不合理かどうかの観点から行うべきである」としましたが，これを前提とする判示が，本決定においても随所に見られます。本件は，原審が無罪であり，原審尊重という要請はより強いものがあるといえますから，本件で，原審尊重を基本原理とするこのような判断の在り方を前面に押し出したとしても，それに対して異論が出ることは少ないものと考えますが。この点はいかがでしょうか。

B弁護士　私も同様に考えます。しかし，そのような判断の在り方を前提とする決定であったとしても，何をもって論理則とするのか，何をもって経験則とするのかという判断に関しては，事実審である1，2審の判断と共通のものがありますから，本決定によって示された「自白の信用性」についての考え方は，この点を掘り下げる際の格好の材料になるのではないでしょうか。

A弁護士　それでは，早速ですが，本決定の中身の検討に移ることにしましょう。本事件においては，被告人の犯人性が問題になっていますが，本決定は，自白を除くと，有力で確実な情況証拠がないとの証拠構造を前提にして，自白の信用性を検討しています。そして，被告人の自白には，①自白内容において，死因が頸部圧迫による窒息死であること，残燃物から灯油成分が検出されたことなどの点で客観的証拠関係と符合している，②自白の経過等に不自然な点がない，③被告人が捜査官以外の者に対して「犯行の告白」と解される言動を行っている，④客観的状況からは犯人は被害者の母親と身近な関係を有する者と見るのが自然である，といった，被告人の自白の信用

206

性を高める事情があるとしながらも，結局は，自白の信用性を否定しました。

B弁護士　そのとおりですね。自白の信用性は相当に高いとの評価も可能であるとし，被告人は，本件殺人，放火の犯人である疑いが濃いとまでいいながら，結局，自白の信用性を否定しているのです。自白の信用性に疑問を呈したのは，動機につき保険金目的といいながらその保険の内容を十分認識していなかったなどという点に不自然なところがあるということと被告人の灯油を散布したという犯行態様の自白に関して，被告人の着衣や周辺から灯油成分が検出されていないということ，この２点です。どちらも自白の信用性を考えるにあたって，見過ごすことができない事実であると判断したのです。

A弁護士　１つずつ見ていきましょうか。第１点は，動機について問題が指摘されていますが，生命保険金目当てという点に関して，契約内容について具体的内容を知らず，またそれを知るための具体的行動もしていないのにこのような重大犯罪に及ぶだろうかという点を疑問視していますが，そのようなこともあり得ないことではないという見方についても結構言及しています。そのような見方もあるとしながら，それは，可能性にとどまり，先に述べた疑問が払しょくされるわけではないとしました。

B弁護士　結論として，そのような疑問を抱くことは不自然不合理でなく，論理則，経験則に反しないといっているわけですが，これは，十分納得できるように思いました。この点は，後の灯油に関するところでも出てきますが，今言われたように，そのようなこともあり得ないことではないという見方を詳しく述べた上で，「そのようにみる余地や可能性があるというにとどまるのであって，被害者(実母)の生命保険契約について漠然とした認識しかなく，被害者を殺害しても生命保険金が入るかどうか確かではないのに，その取得を動機として実母の殺害に及ぶのかという疑問を払しょくし去ることは困難である。そうすると，原判決の指摘する自白内容の不自然さは否定できず，原判決の評価が論理則，経験則等に違反するとはいえない。」と判示しているのです。この判示の仕方は大変新鮮に感じられます。反対の考え方も紹介した上での判断であることから，説得力も生まれます。

A弁護士　確かに，分かりやすいですね。動機の点では，保険金目的とい

第9講　自白の信用性（その2）

う点で疑問があるとされただけでなく，不自然な変遷があるとの指摘もあり
ました。この点も大きかったと思います。動機の点はここまでにして，もう
1つの犯行態様に関係する疑問点に移りたいと思います。被告人の供述する
犯行態様で，被告人の手だけに灯油が付着し，その着衣等に付着しないとい
うのは不自然であり，被告人の周辺のいずれにも灯油の付着を示す証拠がな
いことも，不自然であると指摘されています。客観的事実，といってもある
はずの事実がないという消極的事実ですが，これに合致しない供述であった
というのです。これは，注意則研究でも，見逃してはならない点だといわれ
ていましたね。

　B弁護士　そうです。ここで注意則のことを言っていただいてうれしいの
ですが，これは，自白による犯行態様から，返り血を浴びているはずなのに
着衣にその形跡がないとか，素手で犯行に及んでいるのに指紋が検出されな
いといった場合などと共通の問題で，当然あるべき事実が存在しないという
点に注目するのです。ただ，そのような指摘は裁判所によっていともたやす
く一蹴されてしまうことが多かったのです。例えば，指紋の付着が認められ
てもよさそうなのに，それが検出されないときなどには，「種々の事情から
付着しないこともあり得る。したがって，このことだけから必ずしも自白が
信用できないということにはならない」などと説明されることがよくありま
した。この点を真正面から疑問として取り上げたのが，本決定であり，原審
の判断です。

　A弁護士　そのような判断の違いはどこから生じているのでしょうか。実
際にはいろいろなケースがあるでしょう。どうしてもその事実がなければ説
明がつかないということもあれば，ほかの説明も十分可能ですよ，というこ
ともあります。ことの濃淡があるのではないでしょうか。

　B弁護士　今回の決定は，こう考えれば一応の説明は可能であると述べて
はいます。すなわち，「被告人の自白する犯行態様ではズボンや服，靴下な
どの処分を避けるため，ズボンや服に灯油がかかったり，灯油をまいた箇所
を踏んで靴下に灯油が染み込んだりしないよう細心の注意を払いながら灯油
をまいたというものであることからすると，着衣に灯油の痕跡が見られない
ことは不自然だと断定できないとみる余地がある，また，被告人は，犯行後，

208

手についた灯油の臭いが気になり，２ヵ所で手を洗ったと供述していること
などからすると，被告人の周辺から灯油成分が検出されたことを示す証拠が
ないことが特に不自然とはいえないという見方も全く成り立たないわけでは
ない」，と判示しているのです。しかし，そのような説明はできるかもしれ
ないが，消極的事実を直視すれば，やはり灯油の散布状況に関する供述には
不自然さが残ると判示しています。これは，疑問を率直に受け止めていると
いうことでしょう。控訴審判決も，着衣やその周辺から灯油が検出されなか
ったことや捜査官がその臭いに気付かなかったことの不自然さを指摘して，
結局のところ，被告人は灯油をまくということを体験していないのではない
かという疑いに突きあたるとしていました。

A弁護士　２つの疑問点について，最高裁は，これを払拭できない疑問と
しました。しかし，これをそのまま解けない疑問とするのか，それとも，そ
れなりの説明が可能であり，必ずしも疑問というほどのことではないという
のか，その判断が分かれることも多いのではないでしょうか。Bさんは，こ
の違いを率直に受け止めているか否かの違いと言われましたが，まさにその
とおりで，事実の受け止め方の問題ですね。この点は必ずしも注意則という
ものからは判断できないのです。私は，この点に注意則研究の限界が見える
ような気がします。

B弁護士　確かに，そのとおりなのですね。一時期注目を浴びた注意則研
究も，実際の信用性判断には役立っていないと批判されることが多くなり，
新たな方策が模索されていることは事実です。ただ，本件決定を熟読すると，
そうではない面も見えてきます。注意則が，信用性を判断する上での注目す
べきポイントというものを明らかにしていることは間違いありませんが，そ
れはもともと，その点に重要な問題が潜んでいることを指摘しているもので
あり，その点について十分な検討を要求するものでした。決して価値中立的
なものとして挙げられていたわけではありません。そのような認識が脱落し
ていたように思います。本当に注意則として指摘されているような疑問が解
消されているのか，綿密な検討が必要なのだと考えます。本決定はそのよう
な反省を迫るものといえますし，注意則研究も，あれもこれもと検討項目を
増やすのではなく，将来の財産となるような裁判例をじっくりと掘り下げる

第9講 自白の信用性（その2）

方向に向かってほしいですね。

(2) 捜査官以外の者に対する自白

A弁護士 自白の信用性を否定するにいたった2つの事情を見てきましたが，本決定は，自白の信用性を高める要素についても詳しく検討しています。具体的には，「被告人が捜査官以外の者に対してした犯行の告白と解される言動」についてなのですが。この点の評価は，原審の判断と異なりました。本決定は，これを信用性を高める事実であると明言しています。最初に挙げた③の事実です。そのような点に照らせば自白の信用性は高いという評価も可能であるとまでいっています。ここでの「犯行の告白と解される言動」というのは，具体的には，①別件で勾留中に接見に来た（被害者でもある）実妹に対して放火をした旨述べたこと，②別件の勾留理由開示公判において，その別件による逮捕勾留，取調べ，ポリグラフ検査等がなければ，この段階で，本件殺人，放火を自白することはなかった，冷静に考えられない状態で言われるままに署名押印したのであり，そのため犯行動機や計画性など細かい部分に納得できないものがあると意見陳述したこと，③本件の勾留質問手続において，裁判官に対して，事実はそのとおり間違いない旨供述したこと，④本件起訴後，3回にわたって，実妹に手紙を送り，そのなかで極刑になると思っている，どんな判決が出ても厳粛に受けとめ真の償いができるよう頑張っていこうと思うなどと記載していること，以上のような点です。

B弁護士 そうですね。最高裁は，この言動を自白の信用性を高める要素とすることに消極的であった控訴審の判断を批判していますね。

A弁護士 最高裁は，これらの「捜査官以外の者に対する告白等」は，被告人の自白の核心部分が真実であるということを前提にしていて，性質としては自白あるいは自白に準ずるものではあるが，その存在自体が，捜査官に対する自白を含めた全体としての被告人の自白の信用性判断において重要な要素となるものである，といっています。

B弁護士 この点は，控訴審も，「捜査官に対して犯行を自白するだけでなく，それ以外の者に対しても，自分が犯行をしたことを打ち明けるということは，供述する相手を異にしても，しかも，その相手が捜査機関とは無関

210

係なものであっても，一貫して，自分が犯行をしたことを認める内容の供述をしているということであるから，そのこと自体から，捜査官以外の者に対する供述の信用性は高いと考えられることは否定できない」としています。この表現からすれば，基本的なスタンスはそれほど最高裁の本決定と違わないように見えます。しかし，それに続けて，「たとえ捜査官以外の者に対して供述したことであっても，それが被疑者または被告人にとって不利益な供述である以上，それも自白にほかならないから，捜査官に対し自白した場合と同様に，他の証拠による裏付けがあって初めて信用できる」としているところが目を引きます。自白の危険性を考えるとき，これは金言に思われます。そして，実妹に対する手紙等については，捜査官に対してした自白が前提になっていることに着目し，結局，その前提となっている捜査官に対する自白が信用できなければ，その実妹に対する自白も信用できないことになるとして，捜査官に対する自白と切り離してその信用性を判断することはできないとしています。もっともな判示だと思います。自白はやはり自白ですから，捜査官以外の者に対するものだからといって，ことさら別異に扱うのは疑問です。

A弁護士　私は，その点は最高裁決定のいうところが正当だと思っています。犯罪の核心部分について，同じ発言を繰り返しているということは，やはりそのこと自体で，自白の信用性を高める情況証拠になるのではないでしょうか。「増強証拠」というのですかね。しかし，本当に「増強証拠」として扱えるかについては，さらなる吟味が必要です。聞き取った者は専門家ではありませんから，間違いなく，被告人の言動が自白といえるのかという点や，捜査官からの影響を強く受けていて捜査官に対する自白と別個の独自性を持っているといえるのかという点ですね。本決定も，この２点について吟味する必要があるといっています。そして，そのような吟味を実際に行った上で，当該告白は，被告人の自白の信用性を高めるものとして相当に重視されるべきだと判断しているのです。本事案では，一般論というよりは，この点についての具体的判断の相違が，結論を分けたのだと思います。しかし，本決定は，最終的には，自白の信用性に疑問が残るとしています。だとすると，これは全くの推測ですが，表向きの表現ほどには，この第三者に対する

第9講　自白の信用性（その2）

言動を重視していたわけではないかもしれません。この点は，この程度にして，総合評価に移りましょう。

(3)　総合評価について

B弁護士　その総合評価ですが，本決定は，「原判決が，これらの点（註：原判決が被告人の自白について不自然，不合理と指摘する点）と，客観的情況証拠を含む，被告人の自白の信用性を高める諸事情を評価した上で，結論として被告人の自白の信用性を否定したことも，論理則，経験則に照らして不合理であるということはできない」としか判示していません。これだけですので，どのように総合評価されたのか一見ブラックボックスのようにもみえます。

A弁護士　犯行の動機や犯行態様に関する供述に疑問があることから，自白に信用性が認められないとしているわけで，全くのブラックボックスというものではないと思います。しかし，もう少し踏み込んだ説明がほしかったですね。ところで，自白の信用性を認めるか否かの総合認定の在り方に関して，注意則は必ずしも明確な指針を示していないように思います。注意則に基づく分析が行われたとしても，問題は，その分析結果をどのように総合判断に生かして行くのかということですよね。ここは，結局は，裁判官の裁量判断に任さざるを得ないということなのでしょうか。

B弁護士　事実認定は適正なものでなければなりませんから，この自白の信用性に関する総合評価についても，合理的な疑いが払拭されているのか否かが基準になるべきだと思います。そのためにこそ，注意則に基づく分析が行われたはずです。Aさんが言われたように，動機や犯行状況について，不自然な点や客観的事実にそぐわない点があり，それが払しょくできない疑問として残りました。そこから，自白の信用性を否定するとの結論を導き出したということで間違いないでしょう。一切を裁判官の裁量判断に任せるということでは，従来の自白自体の具体性，詳細性，迫真性など，その印象に基づく直感的な判断にゆだねるということになりかねず，これまでの議論を逆行させることになりそうです。

A弁護士　別の観点から議論してみたいと思います。本決定で，最高裁は，ここまで信用性を高める事情を判示したのですから，確かに消極要素はあり

ますが，思いきって，自白の信用性を肯定することも可能だったのではないでしょうか。このような信用性を高める事情の存在に鑑みれば，確かに，先に検討してきた２点において，消極的に働く事情があったにしても，全体的な判断としては，合理的疑いを残さない程度に信用性は立証されているものと判断することも可能であったようにも思えるのです。

B弁護士　それは，少し無理でしょう。この２点は，どう見ても重要な問題です。そこに合理的な疑問が残るとされた以上，全体としての自白の信用性においても，合理的な疑問が残ると考えるのは当然のことといえるのではないでしょうか。それとも，この２点については，疑問が残らない形で解釈，説明できるといわれるのでしょうか，それとも，疑問は残るが，全体の信用性判断に影響を及ぼすほどの問題ではないとでも考えられるのでしょうか。そのような表現であっさりと切り捨てられた例も見ています。しかし，言葉では長短いくらでも説明できるかもしれませんが，その実態は消えません。解けない「謎」は，いつまでも「謎」として残るのではないでしょうか。

A弁護士　刑事事件の事実認定は，自然科学の世界ではありませんから，絶対的なものではありません。プラスの要素とマイナスの要素があっても，プラスの要素が有力であれば，その違いは克服されるといってよいのではないでしょうか。これは合理的な判断だと思うのです。

B弁護士　そうでしょうか。この点は，重要な問題ですので，もう少し具体的に考えてみましょう。これは，自白の信用性判断に限らず，情況証拠による事実認定なども含めて，事実認定一般に通じる問題です。〈a，b，c，d，e，f〉という事実があって，〈a，b，c，d，e〉の事実は，Mという主要事実の認定にプラスに働く事実，〈f〉はマイナスに働く事実とします。いずれもそれ１つでは決定的な事実とはいえないとき，〈a，b，c，d，e〉の事実をまず総合して，それによれば，Mの事実が強く推認できると考えて大筋を作ります。そして，その認定に合わせて，〈f〉を，Mと矛盾しないように解釈・理解できないか，そういう判断手法が許されるかという問題があります。いくら〈a，b，c，d，e〉のプラスに働く事実による推認が有力そうに見えても，上記のような判断手法は誤っているのであり，〈f〉は〈f〉として，最初から他の証拠と一列同等に検討の対象として，

第9講　自白の信用性（その2）

はたしてMの事実が認定できるか否かを検討すべきであると考えます。

A弁護士　前者のような判断過程を記した判決はよく見ます。しかし，実際の検討がそのような順序で行われたかどうかは定かではありません。それはともかく，私が言っているのは，〈f〉は〈f〉として，そのままの証拠価値に基づいて総合判断に供してよいし，むしろそうすべきでしょう。しかし，〈a，b，c，d，e〉という積極証拠があって，それらの証拠がいずれも極めて有力であれば，〈f〉の存在はあっても，合理的疑いは払拭されているとしてよいのではないかということです。表現の仕方はいろいろあるでしょうが，〈f〉の存在は，総合的に判断したとき，合理的疑いとは考えられないということになります。これは，無理に，積極証拠に合わせて解釈したようなものではないのです。

B弁護士　そのような総合評価の在り方があるのですね。むしろ，率直な見解かもしれません。しかし，そのような総合評価の在り方には，納得できません。小さい疑問と思われても，それが重大な事柄であることが後から判明したという事例は数多くあります。反対に，有力と思われた証拠が突然崩壊するということも起こります。いろいろな制約があるなかでの人間が行う事実認定です。何が起こるか分からない現実世界の問題です。冤罪を防止すべきだという観点からは，このような判断手法はとるべきではないと考えます。

A弁護士　慎重な判断が要請されるというBさんの意見は分かりました。いずれにしても，プラスの事実，マイナスの事実，これらを的確に挙示することが，議論の出発になります。注意則研究の成果もまずそこにあったと思います。それを，裁判所，両当事者の共通の認識にした上で，その事実の存否，程度，意味合いなどを十分に議論し合うことが是非とも必要です。その点を充実して行うことによって，論点がかみ合い，「注意則研究」も生きてくるのだと思います。総合判断の在り方については，意見が分かれたままですが，少なくとも，この点では一致しているように思います。それによって，最終判断がブラックボックス化しないようにできるのではないでしょうか。

214

■広島保険金目的３人殺害事件

研究ノート

◆自白の信用性判断の将来

(1) 注意則の復権

　標記の最高裁決定は，注意則がその本来の威力を発揮すれば，単に説明の原理ではなく，実際の心証形成の原理として働くことを示したものではないかと考えられます。本書第８講の「研究ノート」で，注意則の限界について，検討しました。そのなかで，それを克服する方策として，中川孝博氏などによって，注意則を精緻なものにし，単に説明だけの手段（ツール）として使うのではなく，真に心証形成のための手段（ツール）として，使用可能なものにするということが提唱されていることを紹介しましたが，この決定はそのような方向性を探る手がかりになるものだろうと思います。その点を，少し敷衍してみたいと思います。

　注意則の限界に関係して，「足利事件」，「日野町事件」の分析を通して，それが「信用性判断」のツールとして十分機能していないのではないかという石塚章夫氏の指摘があります（石塚章夫「自白の信用性」『刑事事実認定の基本問題〔第３版〕』207頁（成文堂））。石塚氏は，足利事件，日野町事件の実例を紹介しながら，これまでの注意則を中心とする研究が，いかに実際の信用性判断に役に立っていないかをあぶり出そうとしています。特に，日野町事件についての分析では，自白の信用性を否定した１審判決とそれを肯定した再審請求審決定の判旨とを詳細に対比しながら，その問題点を明らかにしています。確かに，同じ事実を見ながら，それを全く違った解釈によって説明していることには，驚きを禁じえません。客観的な事実とそれに整合しない供述を目の前にして，だから自白を信用できないというのか，それは自白の根幹部分でないからその信用性を揺るがすものではないというのか。ここには，180度の見方の違いがあります。これを，裁判官のセンスの問題だとしてしまうと，もうそこで，注意則の入り込む余地はなくなり，注意則研究によって進められた客観的・分析的判断手法も機能停止におちいってしまいます。しか

215

第9講　自白の信用性（その2）

し，そういう問題だったのでしょうか。

　まず，足利事件（第4講（※2）参照。[18][19][20]）のほうからですが，犯人とされたS氏の供述には，客観的事実に反する多くの矛盾点がありました。これは，事件を担当した佐藤博史弁護士によってその問題点が14の疑問として，まとめられています[19]。その1つに，Sさんは，渡良瀬運動公園を抜けてT字路交差点まで被害者の女の子を自転車の後部座席に乗せて行き，そこで降ろして手を引いて殺害現場のコンクリート護岸まで行ったと自白しているところがあります。その時刻頃現場付近には100人くらいの人がいて，そのうち80人くらいの人については捜査当局に判明していたにもかかわらず，Sさんの供述に沿う目撃者が1人も現れていないというのです。そのほかにも，明らかにおかしいと判断できる点が，数多くありました。それでもその自白は信用できるとされたのです。注意則の問題というよりは，それを使う側の人間に問題があったというべきでしょう。

　次に，日野町事件[20]を見てみましょう。日野町事件というのは，昭和59年12月に，滋賀県日野町で立ち飲みの酒店を経営する当時69歳の女性が消息を絶ち，翌年1月18日に近くの造成地で死体が見つかったことから，警察が強盗殺人事件として捜査を開始した事件です。その後4月になって付近の山中で，この酒屋のものである手提げ金庫が発見されますが，捜査は難航しました。しかし，事件から3年後の昭和62年3月にいたって，常連客であったT氏が警察の事情聴取を受け，犯行を自白して，同月11日犯人として逮捕されます。T氏は起訴されますが，公判では，自白は強要されたものであるとして，無罪を主張しました。平成7年，1審大津地裁は有罪を認定し，無期懲役を宣告します。そして，平成12年その刑が確定します。T氏はその翌年同地裁に再審開始を請求しますが棄却されました（大阪高裁に即時抗告しましたが，T氏が病死したため，再審請求は打ち切られます。その後遺族が再審請求を行い，継続中です）。

　自白の信用性は，本件でも，大きな争点でした。先述のように，上記論文においては，自白の信用性を否定した確定1審の判断とこれを肯定した再審棄却決定の信用性判断とが対比して論じられていますが，再審

216

棄却決定の信用性判断には明らかに無理が感じられます。その１つです
が，遺体を搬送した経路につき，荷台に何の覆いもしないで日野町の中
心部ともいうべき商店街を経由したとの自白につき，確定一審が「一見
して不自然」としたのに対して，再審棄却決定は，「確かに，自白によ
る死体の運搬方法は極めて大胆あるいは不用意なもので，一見したとこ
ろ理解しがたいものである。しかし，自白によれば，殺人を犯したこと
で気が動転しており，自分では覆いを掛けた気になっていたが，死体を
捨てようとしたときに覆いをしていないことに気が付いたというもので
ある。強盗殺人という重罪を犯して気が動転するのは当然であって，こ
のような説明にもそれなりに合理性があり，理解できないものではな
い。」としています。これが不自然な自白であることは歴然としています。
そもそも，この再審棄却決定のいうような不自然な解釈，説明を許すよ
うなことを注意則は予定していません。注意則は，決して完全無色のも
のではなく，むしろこのような不自然な論理を排除するためのものであ
ったのです。それがどこかで道を誤ったようです。注意則の有用性の限
界とか，その有用性を否定するのは，少し早まっており，まず，その使
い道を正すのが第１になすべきことなのではと思います。

　そのような目で本最高裁決定を見るとき，注意則の復権として，この
決定を受け止めることができるのではないでしょうか。裁判員裁判では，
公判前整理手続が導入され，争点整理が必須のものとなりました。自白
の信用性判断についても，その事件においてどのような判断基準が問題
となるのか，それに関して，どのような角度から検討すべきなのか，ま
さに，注意則研究で検討されてきたようなポイント・判断基準が，ケー
スに即して提示されることになります。それは，引き続き公判手続にお
いて，オープンな形で議論され，判決にいたるまで水先案内の役割を果
たすことになります。このような形をとることによりはじめて中川孝博
氏が推奨していた裁判所だけを名宛人とするものではない法曹三者共通
の注意則 [13] が実現できるように思います。このようにして，注意則の
復権が果たされることが大いに期待できます。

第9講　自白の信用性（その2）

(2)　供述心理学的分析

　注意則研究の限界がいわれるなか，供述心理学的分析がクローズアップされてきています。前記の石塚論文は，注意則研究の限界をどのように打開するかという観点から，その活路の1つを，心理学的分析に求めました。同論文には，名張毒ぶどう酒事件と足利事件おける実践例 [12] が紹介されています。

　ここでは，再審請求事件として争われている大崎事件 [20] において，再審開始を求める有力な手掛かりとして用いられている「供述心理学的鑑定」[14] を実例として紹介することにします。

　大崎事件というのは，昭和54年10月，鹿児島県曽於郡大崎町で起こった事件です。同月15日，家屋に併設されている牛小屋の堆肥置場から，農業を営む42歳の男性の遺体が発見され，その近隣に住む男性の長兄，次兄，次兄の息子，長兄の妻が，（次兄の息子は死体遺棄，その他は殺人，死体遺棄の容疑で）次々と逮捕されました。そして，検察官は，これらの者らを，長兄の妻を主犯として，保険金目的で，この男性をタオルで絞殺し死体を遺棄したとして（次兄の息子は死体遺棄にのみ関与したとして）起訴しました。

　長兄の妻（H）以外の者は犯行を自白し，Hのみが否認しましたが，昭和55年3月31日，鹿児島地裁は，全員に有罪の判決を宣告しました。Hについても，保険金目的という点は認めませんでしたが，懲役10年の刑に処したのです。Hは，最高裁まで争いましたが，懲役10年の刑は確定します。Hは満期で出所後，冤罪を訴えて再審開始を請求しました。この事件は，客観的証拠に乏しく，Hの共犯とされた者らの自白供述が有力な証拠とされました。再審請求では，彼らの自白の信用性が争われ，第1次再審請求では，いったん再審開始の決定が出されます。しかし検察官が抗告して，同決定は取り消され，その後第2次再審請求がされますが，これも棄却されました。ところで，この第2次再審請求において，無罪を言い渡すべき新証拠として，大橋靖史及び高木光太郎の両氏による供述の「心理学的鑑定」が提出されました。これは，共犯と

された者らの供述を，心理学の観点から分析したものです。この鑑定で採られた手法は，スキーマアプローチとも呼ばれ，供述中に現れる「体験性兆候」と「非体験性兆候」を取り出し対比するというものです。大崎事件においては，共犯とされた者らの公判供述及び捜査段階の供述調書中に，体験性兆候が見られないのに対して，相互行為調整場面（犯行行為に関連して複数の人物がお互いの行為を調整（指示，相談）する必要があると考えられる場面）の供述につき，その際に働く「量の原理」（会話のやりとりのなかで，当面の目的となっていることに必要とされる十分な情報を提供できるよう心がけること及び必要以上に多くの情報を提供しないこと）ないし「作法の原理」（はっきりと分かりやすい方法で言うこと，つまり，明晰であること及び不明瞭な表現は避けること）が充足されていない，「以心伝心」あるいは「テレパシー」的な意思伝達の供述が見られる，といった点が存在し，非体験的兆候を示す供述が見られるとの特徴が指摘されました。そして，この事件において，相互行為調整場面は，共同的な犯行を可能にする必要不可欠のステップであったことからすると，供述全体の信用性にも大きく影響する，とされています。

　第２次再審請求抗告審決定（福岡高宮崎支決平26・7・15LEX/DB25504376）は，結論的には，この共犯とされた者らの自白の信用性を否定するにはいたらなかったのですが，個々の人物の供述中に非体験的供述が存在することを認め，供述の一部について，信用性に疑問を留めています。このように心理学的鑑定が正面から取り上げられたことは，おそらく前例のないことであり，注目に値します。

　この供述の心理学的分析は，注意則研究が停滞するなかで脚光を浴びるようになってきたのですが，自白のみならず，供述一般の信用性判断につき有効な手法を提供するものとして，今後さらなる飛躍が期待されます。

《補注》
　平成29年6月29日鹿児島地裁は，大崎事件第３次再審請求につき，再審開始の決定を行いました。この再審開始を導いた新証拠の１つが本

第9講 自白の信用性 (その2)

講の「研究ノート」で取り上げた，供述の「心理学的鑑定」でした。す
でに説明したように，第2次再審請求において，即時抗告審である福岡
高裁宮崎支部は，新証拠として提出された，大橋靖史及び高木光太郎氏
らの「心理学的鑑定」を正面から取り上げ，Hの共犯者とされた者らの
供述の信用性に疑問を投げかけていたのですが，この鑑定の対象となら
なかった証人I（共犯者とされた者の妻であり母でもありました。Hか
らいうと義妹）の供述が信用できるとして，結局，彼らの供述について
も信用性を否定するにはいたりませんでした。この高裁決定を受け，第
3次再審請求では，弁護団は，このIに関しても，その供述の「心理学
的鑑定」を前記の心理学者に依頼しました。そして，その供述の不自然
なところを明らかにし，実際の体験に基づかないことを示す非体験性兆
候があるとの鑑定結果を得たのです。鑑定人らに対しては，裁判所から
の詳しい尋問も行われました。今回の鹿児島地裁決定は，この鑑定結果
に対し，「供述心理学の専門家による分析として一定の合理性が認めら
れ，共犯者の自白を補強していたI供述の信用性を減殺させるだけの証
明力が認められる」との評価を与えました。そして，この「心理学的鑑
定」は，他の法医学鑑定などとともに，再審開始の判断に大きな影響力
を及ぼしました。

● 参考文献 ●

[1] 二國則昭「控訴審における自白の信用性判断を妥当とした最高裁の無罪判断」
　　季刊刑事弁護72号83頁。
[2] 木谷明『刑事裁判の心—事実認定適正化の方策』（法律文化社）。
[3] 渡部保夫『無罪の発見』（勁草書房）。
[4] 守屋克彦『自白の分析と評価』（勁草書房）。
[5] 田崎文夫ほか『自白の信用性』（法曹会）。
[6] 石井一正『刑事事実認定入門〔第3版〕』（判例タイムズ社）。
[7] 門野博「事実認定」『刑事手続（下）』773頁（筑摩書房）。
[8] 山崎学「自白の信用性」『新刑事手続III』215頁（悠々社）。

■広島保険金目的3人殺害事件

[9]　若原正樹「被告人の自白の信用性」『刑事事実認定重要判決50選(下)』228頁（立花書房）。

[10]　村瀬均「自白の信用性の評価」『刑事訴訟法の争点（法律学の争点シリーズ6）〔第3版〕』174頁（有斐閣）。

[11]　中谷雄二郎「自白の信用性の評価」『刑事訴訟法の争点〔新・法律学の争点シリーズ6〕』160頁（有斐閣）。

[12]　石塚章夫「自白の信用性」『刑事事実認定の基本問題〔第3版〕』207頁（成文堂）。

[13]　中川孝博『刑事裁判・少年審判における事実認定―証拠評価をめぐるコミュニケーションの適正化』（現代人文社）。

[14]　大橋靖史「コミュニケーション分析―やり取りに現われる体験性／非体験性」『供述をめぐる問題』231項（岩波書店）。

[15]　高木光太郎『証言の心理学』（中公新書）。

[16]　浜田寿美男『自白の心理学』（岩波新書）。

[17]　浜田寿美男『名張毒ぶどう酒事件自白の罠を解く』（岩波書店）。

[18]　小林篤『足利事件』（講談社文庫）。

[19]　菅家利和＝佐藤博史『訊問の罠―足利事件の真実』（角川書店）。

[20]　菅野良司『冤罪の戦後史』第11章「大崎事件」，第12章「日野町事件」，第14章「足利事件」（岩波書店）。

第9講　自白の信用性（その2）

補講 3
可視化の実現と新たな問題
——今市事件の波紋

1．可視化の実現

　平成28年5月24日「刑事訴訟法等の一部を改正する法律」（以下，改正刑訴法といいます）が，国会で可決成立しました。これにより，取調べに録音録画が取り入れられ，いわゆる取調べの可視化が実現する運びとなりました。同年6月3日に公布され，公布から3年を超えない時期に施行されることになります。もともと，取調べ適正化の切り札として，その実現を求める動きが弁護士会などからあったのですが，御存じのように，大阪地検特捜部検事による証拠改ざん事件などを契機として急展開を見せ，「法制審議会—新時代の刑事司法制度特別部会」の議論を経て，紆余曲折はありましたが，とにもかくにも，取調べの可視化につき第一歩をしるしたということになります。まだ裁判員裁判事件など一部の事件にとどまりますが，該当事件において録音録画を行うことが定められました。また，それに先立って，検察庁において，試行として，法律で定められた事件以外にも，問題を含む事件を中心に録音録画が実施されることになりました（最高検平成26年6月16日依命通知）。

　取調べの可視化は，本来，取調べの適正化をめざしたものですが，その検証可能性をめざしたものでもあります。したがって，被疑者の取調べが適正に行われることを担保するだけでなく，録音録画された記録媒体が，取調べが適正であったか否かの判断に用いられるところにも大きな意義があるのです。そのためか，可視化に関する条文は，301条の2として，自白の任意性が争われた場合の検察官の記録媒体の取調べ請求義務として規定されることになりました（しかし，取調べの適正を担保することが制度の基本であると考えれば，捜査を規制する条文として掲げるのが本筋と考えられますが，その詳細は割愛します）。

222

■補講3　可視化の実現と新たな問題──今市事件の波紋

2．新たな問題──今市事件の波紋

　先述のとおり，録音録画の対象となる事件は，裁判員裁判対象事件など一部にとどまり，すべての事件について，可視化が実現したわけではありませんでした。これは，全事件について可視化を求める者からは，不十分として捉えられました。また，録音録画をしなくてもよい例外事由が広範に認められているという点にも疑問がありました。しかし，問題は，それらにとどまりませんでした。改正刑訴法成立前に行われた裁判員裁判ですが，今市事件という殺人等被告事件についての裁判がありました。

　最初に，この事件について簡単に説明しておきます。これは，平成17年12月1日，栃木県の今市市（今の日光市）で当時小学1年生の女児が下校途中に行方不明となり，翌日常陸大宮市の山中において遺体で発見されたという事件です。捜査は難航しましたが，丸8年を経過した平成26年6月4日，捜査当局は，商標法違反罪で逮捕勾留し身柄拘束のまま起訴していた被告人を，この事件の犯人として逮捕しました。商標法違反による身柄拘束中に本件殺人について自白したことが有力な根拠となったのです。しかし，物証は乏しく，自信をもって逮捕したという警察側の発表とは裏腹に，新聞各紙は，その裏付けの有無に疑念をのぞかせていました。その後の捜査を経て，6月24日，被告人は殺人罪で起訴され，公判前整理手続を経て，平成28年2月29日第1回公判が開かれます。この公判では，自白の任意性，信用性が大きな争点となり，被告人の取調べ状況を録画したDVDの再生が7時間を超えて公判廷で実施されました。取調べにあたって，取調べ状況の録画が行われたという点，そしてこのように長時間にわたる録画の再生が公判廷で行われたという点が，この事件の大きな特徴でした。これは，まさに改正刑訴法が成立する前夜のことでしたが，この法改正の最大の目玉である録音録画制度の帰趨をうらなう試金石とも考えられ，各方面から大きな関心が寄せられました。

　本件は，決定的な証拠に乏しく難しい事実認定を迫られた事件です。しかし，結論としては，被告人の自白の任意性，信用性が認められ，無期懲役の

第9講　自白の信用性（その2）

刑が言い渡されました。判決後の記者会見に臨んだ裁判員からは，「決定的な証拠はなかったが，録音・録画で判断が決まった」「表情やしぐさがよくわかり，判断材料の大きな部分を占めた」「それを見ていなければ，判決がどうなったか分からない」などという発言があったことが報じられ，再生された映像が決定的な役割を演じたことが明らかとなってきました。新聞各紙は，「検察はこれによって，『有力な武器』を取得することになった」とも報じました。これが1つの転換点となり，「これではかえって冤罪が作られるのではないか」などと，法案に対する危惧が多く出されるようになり，それまでにも論じられていたのですが，実質証拠として利用できるかという問題などに関して，改めて論争が沸き起こりました。改正刑訴法は，附帯決議が付されるなど，多くの課題を残しつつ成立しましたが，今市事件で顕在化した問題は，今後の解釈，運用に関して大きな課題を残しました。

3．何が問題でどのように対処したらよいか──問題点の整理

　今市事件が残した問題は，冤罪を防ぐという観点から見て，大きくいって2つに分けられます。この2つは互いに関連しています。

　第1の問題は，当該事件について，いつから録音録画を開始すべきかという問題です。この問題は，全過程の可視化という問題につながります。改正刑訴法では，その開始時期は，当該被疑者が逮捕・勾留されていることを前提に，その取調べのときからとされています。しかし，実際は，任意の取調べから始まって，厳しい取調べにいたることもあります。強制捜査と変わらない実質を持ちながら法的には逮捕勾留されていない間に，自白することも多いのです。逮捕勾留後に自白したとしても，それまでの厳しい取調べの累積効果というものもあります。しかし，そのような重要な場面については，録音録画が義務化されていないのです。また，別件で逮捕・勾留し，その別件の身柄拘束を利用して本命とする事件の取調べを行うというケースも多いのですが，そこにも問題があります。その別件の起訴前の取調べについては録音録画の対象とされましたが，起訴後の取調べについては録音録画の対象になっていないというのが，捜査当局側の説明となっているのです。これま

224

■補講3　可視化の実現と新たな問題──今市事件の波紋

でも，このような別件を利用した取調べは，冤罪の温床となってきたのです
が，その問題の多い場面が可視化されないというのでは，この制度が泣きま
す。そして，今市事件においてまさにその問題が顕在化しました。

　前述のように，この事件において，当初被告人は裁判員事件ではない比較
的軽い別件の商標法違反の事件で逮捕・勾留されました。そして，その事件
の起訴をまたいだ身柄拘束中に本件殺人事件の取調べを受け，そこで取調官
からの厳しい追及によって自白に追い込まれたのです。ところが，この最も
重要とされる自白に転じたときの録音録画はなく，それが実施されたのは，
その後の取調べにとどまりました。いったん自白に転じてしまうと，その後
は否認することが難しくなり，捜査官に迎合したり，その誘導に乗ってしま
う傾向が強いことは，これまでの冤罪事件のなかで実証済みの事柄です。録
音録画が任意性判断に資するといっても，そのポイントを逃せば，その威力
は半減してしまいます。それどころか，その後の自白する供述場面のみが，
幾度も映し出されることになり，被告人は極めて不利な立場に追い込まれて
しまうのです。このような教訓に照らしても，改正刑訴法は問題が多いので
す。真に全過程の録音録画を担保し冤罪防止に資するものとして活用するの
であれば，それに沿って解釈，運用すべきでしょう。すなわち，逮捕前の任
意捜査の段階であっても，対象事件にあっては，直ちに録音録画を実施すべ
きです。別件起訴後の取調べについては，今市事件では一応録画されている
ようですが，一般的にも，当局側の説明いかんにかかわらず，その対象にな
るものとして解釈運用すべきです（今市事件では，結局任意性が肯定されましたが，
商標法違反で起訴された後の勾留中に，検察官から不適切な取調べを受けていることが映
像からも明らかになっています。それは，録音録画がなければ分からなかった事柄です）。

　第2の問題は，この録音録画された記録媒体を，どのような形で使用すべ
きか（あるいは使用すべきでないか）という問題です。この記録媒体を任意性立
証に使用するということは，それを軸に改正刑訴法の規定が組み立てられて
おり，むしろ当然のこととして予定されていたことが分かります。これにも
全く問題がないというわけではありませんが，それはあとで述べることにし
ます。まず，任意性の立証以外の使用場面を考えてみますが，それには，2
つの場面が想定されます。

225

第9講　自白の信用性（その2）

　1つは，自白調書などと同様に，それを自白そのものとして実質証拠に使用する場面（場面①）が考えられます。もう1つは，自白調書の信用性を判断する際の補助的証拠として使用する場面（場面②）が考えられます。

　今市事件において，DVD録画は，実質証拠としてではなく，自白調書の任意性立証と場面②を合わせた形で再生されたものと思われます（法律的には，非供述証拠として考えられたのでしょう）。そこでまず，場面②について考えてみることにします。信用性判断に使用することについては，「任意性，信用性」と両方を並列的に挙げ，特段その区別を意識しないまま考えてきたふしがあります。しかし，これには，非常に大きな問題があることが今市事件を教訓として浮かび上がってきました。ここで再現されたのは，被告人が自白に転じたのちの映像でしたが，それもあってこの録画映像の再生は，検察側に圧倒的に有利に働きました。判決を終えた裁判員らは，その後の会見において，前述のとおり，その自白転換後の録音録画が有罪認定の決定的根拠となったことを明らかにしたのです。まさしく，このような映像の持つ恐ろしさが明らかになったように思います。補助的な証拠であって実質証拠ではないといいながら，証拠法の枠（自白調書の信用性判断のみに用いるという証拠法の枠です）をかいくぐって，実質証拠として機能してしまったのです。

　もともとDVD録画というのは，信用性判断のための使用に関しては，ふさわしくないというよりは，法律的関連性の面から，むしろ排除すべき証拠だったのです。人は画面に映っている被疑者だとされる人の顔を見れば見るほど「自白は任意になされていて，自白は信用できる」と判断する傾向があるという研究がされています。「カメラ・パースペクティブ・バイアス」というのですが，これは，極めて強固な心理現象とされ，ニュージーランドではそれを緩和するための工夫が考えられているといいます。また，映像に映った供述態度（黙秘の態度も含めて，いろいろな情報が含まれるでしょう）によって信用性を判断することには大きな危険があります。アメリカの著名な裁判官であるポズナー判事は，供述態度から素人が何らかの判断・結論を導き出すことが判断を誤らせてしまうことを指摘しているといいます。そうであれば，この種の証拠は信用性判断において，その判断を誤らせる危険性に留意して，証明力（証拠価値）を有しないというべきでしょう（信用性を高めるための調書作

■補講3　可視化の実現と新たな問題——今市事件の波紋

成技術というものがありますが，今後録画映像の信用性を高めるための尋問技術あるいは撮影技術が開拓され，見る者の信用性判断をリードすることが可能となることも十分あり得ます）。

　このように，記録媒体（DVD録画）を信用性判断に用いる場合に，重大な問題のあることが明らかになってきました。人は映像から受ける直観に極めて支配されやすいのです。そのため，たやすく「予断」と「偏見」を持ってしまいます。これと同様に，「予断」と「偏見」を与えるがゆえにその使用が問題とされたものに，「悪性格の立証」というものがありました（第6講の3.検討(1)参照）。その典型とされる前科や余罪などは，証拠価値が高くないのに，「予断」と「偏見」を与えてしまうために，「法律的関連性」がないとされました。DVD録画もこれと同じく「カメラ・パースペクティブ・バイアス」にみられるように信用性を推認する力（証拠価値）を有しないのに，直観による誤った判断を誘発する可能性が高く誠に危険な証拠なのです。場面②においては，「法律的関連性」がないとして，その使用が禁止されなくてはなりません。

　ところで，裁判所において，当初裁判員裁判を想定して検討したときには，任意性判断は，証拠として採用できるか否かを検討する場面だから，裁判官だけがこれを視聴して判断するのが基本である，しかし採用になったときにはいずれ裁判員も自白の信用性を判断するのであるから，一緒に視聴してよいのではないかという意見が多かったように思います。今市事件の1審裁判所も，そのような判断から，DVD録画を裁判員に視聴させたものと思われます。しかし，それは非常に問題の多い措置であることが明らかになってきました。裁判員に「予断」と「偏見」を与えてはいけないのです。自白の評価だけでなく，そのほかの証拠を見る目にも計りしれない悪影響を及ぼします。ここはしっかりと一線を画すべきなのです。補助的証拠にすぎないなどといってみても，いったん視聴してしまえばその影響を押しとどめることは不可能です。

　場面①について考えます。これに関しては，平成27年2月12日付けで実質証拠として使用することを容認し事実上これを推奨する最高検依命通知が出されています。また，法制審議会特別部会においては，このような使用法

227

第9講　自白の信用性（その2）

を否定することはできないとの意見が有力であったともいわれます。しかし，この点に関しても，今一度検討し直してみる必要があります。基本に立ち返りますが，供述内容そのものを問題としますから，録音供述・録画供述として「供述証拠」に該当し，まさに，「知覚」「記憶」「叙述」が問題となる伝聞証拠にあたります。したがって，まずは伝聞法則が適用されなければならないでしょう。証拠とすることに同意（刑訴326条）がなければ，刑事訴訟法322条1項に準じて証拠能力の有無が判断されなければなりません。また，自白法則の適用があり，任意性に争いがあれば，記録媒体の録音録画それ自体の任意性が立証されなくてはなりません。供述録取書の場合と同じですから，それは，基本的に記録媒体以外のものから立証されなければなりません。録音録画であるからといって，直ちに証拠とできるものではないことに注意が必要です。本来自白の任意性判断を容易にするはずであった記録媒体について，その任意性を立証しなければならないというのはどう考えても法が予想しなかったところでしょう。しかし，理屈の上ではそうならざるを得ません。そして，もう1つ大きな問題があります。供述録取書一般に要求されている，署名押印が問題となるのです。一般的に，署名押印は，供述調書の作成者が供述を正確に記述しているかという点を担保するものとされ，二重伝聞を解消する手立てであるなどと説明されます。その説明がすべてであれば，録音録画は機械的な作業によって行われるため，供述者の供述が正しく記録化されていることは容易に立証され，署名押印がなくても証拠とすることに問題はないのかもしれません。しかし，それで問題はないのでしょうか。機械的操作による作業だとはいえ，録音されたものは，実質的に供述録取書の性質をもちます。供述録取書に署名押印を必要とするのは，単に自分が言ったことが正確に記載されていることを担保するだけではないと考えられます。何といっても取調べの行われた場所は警察の取調室です。孤立無援の状態で，取調官のペースで進められる手続です。本当はもっと説明したいことがあったかもしれない。違う聞かれ方をすれば，もっと正確に話ができたかもしれない。このままでは不正確で自分の真意が伝わっていない。これが自分の供述などとして記録に残ることは納得できない。そのようなことは必ずあるはずです。そういった場合に最後の砦となるのは，供述録取書の場合，

■補講3　可視化の実現と新たな問題──今市事件の波紋

署名押印をしないということです。録音録画も同じです。録音録画ののち，記録媒体を再現してもらい，そこに現れている自分の表情や態度，言葉遣いを確認して，それが，自分の表現として，納得できるものであることを確認する作業が必要でしょう。その上で，記録媒体に，そのような確認を行ったことを何らかの形で残しておくことが考えられます。この場合は署名押印にかわる代替措置が必要というべきでしょう。これは大変な作業ですが，これをしないで，自白調書と同様に実質証拠として証拠化することは，供述録取書の場合に比して明らかに被疑者にとって不利となります。そのような機会を是非とも与えなくてはなりません。そのため，署名押印にかわる代替措置が必要なのです。もし，以上の手続をもう少し簡略にするということであれば，（もとより，被疑者の防御権を侵害しない範囲で）そのための法制化が必要となります。

　そして，以上の点がクリアされて，証拠能力が認められる場合でも，必要性の観点から，特別の事情がなければ，証拠として採用すべきではないと考えられます。1つは，よく指摘されるところですが，公判が，ビデオの上映会になってしまうという点です。法律的には，直接主義に反するという問題ですが，それでは，裁判員裁判において，やっと，裁判所の公判廷が事件解明の本丸になり，公判中心主義ができ上がろうとしていた矢先に，またも，その本丸が複数の捜査官だけが立ち会う，孤立無援の取調室に逆戻りしてしまいます。公判廷は，決して取調室によって代替できません。実質証拠化が進行すれば，端的に言いますと，公判廷は，昔の証拠の受け渡しの場から取調室における取調べの上映会場に変わるだけのことになってしまいます。もう1つ必要性の判断で忘れてはならないことは，すでに信用性判断のための使用（場面2）に関して述べましたが，この記録媒体は，証拠価値が乏しいにもかかわらず視聴する者に「予断」と「偏見」を与える証拠であるということです。これを実質証拠として扱うことは大きな問題を感じます。信用性判断のための証拠として請求された場合と同様に，法律的関連性がないとして，証拠として認めないとすることも考えられますが，一切証拠能力を与えないということがもしドラスティックに過ぎるというのであれば，よほどの必要性が認められなければ使用しないとして，必要性の観点から，絞りをか

第9講　自白の信用性（その2）

けるということも考えられます。以上の点を勘案すれば，必要性の観点から考えても，この記録媒体は，よほど特段の事情がなければ採用してはならない証拠であると考えられます。

　東京高判平成28年8月10日判タ1429号132頁は，以上のような点を誠に的確に判示していて，これからの同種事案を考える上で鋭い警鐘となっています。これは，強盗殺人の事案において，被告人質問終了後に，検察官が記録媒体につき，供述内容そのものを実質証拠として，または信用性判断のためとして請求したところ，1審の裁判所は必要性なしとして却下しました。この措置の是非が問題となったのですが，高裁は，「改正法で定められた録音録画記録媒体の利用方法を超えて，供述内容とともに供述態度を見て信用性の判断ができるというような理由から，取調べ状況の録音録画記録媒体を実質証拠として一般的に用いた場合には，捜査機関の管理下において行われた長時間にわたる被疑者の取調べを，記録媒体の再生により視聴し，その適否を審査する手続と化すという懸念があり，そのような，直接主義の原則から大きく逸脱し，捜査から独立した手続とはいい難い審理の仕組みを，適正な公判手続ということには疑問がある」などと判示し，この1審の措置を是としました。公判における被告人質問と異なり，非公開の取調室で弁護人の立会いもないまま，自発的に発言するのではなく，取調官の発問に対する受動的なやりとりに終始する取調べ状況に表れる供述態度の視聴は，任意性や信用性の判断を誤らせるおそれがあるとも指摘しています。

　最後になりましたが，任意性判断に使用することについては，規定上も，そのために記録媒体を使用することが想定されていますから，これは，間違いなく資料として使用することが許されます。しかし，以上述べてきた，記録媒体の危険性にかんがみれば，任意性判断に使用する場合においても，よほど慎重に扱わなければならないと考えられます。そして，どこから，録音録画を始めているのか，必要な場面が的確に捉えられているのかという問題がありました。一番大切な，自白に転じた場面について，あってはならないことですが，録音録画されていないケースがあることも否定できません。そのようなケースにおいては，原則として任意性を認めない扱いとするのが相当でしょう。いずれにせよ，慎重な判断が要請されることは明らかです。

■補講3　可視化の実現と新たな問題——今市事件の波紋

　そして，すでに述べたことですが，裁判官が行う任意性判断に際して，裁判員と一緒に録画映像を視聴することは絶対に止めなければなりません。それが実質的に事件の判断を左右してしまうということをしっかりと認識すべきです。また，裁判官にとっても，録画映像など記録媒体を再生しての検討は，違法な取調べの有無等を確認するにとどめるなど，それだけで実質的に事件の判断に結びつくことがないような，再生と視聴の方法が検討されるべきものと思われます。

●参考文献●

[1]　五十嵐二葉「今市判決で見えた新たな冤罪原因＝『取調べの可視化』とどう闘うか」季刊刑事弁護 87 号 159 頁。

[2]　指宿信「取調べ録画制度における映像インパクトと手続法的抑制策の検討」判例時報 1995 号 3 頁。

[3]　指宿信「被疑者取調べ録画映像のインパクト—実質証拠化の危険性をめぐって—」『現代日本の法過程』宮澤節生先生古稀記念 137 頁（信山社）。

[4]　指宿信『被疑者取調べ録画制度の最前線』（法律文化社）。

[5]　後藤昭「刑訴法改正と取調べの録音・録画制度」法律時報 88 巻 1 号 12 頁。

[6]　白取祐司「可視化映像の実質証拠化と事実認定」『2016 年改正刑事訴訟法・通信傍受法条文解析』198 頁（日本評論社）。

[7]　川出敏裕「被疑者取調べの録音・録画制度」刑事法ジャーナル 42 号 4 頁。

[8]　小坂井久「取調べの録音・録画制度の課題—要綱案を踏まえて—」刑事法ジャーナル 42 号 30 頁。

[9]　小坂井久「『取調べ可視化批判論』批判」季刊刑事弁護 88 号 101 頁。

[10]　小坂井久「録音・録画記録媒体の公判再生という問題—東京高判平 28・8・10 をめぐって」『コンメンタール可視化法』（現代人文社）。

[11]　安部祥太「被疑者取調べの録音・録画と記録媒体の証拠法的取扱い」青山ローフォーラム 3 巻 1 号。

[12]　青木孝之「取調べを録音・録画した記録媒体の実質証拠利用」慶應法学 31 巻 61 頁。

[13]　伊藤睦「取調べ可視化と証拠法」法律時報 85 巻 9 号 73 頁。

[14]　丸山和大「取調べＤＶＤの実質証拠化」季刊刑事弁護 82 号 50 頁。

[15]　正木祐史「被疑者取調べの「可視化」—録画ＤＶＤの証拠利用の是非」法律時報 84 巻 9 号 10 頁。

第9講　自白の信用性（その2）

［16］　石側亮太「映像は真実を映し出せるか？（シンポジウム「取調べの可視化と
裁判員裁判」報告）」季刊刑事弁護89号198頁。

［17］　岡田悦典「被疑者取調べの録音・録画記録の取扱いについて」季刊刑事弁護
89号132頁。

［18］　若林宏輔「心理学における取調べ録音・録画の利用の今後」季刊刑事弁護89
号138頁。

［19］　豊崎七絵「供述採取過程の可視化と犯罪の証明」『供述をめぐる問題』65頁（岩
波書店）。

［20］　田野尻猛「検察における取調べの録音・録画の運用」刑事法ジャーナル42号
12頁。

第 10 講
共犯者の自白
──危険な証拠にいかに対処するか

■ゴルフ場支配人襲撃事件

第10講

共犯者の自白
— 危険な証拠にいかに対処するか —

■ゴルフ場支配人襲撃事件
（最〔2小〕判平成21年9月25日裁判集刑297号301頁，判時2061号153頁，判タ1310号123頁）

判旨 供述者が犯行に関与していることは明らかであるものの，複数犯か単独犯か，また，同人の関与の程度がどのようなものか客観的に明確になっていない場合において，取り分け，新たな供述が同人に対する第1審判決後控訴審段階に至ってからされ始めたというような経過があるときには，供述者が自己の刑責を軽くしようと他の者を共犯者として引き入れ，その者に犯行の主たる役割を押し付けるためにそのような供述に及んでいるおそれも否定できないから，その供述内容の信用性を慎重に検討する必要がある。

E（共犯者とされる者）新供述についての以上のような多くの疑問点について，それぞれ一応の説明を加えることも不可能ではないが，いずれも，E新供述が信用できることを前提とするものであるか，そのような説明も可能であるとの域を出るものではなく，合理的疑いを容れる余地が残り，公訴事実の認定を根拠付ける証拠としての信用性には疑問がある。

被告人と本件を結びつける唯一の証拠であるE新供述については，その証拠価値（証明力）に疑問があり，原審がその説示するような理由で，その信用性を認めて本件につき被告人を有罪とした判断は，これを是認することはできない。

※本判決には今井功裁判官の補足意見，古田佑紀裁判官の反対意見があります。

235

第10講　共犯者の自白

1. はじめに

　今回は共犯者の供述（自白）を扱います。共犯者の供述（自白）はなぜ特別に問題となるのでしょうか。共犯者の供述（自白）は，その共犯者自身の関係では，もちろん自白です。しかし，その自白のなかには，共に犯行に関与した第三者として，被告人が登場してきます。そして，視点を変えてその第三者（被告人）の側から見ると，つまり，その第三者を本人とすると，自白をした共犯者が第三者となるのです。

　このような関係があるため，共犯者の供述（自白）の信用性判断においては，いわゆる「自白の信用性」一般に関する問題に加えて，「共犯者の自白」特有の問題を生じます。端的にいえば，自己の刑事責任を免れたい，軽くしたい等の諸々の誘因から，自己以外の共犯者が主導的な役割を果たしたなどと責任を押し付けたり，無実の者を巻き込んだりする可能性があることを考慮に入れなければならないということです。そして，「共犯者」本人自身が犯行に関与していることから，いかにも本当らしい供述を行うことが可能であり，それだけこの証拠は危険性の高い証拠なのです。

　このような危険性に着目して，共犯者の供述（自白）については，これを憲法38条がいう「本人の自白」に含まれると解して，補強証拠がなければ「共犯者の自白」だけでは有罪とされないとの見解（積極説）が有力に主張されました。しかし，「練馬事件」判決（最〔大〕判昭33・5・28刑集12巻8号1718頁）においてこの考え方は否定され，今日では，実務的には一般に，共犯者の供述（自白）は，証拠法上は，そのほかの第三者の供述と何ら変わるところはないものとして扱われ，証明力の問題としても，補強証拠は必要ないとする考え方（消極説）が定着しています。この点はあとで詳しく論じることにしますが，前述のような危険性にかんがみれば，少なくとも具体的な信用性の判断において，この証拠を慎重に取り扱うべきことは明らかです。本判決は，最高裁が，このような問題を含む共犯者の供述（自白）の信用性に関して，詳細に判示したものです。

236

2．事案の概要

　本件は，指定暴力団組織の若頭代行であった被告人が，共犯者らと共謀の上，ゴルフ場から暴力団員を閉め出した支配人の自宅に深夜侵入し，同人を刃物で刺して重傷を負わせたとされる住居侵入，殺人未遂等の事案です。この事件の共犯者とされた者（E）は，先行する自分自身の捜査，1審公判において，一貫して，組織関係の者らと共謀の上，自分が単独で実行行為に及んだ旨を供述し，1審では懲役12年の宣告を受けました。ところが控訴審になって，この供述を翻し，犯行現場の被害者宅には自分とこれまで名前の挙がってこなかった被告人の2人が臨場し，自分ではなく被告人が被害者を刃物で刺したと供述を変更しました。控訴審は，おおむねこの新供述に沿って事実認定を行い，1審判決の刑を軽減してEを懲役11年に処しました。

　被告人は，このEの新供述によって，起訴されたのですが，一貫して犯行への関与を否定しました。Eは，被告人の公判においても，証人として新供述のとおりに証言し，1審裁判所は，Eのこの証言を信用できるとして，被告人を懲役15年に処し，控訴審もこの1審の判断を支持しました。本判決は，その上告審の判決です。最高裁は，1，2審とは異なり，Eの供述を信用できないとして，事件を福岡高裁に差し戻しました。

　最高裁は，Eの供述の信用性に関して，3点を指摘します。第1に，実行犯が複数であることに関し，被害者や共犯者の供述あるいは現場に残された足跡など客観的証拠による裏付けを欠いていること，第2に，Eは自身の控訴審になってから新供述を始めたものであり，その供述過程に疑問が残ること，第3に，その供述自体にも不自然，不合理な点があること，以上の3点です。この最高裁の判決には，古田佑紀裁判官の反対意見が付されています。

3．検　　討

(1)　補強証拠の要否

第10講　共犯者の自白

A弁護士　本件のような共犯者の自白に関しては，本人の自白と同様，自由心証主義の例外として，それを唯一の証拠として有罪認定をするには，補強証拠を必要とするとの考え方があります。まずこの点を検討しておきたいのですが。

B弁護士　補強証拠を必要とする考え方の根底にあるものは，共犯者の自白の持つ危険性であると思います。量刑の場合であれば，自己の責任をできるだけ軽く見せようとして共犯者の役割を過大に述べるということもありますし，その行きつく先には，全く犯行に関与していない無実の者を巻き込んで，その者が首謀者であるなどと虚偽の供述をすることもあります。実務的には，補強証拠を必要としないとする考え方によって運用されていますが，改めて，検討してみる価値は大いにあると思います。私自身は，必要説（積極説）にシンパシーを感じています。

A弁護士　理屈の問題としては，それが被告人以外の者の供述であることは間違いないのですから，その者に反対尋問を行うことが可能であり，補強証拠は必要的でないと考えられます（消極説）。しかし，共犯者の自白には，引っ張り込み等多くの危険がありますから，それによく配慮して，信用性を判断する具体的な過程で慎重に検討するというのが適切な措置というべきでしょう。最高裁は，昭和33年の練馬事件大法廷判決（最〔大〕判昭33・5・28刑集12巻8号1718頁）において，共犯者の自白の場合には，「本人の自白」の場合とは異なり，補強証拠を必要とせず，それはあげて裁判官の自由心証に委ねられるべき問題であるとの判断を示しました。その後最高裁で，反対意見はありつつも，同旨の判断が続きます。しかし，その一方で，例えば，第3次八海事件上告審判決（最〔2小〕判昭43・10・25刑集22巻11号961頁）においては，ほとんど動かすことのできない事実か，それに準ずる程度の客観的事実によってその信用性を吟味しなければならないと判示し，信用性判断については厳しい基準を設定しています。

B弁護士　そのように，はなから「本人の自白」でないと決めつけることには賛成できません。事件を被告人ごとに分断して考えれば，確かにそうでしょう。しかし，事件を被告人ごとに分断しないで，巨視的に見れば，共犯者の自白も明らかに「本人の自白」です。何人との関係であっても自白は自

238

白であって，それに変わりはありません。その自白のなかに他人に関係する供述部分があったとしても，その部分も「本人の自白」の一部であって，その部分も含めて「本人の自白」を構成しているのです。供述者本人に関する部分とそれ以外の者に関する部分を切り離すことなど本来できないはずです。その実体に着目すれば，共犯者の自白に，補強証拠を必要とするのは，むしろ当然のことと考えられます。

A弁護士　その自白を，供述者本人の訴訟において使うというときには，そのとおりですが，本人以外の者の訴訟に使うときには，性質が変わってしまうのです。その訴訟（本人以外の者を被告人とする訴訟）においては，「本人」ではない，「本人以外の者」の供述になってしまうと考えるべきです。共犯者の供述（自白）において一番問題とされる引っ張り込み等の危険は，反対尋問を活用することによって，チェックできるシステムになっています。これは共犯者にとどまらず，一般の第三者の供述において採られているチェックシステムですが，それなりに有効な方法と考えられています。逆に，補強証拠を要求しても，実務のレベルでは，犯人性に関しては，補強証拠は必要ないと考えられていますね。補強証拠の程度・範囲は，自白の内容と相対的に考えればよく，犯人性の点にまで補強証拠が必要とは必ずしも考えられていないのです。ですから，補強証拠を必要としても，共犯者の供述（自白）の危険性が除去されるということには必ずしもならないのです。

B弁護士　確かに，補強証拠の必要とされる範囲の問題も，同時に議論しなければならないですね。しかし，犯人性の点についても補強証拠が必要であるという考え方は研究者の間では有力に主張されていますし，当然，その議論は，共犯者の自白についても同様に考えなければならないでしょう。共犯者の自白に補強証拠を必要とするか，必要としないか，どちらの説明も，文理的に可能だとすれば，共犯者の自白は被告人本人の自白以上に危険度が高いのですから，この自白のみによって有罪とすることを許さないこととして解釈すべきです。反対尋問によってチェックできるのではないかといわれましたが，共犯者が，虚実を織り交ぜて他人を巻き込もうと腹をくくっているとき，反対尋問によってそれを切り崩すことは非常に困難を伴います。有効にチェックできるというのは現実を知らない机上の空論のように思えま

第10講 共犯者の自白

す。

A弁護士 言われることは分からないでもありません。しかし，実際には，共犯者にとどまらず，関係者1名の供述1つで有罪立証するということもよくあるわけです。痴漢事件における被害者の供述などはその典型でしょう。本事案も，確かに，Eの供述以外に，被告人の犯人性を示すような証拠は何1つ見当たりません。このような場合に，その者の供述は，特に，慎重に検討を要することになります。しかし，慎重に検討した結果，信用できると判断した場合は，迷わず有罪とできるはずです。

B弁護士 それは，若干議論のすり替えのように思います。今，問題にしているのは，純粋の第三者ではなく共犯者とされている者の供述です。そのような者の供述であるからこそ，自己防衛の観点から，引っ張り込み等の危険が高いとして問題にしているのです。だからこそ，そのような危険を回避するために，補強証拠を必要とすると解釈すべきなのです。

A弁護士 この問題では，補強法則において，なぜ補強証拠が必要とされているのかという点を改めて踏まえておく必要があると思います。補強証拠は，信用性の認められる完全な自白があるときに，その自白が「砂上の楼閣」などというものではなく，自白にかかる犯罪が間違いなく実在するものであることを明らかにするところに意味があると考えられています。自白がそれだけで十分犯罪事実を立証できる信用性の高いものであることが前提となっているのです。

B弁護士 今の議論は，信用性のある完全な自白が存在することを前提とする議論ですね。補強証拠論において，このような完全な自白を前提とする考え方が有力であることは承知していますが，そもそも，補強証拠を度外視して，完全な自白とそうでない自白を論じることは不可能です。完全な自白などないことから，補強証拠が必要とされているはずです。

(2) 共犯者の自白の信用性

A弁護士 これ以上は多分繰り返しになると思います。補強証拠に関する議論はとりあえずここまでにして，本件における共犯者Eの供述の信用性の具体的検討に入りたいと思います。共犯者の自白の信用性判断につき，最高

240

■ゴルフ場支配人襲撃事件

裁の判示が一般論として述べるところは全く正当なものです。すなわち,「供述者が犯行に関与していることは明らかであるものの,複数犯か単独犯か,また,同人の関与がどのようなものであるか客観的に明確になっていない場合において,取り分け,新たな供述が同人に対する第1審判決後控訴審段階にいたってからされ始めたというような経過があるときには,供述者が自己の刑責を軽くしようとして他の者を共犯者として引き入れ,その者に犯行の主たる役割を押し付けるためにそのような供述に及んでいるおそれも否定できないから,その供述内容の信用性を慎重に検討する必要がある」と判示していますが,このとおりだと思います。この判示については,誰からも異論はないと思うのですが。しかし,どうして結論が分かれたのでしょうか。

|B弁護士| 最高裁判決は,Eの新供述が信用できないとして3つの点を指摘しています(本講「2.事案の概要」参照)が,私は,その第1点,すなわち,裏付け証拠の欠如が,最も大きかったのではないかと思っています。Eの供述によれば,複数犯ということになりますが,足跡など現場に残された客観的証拠あるいは被害者や共犯者の供述による裏付けを欠いています。特に,被害者宅の庭や室内に,被告人の侵入をうかがわせる痕跡が何一つなかった点に注目したいと思います。Eの足跡痕だけが認められて,被告人の痕跡を示すものがないのです。2人で侵入したというのであれば,通常はあり得ないことです。このことだけでも,Eの供述の信用性判断の致命傷になりかねないのではないでしょうか。

|A弁護士| この点は,重要な指摘だとは思いますが,これが致命傷になるとまでは思えません。はっきりと複数の足跡が見られ,その一方が被告人のものだと判定されれば,Eの供述は確かに積極的に裏付けられることになります。しかし,何かの事情で,複数の足跡痕が見られないということもあり得るのですから,そこからいえる結論は,積極的な裏付けまでは得られなかったというだけにとどまるのではないでしょうか。ここだけで短兵急に結論を出すのではなく,もっと総合的に見て行くべきでしょう。

|B弁護士| 客観的な裏付けがないことに関しては,他にもあります。刃物で刺された被害者の供述や現場近くで見張りをしていたそのほかの共犯者の供述です。被害者はEが供述を変える前に亡くなっているため,改めてその

241

第10講　共犯者の自白

供述を求めることはできません。しかし，その供述調書のなかに，犯人が複数であったという話は出てきません。死人に口なしとはいいますが，被害者が複数の人間を見ていたのであれば，それが供述調書に反映されないとは考えられません。間違いなくそのようには認識しなかったのでしょう。

　A弁護士　古田裁判官の反対意見は，その点に関して，被害者の供述が決め手にならないことを詳細に説明しています。要は，突然のことで，被害者がEの存在に気付かなかった可能性を論じているのですが，確かに，あり得ないことだとは言い切れません。

　B弁護士　反対意見は，まさに，そのような「可能性」があることを論じているのです。しかし，そのような可能性があるというだけでは，不十分でしょう。Eの供述の疑問が解消されたとはいえません。被告人の犯行について論じているのですから，合理的な疑いが残らない程度に，被告人の犯行が立証されなければならないはずです。

　A弁護士　Eの供述の信用性の判断も一種の総合判断ですから，「供述内容の迫真性」など，供述そのものから認められる要素なども含めて，検討する必要があります。1，2審がEの供述を信用できると判断したのは，①Eの新供述には具体的で迫真性があること，②本件が組関係の絡んだ組織的犯行であることや被告人とEとの関係などからしてEの供述に合理性があること，③新供述を行うようになった経緯につき納得できる理由が認められること，④そのような供述を行えば報復が予測されるのに，そのような危険を冒してまでうその供述を行うとは考え難いこと，以上の諸点でした。客観的な裏付けの点では多少不十分だとしても，総合的に見て，信用できる余地はあると思います。

　B弁護士　それは，一般論としてはそうかもしれません。しかし，この事案へのあてはめという点ではどうでしょうか。①から④までのすべてが言葉どおり本件にあてはまるとは思えません。それに加えて，細かくは論じませんが，Eの供述自体のなかに，法廷意見が指摘するような不自然不合理な点が多々ありますし，それにもまして，先ほどの客観的な証拠，裏付けに欠けるという点は決定的です。この点は，単に裏付けがないというだけにとどまらず，Eの供述が真実であれば，存在しなければ不自然，不合理と考えられ

242

■ゴルフ場支配人襲撃事件

る事実（足跡痕など）が存在しないということも示しているのです。つまりこの供述は重要な部分に客観的事実に反する矛盾を抱えているということになります。客観的事実との整合性というのは，最も重視しなければならない点だと考えます。

　A弁護士　反対意見の立場からは，次の2点が指摘できます。1つは，信用性を否定した法廷意見も，Eと被告人が下見に行った際に，被告人がEに対して，「カブ大根が2回もしっぱいしちょるけ，おれが見届けないかんことなるやろうが」と言ったと供述したことについて，Eが実際に経験していなければ容易に供述できないもののように思われると判示し，その供述が具体的，迫真的であることを認めています。また，いわゆる親子の杯を交わした被告人に実行犯の罪をなすり付けて供述すれば報復されるかもしれないのに，それにもかかわらず供述していることから，Eの新供述の信用性を肯認できるようにも考えられると判示しています。これらのもやもやとした点は，法廷意見によっても必ずしも解消されていないように思います。もう1点は，「事実審である1審の判断を尊重すべきである」という上訴審における事実認定判断の在り方の問題です。

　B弁護士　まず，最初の点ですが，そのような点があっても，共犯者Eの供述はより慎重な検討を要するのであり，まして先述の3つの大きな疑問点がある以上，信用性を肯定することはできないでしょう。よくいわれる供述の具体性，迫真性というのは，客観的な基準としては捉えどころの難しい基準です。「カブ大根云々」の供述を見ても，この程度の供述であれば，Eがその気になればいくらでも具体的，迫真的に供述できるのではないでしょうか。最高裁は，確かにその点に触れてはいますが，結局は，その信用性を否定しているのですから，言葉どおりに重視したとは思われません。報復云々の点も，複雑な組関係，人間関係のなかで，一義的に結論を導くことは困難と考えられます。

　A弁護士　上訴審の事実認定の在り方という点はどうでしょうか。反対意見は，「刑訴法は事実認定を原則として第1審に委ねることとし，同じく事実審といっても控訴審を事後審として位置付けている，その趣旨は，自らが直接証拠調べを行って得た心証が通常最も的確であるという経験則に基づき

243

第10講　共犯者の自白

第1審の心証を最大限尊重することにある，供述態度を含めて判断することが必要な証人の供述の信用性については，自らこれを取り調べていない裁判所がその取調べを行った裁判所の判断に介入することには慎重でなければならない，その理は，法律審である最高裁において一層明らかである」と論じています。

B弁護士　この点については，今井裁判官が補足意見を述べていますが，全くそのとおりだと思います。法律審である上告審は，原判決の認定が論理則，経験則等に照らして不合理といえるかどうかの観点から行うべきであるとしつつ，「有罪判決をするためには，合理的な疑いを超える証明がされることを必要とするという刑事裁判の大原則（「疑わしきは被告人の利益にという原則」）は，上告審においても妥当するのであって，原判決がした有罪の事実認定に上記の観点から検討を行った結果，合理的な疑いが残るのであれば，原判決には事実誤認があるというべきである。」と述べています。このような判断は，小田急線痴漢事件（最〔3小〕判平21・4・14刑集63巻4号331頁，判時2052号151頁，判タ1303号95頁）においても示されていますが，大変明快です。

A弁護士　しかし，証言の信用性の判断についていえば，証人の供述態度というのは極めて重要な要素なのではないでしょうか。実際に直接その供述を見聞きしているのは1審裁判所ですから，その判断を最大限尊重するのは当然のことだと思うのですが。

B弁護士　もちろん供述態度は信用性の判断において重要な点です。しかし，供述態度が万能でないことも事実です。この点は，最高裁が強姦事件につき有罪とした1審，控訴審の判断を覆して被告人を無罪とした，最高裁〔2小〕平成23年7月25日判決において千葉勝美裁判官が補足意見として述べておられるところが大変参考になります（第7講「研究ノート」参照）。民事裁判における体験を基に，「供述態度が真摯で供述内容に迫真性を有し，いかにも信用性が十分にありそうに見えても，書証等の客観的証拠に照らして，そうでないことに気付かされることもあるのであって，慎重で冷静な検討が常に求められる事柄である。」と，警鐘を鳴らしておられます。虚偽を見破ることも，反対に騙されることも，判断者個々人の精神作用によるものですが，供述態度を重視しすぎると，かえってその判断の振幅が大きくなるよう

244

に思います。

A弁護士　共犯者の供述についてより慎重な検討を要するとの共通の認識から出発したのですが，具体的事案にあてはめて考えるときには，なかなか一義的に結論が出てくるものではないことがはっきりしたように思います。

B弁護士　その点は，同感です。最高裁判所は，結局，共犯者の供述（自白）の危険性に着目して厳正な判断を行い，被告人を無罪としました。私としては，その判断に全く異存ありません。1審，2審も，そのような危険については十分承知していたと思うのですが，それでも有罪としました。この事実を直視するとき，「自由心証主義の合理的な運用」によって共犯者の自白の危険性に対処するにはやはり限界があると感じます。改めて，共犯者の自白に補強証拠を必要としないとする判例は再考を要するように思われます。

(3)　共犯者の検察官調書

A弁護士　共犯者の自白に関して，本件に即して，公判廷での供述を中心に考えてきました。しかし，共犯者の自白に関しては，公判廷外の自白（その多くは，検察官に対する供述調書）の問題もあります。まず証拠能力の点ですが，これが伝聞証拠であることは明らかですから，証拠請求されても同意がないときは，伝聞証拠の例外として証拠能力が認められるか否かが問題となります。判例通説は，321条1項各号によって証拠能力の有無を判断し，証拠とすることを認めています。

B弁護士　実務においても，そのように運用されています。伝聞の例外として，322条ではなく，321条1項各号の規定によって判断しています。これは，「被告人の自白」ではなく，「被告人以外の者の供述」として扱っているのですが，意外なことに，この点にはさほどの異論は出ていないようです。しかし，その場合でも，322条の要件である「任意性」を別途要求するという考え方は十分成り立つように思います。それはそれとして，大きな問題は，321条1項各号書面が緩やかに採用されており，問題の多い共犯者の自白についてのチェック機能が十分に果たされていないということです。小早川義則氏は早くからその点に注目し，アメリカ法との対比から，鋭い疑問を投げかけられていました（同氏の論稿は，判例タイムズ614号から641号まで，6回にわ

245

第10講　共犯者の自白

たって連載されました）。

A弁護士　共犯者の自白の補強証拠の要否に関して，公判廷の自白と公判廷外の自白を分けて考える説が田宮裕氏などから提唱されましたが，この問題とも関係がありそうですね。

B弁護士　伝聞例外が認められるのは，反対尋問に代わり得る「信用性の情況的保障」があり，かつこれを証拠とする「必要性」がある場合であるとされます。この2つの要素は，伝聞例外の合憲性を支える基準とされています。ところが，321条1項2号前段は，文理上，供述者の供述不能だけで，1号書面（裁判官面前調書）と同様に，証拠能力を認めています。その上判例は，「特に信用すべき情況」がある場合などの条件も付さないで，これを一律合憲とし，さらに，「供述不能」にあたる場合を広げて解釈しています。2号後段の場合にも，同様の問題があります。この2号後段の場合は，公判期日（公判準備）において，前の供述と相反するかもしくは実質的に異なった供述をし，前の供述を信用すべき特別の情況のある場合に証拠能力を認めるとしているのですが，実際には大変緩やかに運用されています。このような問題の克服のためにも，共犯者の自白を「本人の自白」と解して補強証拠を要求することは有効な方法です。共犯者の公判廷外の検察官調書については是非とも補強証拠を要求し，それを唯一の証拠として被告人を有罪にすることはできないとすべきでしょう。

研究ノート

◆補強証拠を必要とする範囲

(1)　問題の所在

共犯者の自白が，補強証拠を必要とする「本人の自白」に該当するのかという問題を検討していますが，その問題については，「補強証拠を必要とする範囲」についての考え方が少なからず影響を及ぼしています。すなわち，補強証拠を必要と考える積極説に対して，犯罪事実の主体が誰かという点（すなわち犯人性）に関して補強証拠が必要でないとするの

246

であれば，信用性の担保という観点からは意味がないのではないかとの有力な反論（平野龍一『刑事訴訟法』233頁（有斐閣））があるからです。そこで，今回の「研究ノート」では，「補強証拠を必要とする範囲」を取り上げることにしました。

(2)　「犯人性に関する補強証拠の要否」についての学説・判例の状況

(a)　学　　説

(ア)　実　質　説

補強証拠に関して，そもそも補強証拠がどの範囲の事実に必要かという議論は重要でなく，もっぱら自白の真実性を保障するに足りるか否かという観点から，補強証拠の適否を考えます。したがって，この問題は，個別具体的な判断であるともいわれます。この考え方からは，犯人と被告人との結びつきについて，補強証拠は必ずしも必要でないとの結論が導かれます。

(イ)　形　式　説（不必要説）

犯罪事実の罪体，すなわち客観的側面の主要部分については形式的に補強証拠が必要であるとするもので，これが通説といわれます。しかし，この場合，罪体の内容としては，①客観的な被害の発生，②何人かの犯罪行為による被害の発生，③被告人の行為に由来する被害の発生，が考えられますが，②までを要求するものの③については必ずしも要求しないのが多くの説のとるところです。③の犯人性が必要とされないことについては，「被告人が犯人であることについては，補強証拠がない場合が多いので，一律に補強証拠を要求することは無理だからである」（石井一正『刑事実務証拠法〔第5版〕』463頁（判例タイムズ社））とか，「自白の存在意義が過度に小さくなるおそれがあるし，そのような証拠の存在は偶然性に左右されるので相当でない」（小林充『刑事訴訟法〔第5版〕』270頁（立花書房））などと説明されます。

(ウ)　必　要　説

通説が犯罪事実の罪体（客観的側面）に関しては，その全部または重要な部分につき，形式的に補強証拠が必要であるとする「形式説」をとり

第10講　共犯者の自白

ながら，被告人と犯罪との結び付きについては補強証拠を必要としない
とするのに対して，それについても補強証拠を必要とします[12][13][15]。

(b)　判　　例

　判例[*]は，実質説に立って，被告人の犯人性に関しては補強証拠が
必要でないとしています。しかし，最〔1小〕判昭和42年12月21日刑
集21巻10号1476頁が，「無免許運転の罪においては，運転行為のみな
らず，運転免許を受けていなかったという事実についても，被告人の自
白のほかに，補強証拠の存在することを要するものといわなければなら
ない。」と判示したことから，判例は必ずしも実質説に固まっているわ
けではないとする見解も見られます[15]（もっとも，無免許運転の運転行為自
体は，無色透明の行為であり，無免許の点に補強証拠がなければ無免許運転の真実
性が担保されない事案であることから，実質説によっても説明できるとするのが多
数の見解です）。

　（＊）　代表的な判例として，最〔大〕判昭和30年6月22日刑集9巻8
号1189頁
　「被告人の自白以外の証拠によれば，右事実の肯認を含めた同被告人の
本件犯行の自白（同被告人は控訴趣意で，第1審判決の同被告人の自白どおりの事
実認定は正しいものであると述べているところである）については，その自白の
真実性を裏付けるに足る補強証拠を認め得られるのであって，従って被
告人が犯罪の実行者であると推断するに足る直接の補強証拠が欠けてい
ても，その他の点について補強証拠が備わり，それと被告人の自白とを
総合して本件犯罪事実を認定するに足る以上，憲法38条3項の違反があ
るものということはできない。」

---

(3)　検　　討

(a)　形式説か，実質説か

　まず，何のために補強法則が設けられたのか，その点から検討します。
補強法則の趣旨は，①自白強要の防止，②誤判の防止と考えられていま

248

す。①の自白強要の防止は，任意性のない自白を証拠から排除する憲法38条2項，刑事訴訟法319条の「自白法則」の役割であって，補強法則の役割ではないとして，これを，補強法則の役割から外す見解も有力ですが，そのような理論上の役割分担が可能であるとしても，その自白法則が常に健全に機能するとは限りません。また，自白が他の証拠より偏重されやすいからこそ，自白獲得が捜査の主目標となり（自白偏重），健全な捜査がゆがめられているという現実をダイナミックに捉えれば，自白の証拠としての扱いに，ブレーキがかかることは間違いなく望ましいことであることが感得されます。だとすれば，補強法則には，自白強要を防止する役割が課されていると理解すべきでしょう。2段構え，3段構えの安全装置を準備すべきなのです。自白を獲得すればそれでよしというものではなく，それが的確な補強証拠によって裏打ちされていなくては有罪とすることができない，この原則が実際の裁判を通じて周知徹底されることによって，間違いなく捜査の在り方にも変化が生まれてくるはずです。このような目的に沿って，補強証拠を必要とする範囲の問題を考えて行かなければなりません。

補強法則がこのように捜査の在り方をも規制する目的を有していることにかんがみると，自白以外の証拠を重要視する形式説を採るべきことが明らかになります。実質説によれば，自白をしっかり固めることによって，それを補強する客観的事実については簡略化できるのですから，ますます，自白偏重に拍車がかかります。

また，「誤判防止」という観点からも，自白から離れた独立の補強証拠を要求し，その補強証拠の証明力の有無程度をも別途検討した方が有用であることは明らかといえます。

ところで，最〔大〕判昭和33年5月28日刑集12巻8号1718頁（いわゆる練馬事件判決）を引きながら，補強の対象となる自白は，本来犯罪事実全部を肯認するだけの証明力を有するもの，すなわち「完全な自白」と理解し，それを前提に，補強証拠の範囲等の諸問題を考える見解が有力に主張されています [17][24]。

この問題を最初に提起したのは，田宮裕氏であったと思われます。田

第10講　共犯者の自白

　宮氏は，補強証拠が要求される理由（自白偏重の防止）のなかで，次のように述べています。

　「この自白偏重という場合，2つの見方があるように思われる。1つは，自白は偏重（過大評価）しやすいので，その価値を差し引く必要があるという考えであり，もう1つは，信用性の誤診がありうるので，念には念を入れるという意味で，つまり確認の意味で，別種の上のせ証拠を要求するという考えである。マイナス思考とプラス思考といってよい。前者は，自白はタヌキかキツネのようなもので厚化粧しているのでだまされやすい，100パーセントの証明力があると思っても，実は80パーセントくらいに割り引かなければならないので，あとの20パーセントは補強が必要だ，とこう考えるわけである。そうすると，補強証拠は，自由心証の誤りを是正するという役割をもつことになる。これに対して後者は，右の考えのように自白の証拠価値を一律に低く見積もることはせずに，しかし，万に1つの間違いをさけるため，自白内容を確認できる他の証拠を引き合いに出す，つまり，自白だけに頼らないように，補強証拠を要求するわけである。したがって，自白の場合には他の証拠を付けて100パーセントプラスaにする考えだともいえる。このうち前者は，自白の過信をいましめるだけでなく，その価値を一律に低く見るのであるが，それは実態に反し合理的でないし，また，100パーセントの『完全証拠』であっても補強を要求するのがまさに，『自由心証主義の例外』としての補強証拠たるゆえんであるから，後者の考え方をとるべきであろう」（田宮裕『刑事訴訟法〔新版〕』354頁（有斐閣））。このように述べるのですが，そこから，補強法則を自由心証主義の例外と解し，法が要求する補強証拠を外在的・形式的な「本来の補強証拠（自由心証の例外としての補強証拠）」と捉えます。その上で，この補強証拠は，「罪体」という形式的概念で律せられてよいとし，形式説によるべきことを明らかにしています。

　ところが，「完全な自白」説は，「プラス思考」「マイナス思考」という概念を持ち出しながら，その後の議論は，プラスの重要性を欠落させ，「付け足し」，「厚化粧」という点から，補強証拠の価値を低く見積もる

250

方向に進みます。「完全な自白」であっても補強証拠を必要とするという点からは一見捜査官側に厳しい考え方のように見えます。ところが，その見かけとは反対に，補強証拠を要求するのは，念のためという以上の目的を有しないのであって，一律に「罪体の主要な部分」あるいは「重要な部分」に補強証拠を要求する形式説（罪体説）の主張は過剰な要求ではないかと論じ，最高裁の現状の判例以上のものを期待すべきでないという結論を導き出すのです。しかし，「完全な自白」がいかなるものであるかは不明確であり，これは極めて観念的な議論というべきです。

　しかし，そもそもいくら完璧に見えても，自白には100パーセントの証明力はないのであって，だからこそ，補強証拠が必要だと考えられているのです。この点は，田宮氏の出発点も間違っています。この議論を逆転させてはいけません。さらに，「完全なる自白」を持ち出せば，それが捜査・取調べの目標となり，自白偏重をさらに推進することも見逃せません。改めて，自白偏重からの自白強要を防ぎ，誤判を防止するためにこそ，補強法則が存在するのであり，その目的に即して，補強証拠を必要とする範囲も考えて行かなくてはなりません。その目的に合致するのは，やはり，形式説（罪体説）であると考えられます。

(b)　犯罪と被告人との結びつきに関しても必要か

　さて，形式説（罪体説）を採った場合においても，主体的要素（犯人性）に補強証拠を要するとするのか，必要とはしないとするのかは，大きな問題になります。公判の裁判で最もシビアに争われるのは，被告人がその犯行の犯人であるか否か（すなわち，犯人性）です。誤判を防止し，また，自白の強要を防止するという大目的を達成するには，ここにこそ，補強法則を働かせるべきでしょう。不必要説が理由とするのは，前記のとおり，「被告人が犯人であることについては，補強証拠がない場合が多いので，一律に補強証拠を要求することは無理だからである」とか，「自白の存在意義が過度に小さくなるおそれがあるし，そのような証拠の存否は偶然性に左右されるので相当でない」という点です。しかし，いずれの理由も理解に苦しみます。前者の，補強証拠がない場合が多いからなしでも構わないというのは，脆弱な証拠（危険な証拠）しかそろってい

なくても，犯人を逃がしてはならない，というのと同じことでしょう。しかし，その人物がすでに犯人と決まっているわけでは決してありません。後者も，自白の存在意義が過度に小さくなるからふさわしくないといっているのですが，自白の危険性に着目しその影響力を極力排除しようとする制度の趣旨・目的に真っ向から対立する考え方といえます。

　ここでも，対象となる自白が「完全な自白」であると想定する考え方が登場して，消極的な議論を展開します。この問題は，「完全な自白」が存在するのに，なお，主体的な要素につき補強証拠がないという理由で被告人を無罪とすべきかどうかという観点の問題である（つまり，そのような理由で被告人を無罪にしてはいけない）というのです。すなわち，補強証拠は，そもそも付け足しのようなものであるから，捜査に困難を要するそのような証拠については，補強の必要がないといっているのです。先ほどの繰り返しになりますが，いかなる時も，100パーセントの自白など存在しません（捜査官，検察官はそう主張するかもしれませんが）。だからこそ，それに頼らない，しっかりとした裏付け（補強証拠）が必要になるのです。ここの議論が逆転しています。「完全な自白」説の議論は，すでに存在する自白が信用できるものとして，それだけで有罪心証を固めてしまう予断と偏見を許容しています。この「完全な自白」の存在を前提とする考え方は，結局，取調べにおける徹底的な自白獲得を奨励し，その他必要とすべき科学捜査，客観捜査を後方へと追いやる前近代的な捜査手法を是とする後戻りの考え方に連なるのではないでしょうか。

(4) 共犯者の自白

　共犯者の自白を，憲法が定める「本人の自白」として，補強証拠を要するかという問題から出発して，補強証拠を必要とする範囲の問題を考えてきました。ここで，もう一度スタート地点に立ち帰ってみましょう。不必要説の根幹には2つの流れがあったように思います。1つは，補強証拠を要求しても，その範囲が犯罪と被告人との結びつき（犯人性）という主体面を含まない制限されたものであれば，冤罪防止という目的が果たせないとする考え方です。これについては，その範囲は，主体面（犯

■ゴルフ場支配人襲撃事件

人性)にまで及ぶと解すべきであり，そうすれば決して意味がないということにはならないのです（議論を，逆転させれば，引っ張り込みの危険など問題の多い共犯者の自白につき補強証拠を必要とするためにも，犯罪の主体面（犯人性）に関しても補強証拠が必要であると考えなければならないのです）。「共犯者」が無実の者を引っ張り込むときには，「共犯者」本人が犯行に関与しているだけに本当らしさを演出することができます。このような「共犯者」の自白の信用性判断に縛りをかける意義は十分すぎるほどあります。ここに，補強法則を活用して，補強証拠の面から共犯者の自白に縛りをかける必然性があります。

　2つ目の流れは，被告人からは，その共犯者の供述（自白）につき，反対尋問ができるのであり，これによって，有効にその供述の真実性をチェックすることが可能である（現行刑事訴訟法はそのようなシステムを採用している）とする考え方です。しかし，公判廷外の，捜査官に対する自白については，書面審理の下に供述調書として容易に採用されますからそもそも反対尋問自体が行われることはありません（本講「3．検討(3)共犯者の検察官調書」参照）。また，公判での供述（証言）であっても，全くの第三者に対して行うのと同様に，反対尋問によって，適切にチェックできるとはとても思えません。第1に，証人となった「共犯者」は，その供述（証言）が，自らの刑責，名誉等に対して影響を及ぼしますから，偽証するにしても腹をくくっていると考えられます。これを，反対尋問で容易に崩せるとは思えません。第2に，その「共犯者」は，捜査段階から，被疑者として連日取調べを受け，その影響下に供述を積み重ね，数多くの調書を作成してきていることが想定されます。そのような場合，取調べの影響から脱して公判廷で純粋に自らの意思で実際の体験に基づく供述を行うことは決してやさしいことではありません。そのような被疑者として取調べを経てきた者とそうでない全くの第三者とでは，証人となる場合でも，明らかな違いがあるのです。それを反対尋問で崩すというのは至難の業でしょう。このような実態に十分目配りする必要があります。改めて，共犯者の自白については，「本人の自白」と解して，補強証拠を要求するべきです。

第10講　共犯者の自白

《補注》

　平成28年5月24日に成立した改正刑事訴訟法は，捜査協力型合意制度（いわゆる「司法取引」）を導入しました。これは，特定の犯罪について，弁護人が同意すれば，被疑者が他人の刑事事件の解明に資する協力（参考人供述調書の作成，公判での証言，証拠収集への協力など）を約束し，検察官がその協力に対して，その被疑者の刑事事件において不起訴処分など有利な処分を行うなどの恩典を与えることができるという制度です。この制度の対象となる被疑者として，その他人の事件の共犯者が真っ先に想定されます。ここには，まさに，本講で問題となった共犯者の供述（自白）の問題が登場します。そもそも，冤罪発生の危険の多い証拠を，制度的に後押ししようというのですから，十全の防止対策が必要とされますが，それは極めて不十分なまま法制化されました。その冤罪防止のための方策の1つとして，合意に基づく供述による立証には「補強証拠」を必要とするということが提案されましたが，取り入れられることはありませんでした。この制度によって，新たな冤罪が生み出されることが憂慮されます（岩田研二郎「司法取引の導入と日本社会」『可視化・盗聴・司法取引を問う』128頁（日本評論社），海渡雄一「コラム　新たなえん罪を生む司法取引・証人保護」『同』164頁（同）参照）。

●参考文献●

[1]　法政大学法科大学院刑事事実認定研究会「『第五回刑事事実認定研究会』結果報告—ゴルフ場支配人襲撃事件最高裁判決（最判平成21年9月25日）を素材として」法政法科大学院紀要7巻1号89頁。

[2]　川崎英明「刑事訴訟法判例研究22犯人性認定の唯一の証拠である共犯者の供述の信用性を否定して原判決を破棄した事例」法律時報82巻9号120頁。

[3]　池田眞一＝池田修＝杉田宗久『共犯者の供述の信用性』（法曹会）。

[4]　小早川義則『共犯者の自白と証人対面権』（成文堂）。

[5]　波床昌則「共犯者の自白の信用性」『刑事事実認定の基本問題〔第3版〕』307頁（成文堂）。

■ゴルフ場支配人襲撃事件

[6] 池田修「共犯者の供述の信用性」『刑事事実認定重要判決50選(下)〔第2版〕』239頁（立花書房）。

[7] 福島裕「共犯者の供述（共犯者の自白）の証明力」判タ733号21頁。

[8] 香城敏麿『昭和51年度最高裁判所判例解説〔刑事篇〕』293頁（法曹会）。

[9] 岡田悦典「共犯者の自白」『刑事訴訟法判例百選〔第8版〕』178頁（有斐閣）。

[10] 松代剛枝「共犯者の自白」『刑事訴訟法の争点〔新・法律学の争点シリーズ6〕』164頁（有斐閣）。

[11] 平野龍一『刑事訴訟法』（有斐閣）。

[12] 団藤重光「共犯者の自白」斉藤金作博士還暦祝賀『現代の共犯理論』693頁（有斐閣）。

[13] 高田卓爾「共犯者の自白」『刑事訴訟法講座Ⅱ』205頁（有斐閣）。

[14] 田宮裕『刑事訴訟法〔新版〕』（有斐閣）。

[15] 白取祐司『刑事訴訟法〔第9版〕』（日本評論社）。

[16] 大澤裕「共犯者の検察官面前調書」『演習刑事訴訟法』288頁（有斐閣）。

[17] 杉田宗久「補強証拠の証明力」『刑事証拠法の諸問題(上)』358頁（判例タイムズ社）。

[18] 那須彰「補強証拠」『刑事公判の諸問題』440頁（判例タイムズ社）。

[19] 朝山芳史「補強証拠」『新刑事手続Ⅲ』245頁（悠々社）。

[20] 福井厚「補強証拠」『刑事訴訟法判例百選〔第9版〕』170頁（有斐閣）。

[21] 指宿信「自白の補強証拠」『刑事訴訟法の争点〔第3版〕』176頁（有斐閣）。

[22] 酒巻匡「補強証拠(1)」『演習刑事訴訟法』277頁（有斐閣）。

[23] 大澤裕「補強証拠(2)」『演習刑事訴訟法』281頁（有斐閣）。

[24] 古江頼隆『事例演習刑事訴訟法〔第2版〕』（有斐閣）。

判例索引

判 例 索 引

■最高裁判所

最〔大〕判昭30・6・22刑集9巻8号1189頁 ・・・・・・・・・・・・・・・・・・・・・・・・・・248

最〔大〕判昭33・5・28刑集12巻8号1718頁 ・・・・・・・・・・・・・・・236, 238, 249

最〔大〕判昭41・7・13刑集20巻6号609頁 ・・・・・・・・・・・・・・・・・・・・・・136

最〔1小〕判昭42・12・21刑集21巻10号1476頁 ・・・・・・・・・・・・・・・・・248

最〔2小〕判昭43・10・25刑集22巻11号961頁 ・・・・・・・・・・・・・152, 238

最〔2小〕判昭48・12・13裁判集刑190号781頁，判時725号104頁 ・・・・・・・・・4, 9

最〔2小〕決昭53・7・3判時897号114頁，判タ364号190号 ・・・・・・・・・173, 174, 178

最〔3小〕判昭55・7・1判時971号124頁，判タ421号75頁 ・・・・・・・・・・・・181

最〔1小〕判昭57・1・28刑集36巻1号67頁 ・・・・・・・・・・・・・・・・・・・・181

最〔3小〕決昭57・3・16判時1038号34頁，判タ467号62号 ・・・・・・・・・181, 184

最〔2小〕判昭63・1・29刑集42巻1号38頁 ・・・・・・・・・・・・・・・・・・・・181

最〔2小〕決平12・7・17刑集54巻6号550頁 ・・・・・・・・・・・・・・・・・・・・79

最〔3小〕決平15・10・20裁判集刑284号451頁 ・・・・・・・・・・・・・・・・・・・68

最〔1小〕決平19・10・16（平成19年（あ）第398号）刑集61巻7号677頁 ・・・・・3, 25

最〔3小〕判平21・4・14刑集63巻4号331頁，判時2052号151頁，判タ1303号95頁

・・・・・・・・・・・・・・・・・・・・・・・・・・・・・・・・・・・・・・・58, 141, 244

最〔3小〕判平21・4・21裁判集刑296号391頁 ・・・・・・・・・・・・・・・・・・・119

最〔2小〕判平21・9・25裁判集刑297号301頁，判時2061号153頁，判タ1310号123頁

・・153, 235

最〔3小〕判平22・4・27刑集64巻3号233頁，判時2080号135頁，判タ1326号137頁

・・・・・・・・・・・・・・・・・・・・・・・・・・・・・・・・・・25, 43, 53, 167

最〔2小〕判平23・7・25判時2132号134頁，判タ1358号79頁 ・・・・・・・・・156, 244

最〔1小〕判平24・2・13刑集66巻4号482頁，判時2145号9頁，判タ1368号69頁

・・・56

最〔1小〕決平24・2・22裁判集刑307号509頁，判時2155号119頁，判タ1374号107頁

・・203

最〔2小〕判平24・9・7刑集66巻9号907頁 ・・・・・・・・・・・・・・・・・・・・121

最〔1小〕決平25・2・20刑集67巻2号1頁 ・・・・・・・・・・・・・・・・・・・・・121

257

判例索引

最〔3小〕決平25・4・16刑集67巻4号549頁 ・・・・・・・・・・・・・・・・・・・・・・・・・・・・・・・ 59

最〔3小〕決平25・9・3 LEX/DB25501723 ・・・・・・・・・・・・・・・・・・・・・・・・・・・・・・・・ 45

最〔1小〕決平25・10・21刑集67巻7号755頁，判時2210号125頁，判タ1397号98頁
・・・ 162

最〔1小〕判平26・3・20刑集68巻3号499頁 ・・・・・・・・・・・・・・・・・・・・・・・・・・・ 59, 153

最〔2小〕決平27・2・3刑集69巻1号1頁，判時2256号106頁，判タ1411号80頁
・・・ 110

■高等裁判所

札幌高判昭47・12・19刑裁月報4巻12号1947頁 ・・・・・・・・・・・・・・・・・・・・・・・ 97

東京高判平8・5・9判時1585号136頁，判タ922号296頁 ・・・・・・・・・・・ 79

東京高判平10・7・1判時1655号3頁 ・・・・・・・・・・・・・・・・・・・・・・・・・・・・・・・・・・・ 36

東京高判平12・12・22判タ1050号83頁 ・・・・・・・・・・・・・・・・・・・・・・・・・・・・・・・ 68

札幌高判平14・3・19判時1803号147頁，判タ1095号287頁 ・・・・・・ 95, 105

大阪高判平17・6・28判タ1192号186頁 ・・・・・・・・・・・・・・・・・・・・・・ 117, 119

東京高判平23・3・29判タ1354号250頁 ・・・・・・・・・・・・・・・・・・・・・・・・・・・・ 131

福岡高判平23・11・2 LEX/DB25442956，LLI/DB06620534 ・・・・・・・ 43, 45, 49

東京高判平24・10・29LLI/DB06720566 ・・・・・・・・・・・・・・・・・・・・・・・・・・・ 65

東京高判平25・6・20刑集69巻1号82頁，判時2197号136頁 ・・・・・・ 110

福岡高宮崎支決平26・7・15LEX/DB25504376 ・・・・・・・・・・・・・・・・・・ 219

福岡高宮崎支判平28・1・12判時2316号107頁 ・・・・・・・・・・・・・・・・・・ 89

東京高判平28・8・10判タ1429号132頁 ・・・・・・・・・・・・・・・・・・・・・・・・・・・ 230

■地方裁判所

東京地判平12・4・14判タ1029号120頁 ・・・・・・・・・・・・・・・・・・・・・・・・・・・ 68

札幌地判平13・5・30判時1772号144頁，判タ1068号277頁 ・・・・・・・・・ 105

和歌山地決平13・10・10判タ1122号333頁 ・・・・・・・・・・・・・・・・・・・・・・・ 129

和歌山地判平14・12・11判タ1122号464頁 ・・・・・・・・・・・・・ 100, 105, 119

宇都宮地判平22・3・26判時2084号157頁 ・・・・・・・・・・・・・・・・・・・・・・・・・ 80

東京地判平23・3・15刑集69巻1号73頁，判時2197号143頁 ・・・・・・・・ 110

258

判例索引

福岡地判平 23・3・18LEX/DB25443328, LLI/DB06650175 ·····························44

水戸地土浦支判平 23・5・24LEX/DB25471410, LLI/DB06650286 ····················171

横浜地判平 24・7・20 判タ 1386 号 379 頁 ·······································83

大阪地判平 25・10・8 LEX/DB25502413, LLI/DB06850559 ·······················109

鹿児島地判平 26・2・24LLI/DB06950807 ···88

事 項 索 引

●あ行

悪性格の立証 ・・・・117, 119, 128, 227
足利事件 ・・・・・・・・・・・・・・・・77, 215
アナザストーリー論 ・・・・・・・・・・・33
違法収集証拠排除法則 ・・・・・17, 175
違法排除説 ・・・・・・・・・・・・・・・・・175
今市事件 ・・・・・・・・・・・・・・・・・・222
ウィグモア ・・・・・・・・・・・・・・・・・・52
疑わしきは被告人の利益に
・・・・・・・・・・・・・・・・・・・・・・7, 156
大阪市女児レイプ事件 ・・・・・・・・・195
大阪母子殺害事件 ・・・25, 53, 77, 167
大崎事件 ・・・・・・・・・・・・・・・195, 218
大筋の心証 ・・・・・・・・・・・・181, 189
大森勧銀事件 ・・・・・・・・・・・・・・・184
小田急線痴漢事件 ・・・・・・・・・・・・141

●か行

回収措置に関する経験則 ・・・・・・・・162
改正刑訴法 ・・・・・・・・・・・・・222, 254
科学警察研究所（科警研）・・・・・・・69
科学捜査研究所（科捜研）
・・・・・・・・・・・・・・・・69, 81, 88
科学的鑑定 ・・・・・・・・・・・・・・・・・77
科学的証拠 ・・・・・・・・・・・・・・・・・65

確信 ・・・・・・・・・・・・・・・・・・・・・13
鹿児島・強姦事件 ・・・・・・・・・・81, 87
可視化の実現 ・・・・・・・・・・・・・・・222
カメラ・パースペクティブ・バイアス
・・・・・・・・・・・・・・・・・・・・・・・・226
カレー毒物混入事件 ・・・100, 105, 117
間接事実 ・・・・・・・・・・26, 28, 45, 95
――による事実認定 ・・・26, 28, 35
間接証拠 ・・・・・・・・・・・・・・・26, 28
完全な自白 ・・・・・・・・・・・・240, 249
木谷・石井論争 ・・・・・・・・・・11, 188
客観的事実との整合性 ・・・・・183, 191
客観的証拠 ・・・・・・・・・・・・・・・・149
供述心理学 ・・・・・・・・・・・・・193, 218
供述の変遷 ・・・・・・・・・・・178, 191, 197
供述不能 ・・・・・・・・・・・・・・・・・246
共犯者の供述（自白）
・・・・・・・・235, 236, 238, 245
虚偽自白 ・・・・・・・・・・・・・・172, 174
虚偽排除説 ・・・・・・・・・・・・174, 175
車いす放火事件 ・・・・・・・・・・・・・109
経験則 ・・・・・・10, 18, 20, 100, 145, 161
形式説 ・・・・・・・・・・・・・・・・・・・247
刑事裁判の鉄則 ・・・・・・・12, 145, 167
血液型 ・・・・・・・・・・・・・・・・・・・・70
高度の蓋然性 ・・・・・・・・・・・・・9, 14
公判前整理手続
・・・・・・・33, 38, 81, 103, 108, 131, 217
合理的（な）疑い
・・・・・・・・・・・・・・3, 8, 11, 152, 212

260

事項索引

合理的な疑いを差し挟む余地のない程
度の立証（合理的な疑いを超える証
明） ················· 3, 19, 34, 156
コミュニケーションツール ····· 193

● さ行

裁判員 ············· 20, 54, 109, 224
裁判員裁判
········· 20, 33, 54, 81, 108, 136, 223
裁判官のセンス ················ 215
砂上の楼閣 ···················· 240
札幌児童殺害事件 ········ 95, 105
ジェローム・フランク ···· 5, 12, 15
時間的近接性 ················· 44
事後審 ························· 56
事実上の推認 ··········· 99, 166
事実審 ························· 243
実質証拠 ············· 224, 226
実質説 ······················· 247
実体的真実主義 ··············· 105
自白の信用性 ···· 171, 174, 177, 203
自白の任意性 ··········· 174, 187
自白法則 ············· 17, 174, 228
司法取引 ···················· 254
市民感覚 ····················· 20
指紋 ··················· 185, 208
自由心証主義
··············· 10, 12, 16, 35, 100
――の例外 ················ 100
情況証拠 ············· 25, 26, 28, 43
――による事実認定

················· 14, 25, 28, 36, 43, 67
消極的事実 ·············· 185, 208
証拠開示 ················· 12, 199
証拠構造（論） ······ 19, 48, 206
証拠の王 ···················· 172
証拠法則 ····················· 17
人権擁護説 ··················· 175
心証優先説 ·········· 57, 152, 166
スキーマアプローチ ········· 219
セーフティネット ·············· 36
繊維鑑定 ···················· 150
前科 ··········· 117, 121, 125, 128
全過程の可視化 ·············· 224
増強証拠 ···················· 211
総合（的）（事実）認定
················· 32, 47, 53, 76
総合的・直感的認定方式 ········· 51
総合判断 ····················· 47
総合評価 ·············· 191, 212
訴訟経済 ·············· 123, 129
素朴な経験論 ················ 106

● た行

代用監獄 ·············· 178, 188
チャート図 ··················· 52
チャートメソッド ·········· 48, 52
注意則 ············· 29, 34, 179, 208
注意則研究
···· 180, 183, 189, 190, 204, 209, 215
注意則の復権 ················ 215
直接証拠 ············· 26, 28, 32

261

事項索引

チョコレート缶密輸事件 ········ 56
直感的・印象的判断 ············· 76
DNA 型 ············· 27, 28, 70
DNA 型鑑定 ··· 65, 68, 77, 78, 87, 150
DNA 型鑑定の魔力 ····· 73, 87, 92
適正な事実認定 ·············· 15
手続二分論 ···················· 135
デュープロセス ················ 106
伝聞法則 ················· 17, 228
当事者主義 ···················· 19
東電女性社員殺害事件 ··· 65, 83, 91
ドーバート基準 ················ 79
特殊な手段, 方法（手口）
················ 117, 121, 131
取調べの可視化 ·········· 176, 222
トンネルビジョン ············· 85

●な行
_____

長坂町放火事件 ············· 4, 9
なだれ現象 ················· 91
練馬事件 ················ 236, 238

●は行
_____

場所的近接性 ················ 44
八海事件 ················ 152, 238
被害者参加人 ················ 111
被害者の供述 ················ 141
被告人質問 ············· 108, 110

必罰主義 ···················· 105
日野町事件 ···················· 215
秘密の暴露 ·············· 180, 199
布川事件 ················ 171, 199
不任意説 ···················· 175
プライバシー権 ················ 106
フライルール ·················· 79
ブラックボックス ······· 38, 53,
102, 103, 176, 182, 187, 191, 212
不利益推認 ·············· 105, 109
――の禁止 ················ 99
プロファイリング ············· 134
分析的評価 ···················· 47
分析的・論理的認定方式 ········ 51
法律審 ················ 143, 244
法律的関連性
············· 119, 124, 128, 226, 227
補強証拠 ············ 18, 237, 246
補強法則 ················ 18, 240
補助的証拠 ···················· 226
ポリグラフ ···················· 198
ポリグラフ（の）検査 ····· 97, 210
本人の自白 ········· 236, 238, 253

●ま行
_____

松橋事件 ···················· 198
黙秘権の行使 ················ 95

●や行

262

事項索引

要領調書 ……………………・ 181
余罪 ………………………・ 117, 125
予断と偏見 ……・ 123, 127, 135, 227

● ら 行

量刑 …………………………・ 103, 136

類似事実による認定（立証）
………………・ 117, 120, 126, 128
録音録画された記録媒体 ……・ 222
ロス疑惑銃撃事件 ………………・ 36
論理則・経験則 …・ 18, 143, 149, 206
論理則・経験則違反説
………………………・ 57, 152, 166
論理則・経験則等違反 ………・ 152

263

あとがき

あ と が き

　青林書院の倉成栄一さんから，事実認定に関する本を書いてみませんかとお便りをいただいたのは何年前になるでしょうか。それは，私が，裁判官を定年で退官し法政大学の法科大学院に奉職して間もないころでしたから，もう6年以上も前のことになります。まだ，裁判官であったころから判例タイムズ誌に「刑事裁判ノート」という私の担当した事件を素材とした読み物を連載していたのですが，それを「裁判員裁判への架け橋」というネーミングの下に単行本化しようとしていたころと重なっています。倉成さんは，その連載を読んで先ほどのようなお話を持ってきてくださったようでした。当初は，裁判員になられる市民の方々に向けて，分かりやすい事実認定の本をというところから出発したのですが，ほどなくして，刑事事件を志す若手弁護士の方など若い法曹の皆様に読んでいただけるような本にしようと方向を転換しました。

　お引き受けはしたものの，行きつ戻りつの試行錯誤を繰り返しなかなか筆は進みませんでした。法科大学院の授業が思った以上にハードであったということもあります。そのような次第で長い年月を要しましたが，長くなってよかったと思うこともあります。それは，裁判員裁判が本格的に始動しそれにともなって刑事裁判システムそのものに大きな変動があり，また検察の不祥事に端を発した刑事司法改革の動きなどがあったからです。私が裁判官として勤務した約40年の間に起こった以上の変化があったように思います。そのような激動の中で，事実認定の在りようにも大きな変化がありました。その大きな変化を視野に入れて，この本を執筆できたことは，大変ありがたいことでした。それは，本書の構成に対しても大きな影響を及ぼしています。例えば，本講は全10講から成り立っていますが，当初の構想では，先頭近くにあった「自白の信用性」というテーマは，最終講に近いところにまで後退し，「情況証拠」や「科学的証拠」というテーマが前方に進出することになりました。自白や供述証拠に頼らない刑事裁判の在り方が模索されるよう

あとがき

になったことが大きな要因といえます。同じテーマであっても，捉えどころが大きく変わったものもあります。

また，これは私的なことですが，最初のころは，まだ自分が裁判官であったことから抜け切れず，どうしても，裁判官の目から見た刑事裁判，事実認定というものに偏っていたように思います。しかし，その後，大した経験ではありませんが，研究者，在野の弁護士として，違った角度から刑事裁判，事実認定を見ることができました。それにともなって，これまで当然と思っていたことが，当然ではなくなり，新鮮な気持ちで考え直すことが多くなりました。

さて，このような時代の変化を捉えれば，今の刑事司法は，旧い時代と新しい時代の入り混じった混沌のなかにあるといってよいかもしれません。私自身もまた混沌のなかにいるといってよいでしょう。旧いものを打破し新しいものを築き上げることは今を生きる者の特権であり，また逃れられない責務でもあります。しかし，新しく見えるものも，何もないところからいきなり世に出てきたわけではありません。旧いもののなかには，打ち破らなければならないものだけでなく，新しい時代が正当に受け継ぐべきものもきっとあるはずです。何をどのように伝えればよいのか。筆を進めるうち，そんな課題も突きつけられたように思います。A弁護士，B弁護士と2人の弁護士を登場させたのは，それによって議論を深めたいという理由からでした。しかし，改めて考えてみますと，このような思いが無意識のうちにあったのかもしれません。

私が冤罪防止にかける思いは「はしがき」に記したとおりです。本書がその副題どおりに，「冤罪防止のハンドブック」としてボロボロになるまで活用され，皆様のお役に立つことができれば本当にありがたいことです。最後になりましたが，根気強く励ましてくださった倉成栄一さん，的確なアドバイスをくださり素晴らしい本にまとめてくださった森敦さんをはじめ青林書院編集部の皆様，そして，過分な言葉で，帯を飾ってくださった木谷明先生に心よりお礼を申し上げます。

門 野 博

著者紹介

■著者紹介

門野　博（かどの　ひろし）
弁護士

[経歴]　昭和20年生まれ。昭和43年3月京都大学法学部卒業。同年4月司法研修所入所（第22期司法修習生）。同45年判事補任官（東京地裁）。同55年判事任官（秋田地家裁横手支部判事）。その後，東京地裁判事，松山地家裁西条支部長，横浜家裁判事，新潟地家裁長岡支部長，東京高裁判事，埼玉地家裁越谷支部長，札幌高裁判事（部総括），函館地家裁所長，札幌地裁所長，名古屋高裁判事（部総括），東京高裁判事（部総括）を経て，平成22年2月退官。同4月法政大学大学院法務研究科（法科大学院）教授。同27年3月退職。現在弁護士（東京弁護士会所属）。

[主要著書・論文]　『裁判員裁判への架け橋』（判例タイムズ社），「補充捜査に関する諸問題」家庭裁判所月報42巻12号，「事実認定」『刑事手続(下)』(筑摩書房)，「証拠開示に関する最近の最高裁判例と今後の課題」『新しい時代の刑事裁判―原田國男判事退官記念論文集』（判例タイムズ社），「黙秘権の行使と事実認定」『刑事事実認定の基本問題（第3版）』（成文堂），「情況証拠による事実認定のあり方―最高裁はいかなるルールを設定したのか」論究ジュリスト7号，「『経験則』が事実認定にもたらす諸問題」季刊刑事弁護90号，「情況証拠による認定」『裁判所は何を判断するか―シリーズ刑事司法を考える（第5巻）』（岩波書店）。

〔著者〕

門 野 博（弁護士　りべるて・えがりて法律事務所）

白熱・刑事事実認定──冤罪防止のハンドブック

2017年 9 月26日　初版第 1 刷印刷
2017年10月11日　初版第 1 刷発行

検印廃止

©著者　門 野 博

発行者　逸 見 慎 一

発行所　東京都文京区
　　　　本郷 6 丁目 4 の 7　株式会社　青 林 書 院
振替口座　00110-9-16920／電話03（3815）5897〜8／郵便番号113-0033
http://www.seirin.co.jp

印刷・中央精版印刷㈱／落丁・乱丁本はお取替え致します。
Printed in Japan　ISBN978-4-417-01720-2

JCOPY〈(社)出版者著作権管理機構 委託出版物〉
本書の無断複写は著作権法上での例外を除き禁じられていま
す。複写される場合は，そのつど事前に，(社)出版者著作権管理
機構（電話03-3513-6969，FAX03-3513-6979，e-mail: info@
jcopy.or.jp）の許諾を得てください。